정지된 시간

— 조선의 대보단과 근대의 문턱

서강학술총서
027

정지된 시간

조선의 대보단과 근대의 문턱

계승범 지음

서강대학교출판부

서강학술총서 027

정지된 시간
—조선의 대보단과 근대의 문턱

초판 1쇄 발행 | 2011년 6월 16일
초판 3쇄 발행 | 2019년 1월 20일

지 은 이 | 계승범
발 행 인 | 박종구
편 집 인 | 이정재
발 행 처 | 서강대학교출판부
등록 번호 | 제2002-000170호

주 소 | 서울특별시 마포구 백범로 35(신수동)
전 화 | (02) 705-8212
팩 스 | (02) 705-8612

ISBN 978-89-7273-182-5 94910
ISBN 978-89-7273-139-9(세트)

값 24,000원

* '서강학술총서'는 SK SUPEX 기금의 후원으로 제작됩니다.

책머리에

미국을 건국한 조지 워싱턴 초대 대통령과 한국전쟁 때 군대를 파견해 대한민국에 크나큰 은혜를 베푼 헨리 투르먼 대통령의 기일에 대한민국의 대통령 등 삼부요인을 비롯해 천여 명이 넘는 공무원들이 모두 청와대 후원에 마련된 특별 제단에 나가 그들의 은혜를 기리는 제사를 정기적으로 드리도록 대한민국의 법전에 명시되어 있고 실제로 그 규정을 대한민국 정부가 잘 지키고 있다면, 2010년대로 접어든 오늘의 대한민국 국민들은 어떤 반응을 보일까? '한미혈맹' 이외의 그 어떤 논의도 인정하지 않는 일부 극소수의 국민을 제외하고는 아마도 거의 모두가 고개를 심하게 갸우뚱할 것이다. 대한민국의 탄생에서부터 현재에 이르기까지 대한민국의 안보와 발전에 기여한 미국의 역할이 아무리 지대했을지라도, 이미 죽은 미국의 대통령에 대해 그렇게까지 할 필요가 과연 있는가라는 여론이 비등할 것이 거의 확실하기 때문이다.

지금의 대한민국 국민이야 이미 근대의 격동기를 지나 21세기 현대에 살고 있고, 또한 세계의 정세와 물정에 대해 익히 잘 알고 있기에 위와 같은 상식적인 반응을 보이겠지만, 근대 이전 조선왕조의 한반도에서는 그와 비슷한 현상이 실제로 18~19세기에 걸쳐 200년 동안 현실에서 일어났다. 조선 국왕과 문무백관의 극진한 제사를 정기적으로 받은 자들은 명나라의 세 황제였는데, 그 가운데 한 명은 명나라를 건국한 홍무제(명태조)

였고, 또 한 명은 임진왜란 때 조선에 군대를 보내 '재조지은'(再造之恩)을 베푼 만력제(신종)였다. 위에 제시한 대한민국의 가상의 예와 조선왕조의 실제 예 사이의 다른 점이라면 대한민국의 미국은 여전히 세계 제일의 강대국인 '현실'인 데 비해, 조선의 명나라는 당시에 이미 망해서 사라진 지 오래된 '과거'였다는 점이다.

조선왕조에서 명나라 황제를 위해 궁궐 후원에 세운 제단 이름이 바로 대보단(大報壇)이었다. 말 그대로 어떤 큰 보은을 위해 쌓은 제단이라는 뜻이다. 좀 더 구체적으로 보면, 임진왜란 때 군대를 보내 누란지세의 조선을 구원해준 명나라 만력제의 은덕을 길이 기리기 위한 제단이었다. 특히 명나라가 망하는 바람에 중원에서는 명나라 황실을 기리는 향불조차 꺼진 상황이니, 조선에서라도 제단을 쌓아 그 갈 곳 없는 영령을 모셔야 한다는 의미의 대보단이었다. 이렇게 시작된 대보단 제사는 이내 확대되어, 명나라를 건국하고 조선에게 조선이라는 국호를 하사한 홍무제와 명나라의 마지막 황제인 숭정제를 함께 모시는 제단으로 발전했다. 이런 취지의 대보단은 18세기 벽두인 1704년에 설립되어 19세기 막바지인 1894년 6월에 일본군에 의해 서울이 무단 점령될 때까지 정확히 190년 동안 조선왕조의 정치무대에서 매우 중요한 이데올로기적 국가장치의 하나로 작동했다.

그런데 명나라가 망해 없어진 지 반세기도 지나 강산이 다섯 번이 넘도록 바뀐 시점에 어떻게 그런 일이 가능했을까? 특히 한국사에서 18세기라면 이른바 '영조와 정조의 시대'를 만나 국운이 중흥하여 새롭게 욱일승천하고 국가의 각종 제도와 문물이 재정비되고 실학이 유행하고 개혁이 이루어져, 학계의 일각에서는 심지어 근대의 태동이 이루어진 시기라고까지 알려져 있는데, 그런 시기에 과거의 명나라 황제들을 제사하는 제단을 궁궐 안에 쌓고 일 년에 적어도 네 번씩 국왕과 문무백관이 나아가 제사를 올린 일을 어떻게 이해할 수 있을까? 전통시대에는 설사 그럴 수 있었을지라도, 개항(1876) 이후 조선왕조가 만국공법이 주도하는 새로운 국제질서에 노출된 후에도 대보단 제사를 폐지하지 않고 계속 준수한 이유와 그 역사적 의미는 또 어떻게 설명할 수 있을까?

명과 조선의 관계는 임진왜란(1592~1598) 이전부터 이미 군부(君父)·신자(臣子) 관계로 이념화되어 있었고, 이는 '재조지은' 이데올로기를 통해 증명되었다. 이제 조선에서 명 황제는 충성의 대상(군주)임과 동시에 효도의 대상(부모)이 되었으며, 이는 곧 명·조선 관계가 상황에 구애받지 않는 천륜에 기초한 절대관계로 설정되었음을 뜻한다. 그러나 병자호란(1637) 때 만주족의 청에게 항복하면서 조선의 지배층은 커다란 이념적 위기를 맞는다. 왜냐하면 청 태종 앞에서 조선 국왕이 꿇어 엎드려 이마를 땅에 찧으며 항복의식을 거행하면서 명나라와의 관계를 끊겠다고 맹세한 일은 곧 지배층 스스로 조선의 지배 이데올로기인 유교의 양대 가치인 충과 효를 동시에 범한 행위였기 때문이다.

대보단의 설치(1704)와 그 확대는 이런 자기모순을 상쇄하고, 환경의 변화에 관계없이 조선의 존명의리(尊明義理)가 여전함을 대내적으로 가시화하고 스스로 의식화하기 위한 조치라 할 수 있다. 실제로 18세기 들어 조선의 왕들은 세자와 문무백관을 거느리고 직접 대보단에 나가 명나라 세 황제들의 기일에 맞추어 제례를 거행했으며, 이런 규례는 정조 때에 이르러 더욱 강화되었다. 19세기에도 대보단 제사는 예정된 날짜에 빠짐없이 거행되어, 나라의 중요한 규례로 확실하게 자리 잡았다. 개항(1876) 이후에도 여전히 시행되었으며, 청일전쟁(1894~1895) 발발 직후에 일본군이 서울을 무단 점령함으로써 비로소 중단되었고, 고종 퇴위(1907)와 함께 공식적으로 폐지되었다.

대보단의 이런 역사는 국왕을 포함한 조선 조정의 실세들이 개항 이후에도 정신적으로는 여전히 과거의 명질서(明秩序) 속에서 살고 싶어 한 심리와 명나라에 대한 과거의 기억을 청산하지 않고 현실에서 계속해서 재생산함으로써 어떤 정치적 이익을 얻으려 했음을 시사해준다. 이 책에서는 조선후기의 역사 진행에 있어서 지배엘리트층이 집착했던 명나라(중화)에 대한 기억이 이른바 19세기 후반 근대의 문턱에서 어떤 나침반이자 유산으로 작용했는지 대보단이라는 프리즘으로 그 역사적 의미를 살피려 한다.

따라서 이 책의 핵심 주제어는 비록 대보단이지만, 이 책은 대보단의 의례 절차를 고증해내는 식의 의례(儀禮) 관련 연구는 아니다. 세계사에 유례가 거의 없는 대보단이라는 제단이 조선왕조만이 아니라 한국사 전체에서 갖는 정치적·문화적 함의를 읽어냄으로써 조선왕조의 지배엘리트들이 무슨 생각과 이념으로써 국가의 통치 질서를 유지하고자 했는지에 대해 새로운 답을 찾으려는 연구이다. 또한 대보단 제례를 통해 여실히 드러난 조선의 지배엘리트들의 문명관과 세계관이 조선왕조, 더 나아가 한국 역사의 진화 과정에 어떤 방향으로 작용했고 어떤 유산을 남겼는지에 대해 거시적이고도 통시적으로 살피려는 연구이기도 하다.

이 책이 대보단이라는 하나의 주제를 다루었지만 시기적으로 18~19세기에 걸쳐 200년이라는 짧지 않은 시기를, 특히 근대의 파고가 조선을 덮치던 19세기 후반의 격변기까지 포함한 시기를 다룬 관계로 필자의 전공 영역을 벗어나는 소주제들도 어쩔 수 없이 다루어야 했다. 그래서 적지 않은 시간을 들여 새로운 공부를 했지만, 여전히 마음에는 차지 않는다. 또한 이 책의 내용 가운데 70% 정도는 논문으로 아직 발표된 바 없는 새로운 연구인 탓에 학계의 피드백도 충분히 받지 못한 약점이 있다.

이런 문제의 해결을 위해 전공 주제나 시기에 따라 이 책의 장(章)별로, 주제별로 코멘트를 얻고자 몇몇 학자들에게 나누어 부탁을 했는데, 내세울 것 없는 이 책의 완성도를 높여주기 위해 바쁜 일정에도 잠시 연구를 멈추고 이민원(원광대) · 이정철(한국학중앙연구원) · 최성철(서강대) 선생께서 값진 피드백을 주셨다. 이분들께 깊은 감사를 드린다. 그렇지만 이 책의 내용 중에 어떤 사실적 오류가 있다면 그것은 전적으로 필자인 나의 책임이다. 아울러 이 책의 출간을 위해 기꺼이 재정적 도움을 베풀어준 서강학술총서 기획위원회와 서강대학교 출판부 여러분께도 감사의 마음을 전한다.

2011년 4월

계승범

차례

제1장

동아시아의 18세기와 조선의 대보단

광복(1945) 이후 조선후기 사회를 매우 발전적이고 역동적으로 묘사하는 연구서나 대중역사서들을 많이 접할 수 있다. 특히 그 중심에 자리 잡은 18세기는 여러 분야에 걸쳐 변화와 발전을 경험한 중흥의 시대로 흔히 이해되고 있다. 실제로, 삼전도의 항복(1637)과 명 · 청 교체 및 그로부터 야기된 장기적 혼란으로 점철된 17세기의 상황에 비추어볼 때, 18세기는 정치적으로도 국내외적으로 안정을 이루었고, 경제적으로도 이전에 비해 괄목할 만한 발전을 이루었다. 또한 사상적으로도 새로운 움직임이 등장해 변화의 동력을 제공했으며, 그에 따라 사회적으로도 갖가지 개혁론을 비롯하여 백가쟁명식의 의견들이 봇물을 이루었다. 그런가 하면, 영조(r. 1724~1776)와 정조(r. 1776~1800)처럼 명석하고 통치력 있는 군주가 연이어 즉위해 왕조의 기틀을 재확립하는 등, 18세기는 조선왕조의 역사에서 가히 부흥기로 불려도 좋을 시기임은 분명하다.

그렇지만 역사 연구에서 빼놓을 수 없는 요소는 시간성 못지않게 중요한 공간성이다. 다른 말로, 조선후기, 특히 18세기의 눈부신 발전을 말하기 위해서는 조선전기 내지는 17세기의 상황(시간성)만을 비교의 대상으로 삼을 것이 아니라, 같은 시기 주변 이웃나라들의 상황(공간성)과도 충분한 비교가 이루어져야 한다. 그래야 조선후기의 상황을 동아시아라는 보다 상위의 틀에서 균형 있게 파악할 수 있을 것이다. 그런데 지금까지 조선후기의 발전상을 강조한 대부분의 연구들은 공간적 비교에 별로 관심을 두지 않았다. 그러다 보니, 조선후기 사회를 조선 내에서 이전 시기와 비교하는 한, 어떤 식으로 보아도 조선후기는 매우 역동적으로 발전한 시기라는 결론이 나올 수밖에 없다. 이런 비교 틀도 한편으로는 유용하지만, 그것만으로 결론을 내고 펜을 내려놓는다면, 본의건 본의가 아니건 거시적이고도 종합적인 역사 이해에 오히려 걸림돌이 될 수도 있음을 염두에 두어야 한다.

극단적인 예를 들자면, 조선후기가 조선전기에 비해 아무리 발전했을지라도, 만일 그 후기를 지나면서 조선의 문명 수준과 국가경쟁력이 주변나라(공간)들에 비해 뒤쳐지게 되었다면, 조선후기를 과연 어떻게 해석해야 할까라는 문제의식이 필요하다는 것이다. 이는 단순히 근대주의의 좁은 틀에서 나온 질문이 아니라, 역사 해석은 항상 전후 문맥과 좌우 공간을 함께 보아야 한다는 기본 상식에서 출발한 질문이다. 이런 문제 때문이라도, 공간성을 중시한 비교사에 대한 학계의 관심이 고조되고 그에 따른 연구가 보다 활발해질 필요가 있다. 다른 말로, 시야의 확대와 균형이 필요하다는 뜻이다. 이 책에서 중심 주제로 다루려는 대보단(大報壇)은 바로 조선후기 시대상의 산물로, 이런 문제의식을 통해 새로운 시각에서 조선후기를 조명할 수 있는 주요 프리즘이라 할 수 있다.

대보단은 이미 망해 없어진 명나라 황제의 제사를 받들기 위해 궁궐의 후원에 세운 제단이었다. 이름에도 잘 나타나듯이, 이는 명 황제로부터 받은 큰 은혜를 영원토록 잊지 않고 보답하겠다는 조선 지배엘리트들의 의지의 발현이었다. 처음 세워진 것은 18세기의 벽두인 1704년이었으며,

18세기 내내 영조와 정조에 의해 크게 강화되어 국가의 전범으로 튼튼하게 자리를 잡았다. 또한 19세기에 들어선 후에도 대보단 제례는 꾸준히 거행되었으며, 이런 규례는 개항(1876) 이후에도 그대로 이어져 시행되었다. 그 뒤, 1894년에 일본군이 서울을 무단 점령한 사건을 계기로 비로소 중지되었다. 이는 대보단 제례가 18~19세기에 걸쳐 근 200년이라는 비교적 긴 기간 동안 조선의 중앙 무대에서 매우 중요한 정치행위로 기능했음을 잘 보여준다.

조선의 역사에서 역동적인 내부 변화가 발생하고 무엇인가 미래지향적인 새로운 움직임이 싹트고 유행했다고 알려진 18세기에 과거지향적인 기억을 가시적으로 의례화(儀禮化)해 강조한 대보단이 처음 등장했고, 시간이 지나면서 더욱 강화되었으며, 근대의 파고가 조선 전역을 강타한 개항 이후에도 계속 변함없이 시행된 일이 어떻게 가능했을까? 일견 이율배반처럼 보이는 이런 현상들을 우리는 어떻게 이해하고 설명해야 할까? 대보단이 조선 역사에서 갖는 의미와 중요성을 거시적이고 종합적으로 이해하기 위해서는, 대보단 자체에만 주목할 것이 아니라, 대보단이 창설되고 그 의미 또한 크게 강화된 조선후기, 특히 18~19세기 조선사회 정치 · 지성사의 주류에 대한 보다 다양하고도 심층적인 이해가 필요하다.

이런 문제의식으로, 이 책의 서론부에 해당하는 이 장에서는 먼저 18세기 조선의 시대상과 관련해 국내 한국사학계에서 유통되고 있는 주요 학설들을 검토할 것이다. 아울러, 당시 조선이 속해 있던 동아시아의 18세기 실상을 개괄함으로써, 조선 내부에 구축된 18세기의 모습이 조선 외부에 형성된 동아시아 국제무대의 실정과 상당히 괴리되어 있었음을 확인할 것이다. 이런 바탕 위에 대보단 관련 연구 동향을 입체적으로 파악하고, 조선후기 정치무대에서 200년 가까이 하나의 지배 이데올로기적 장치로 작동했던 대보단에 대해 거시적이고도 통시적인 이해를 위한 준비

작업을 할 것이다.

1. 조선의 18세기

이 책의 주제인 대보단이 창설된 해가 1704년이었고, 18세기 내내 매우 중요한 국가 의례로 시행된 점을 감안할 때, 18세기의 시대상에 대한 이해는 이 책의 논지 전개를 위해 매우 중요하다. 조선의 정치무대에서 중요한 상징적 기제로 작동한 대보단은 바로 그 18세기의 시대적 산물일 수밖에 없으며, 따라서 대보단이라고 하는 새로운 제도가 조선사회에 튼튼하게 뿌리를 내린 시기인 18세기에 대한 이해는 곧 대보단 이해에 필수불가결하기 때문이다. 이 소절은 이를 위해 마련했다.

그렇다면 조선후기(18세기) 시대상은 대개 어떻게 이해되고 있을까? 한국사에서 조선후기 18세기라는 특정 시공간의 역사적 추이를 해석하는 시대론으로는 '실학'론과 '자본주의맹아'론 외에도 '탕평정치'론 · '조선중화'론 · '진경문화'론 · '계몽절대군주'론 등 여러 담론들이 학계에 수용된 바 있거나 통용되고 있다. 이 가운데 18세기와 관련해 빼놓을 수 없는 실학론과 자본주의맹아론을 먼저 살핀 후에, 이 책의 주제인 대보단과 불가분의 관계에 있는 조선중화론과 여타 학설들을 18세기의 지성사 차원에서 간략하게 살피되, 해방(1945) 이후 국내 한국사학계의 연구 동향이라는 맥락에서 파악해보자.

해방 이후 국내 한국사학계의 연구 방향은 한국사, 특히 조선시대사의 정체성과 타율성을 악의적으로 강조한 식민사관을 극복하려는 노력과 불가분의 관계에 있었다. 식민사관으로 인한 상처로 말미암은 이런 연구 추세의 중심에는 '내재적 발전'이라는 큰 틀이 항상 놓여 있었다. 조선 역사에서 내재적 발전 요인을 찾는 것이야말로 정체성과 타율성을 강조한 식민사관을 깨뜨릴 수 있는 좋은 반증이 될 것이었기 때문이다. 실제로, 식민사관과 내재적 발전론의 떼려야 뗄 수 없는 길항관계는 해방 이후 진행된 거의 모든 한국사 연구 동향에서 잘 드러난다. 이런 움직임은 해방공간의 혼란과 전쟁의 여파로 학계의 활동이 정상적이기 어려웠던 1940~1950년대에는 아직 본격화되지 않았으나, 1960년대에 들어서면서는 한국사 전반에 걸쳐 내재적 발전론에 기초한 새롭고 획기적인 해석이나 담론들이 상당한 수준의 모습을 갖추기 시작했다.

먼저, 조선왕조의 건국과 지배세력 관련 학설로 '신흥사대부'론과 '사림파'론을 꼽을 수 있다. 전자는 조선왕조의 건국세력을,[1] 후자는 지배층의 교체를[2] 설명한 것으로, 그동안 정체와 타율의 대명사처럼 여겨지던

---

1 신흥사대부론의 형성에 기여한 초기 연구로는 千寬宇, 「麗末鮮初의 閑良」, 『李丙燾博士華甲記念論叢』(일조각, 1956); 李佑成, 「高麗朝의 '吏' 에 對하여」, 『歷史學報』 13(역사학회, 1964); 韓永愚, 「麗末鮮初 閑良과 그 地位」, 『韓國史研究』 4(한국사연구회, 1969) 등을 참조. 서로 다른 사회계층으로서의 권문세족과 신흥사대부에 대한 초기 연구를 잘 정리한 것으로는 『한국사 8: 高麗後期의 社會와 文化』(국사편찬위원회, 1974)에 수록된 閔賢九의 「高麗後期의 權門世族」과 金潤坤의 「新興士大夫의 擡頭」를 참조. 한편, 이 학설에 비판적인 입장을 취한 연구로는 鄭杜熙, 『朝鮮初期政治支配勢力研究』(일조각, 1983), 15~16쪽; John B. Duncan, "The Social Background to the Founding of the Chosŏn Dynasty: Change or Continuity?", *Journal of Korean Studies*, Vol. 6(Los Angeles: Society for Korean Studies, 1989) 참조.

2 훈구파와 사림파의 계층 간 대립을 기반으로 한 사림파론은 이미 1950년대부터 각종 개설서에 가설 수준으로 등장했는데, 그 가설이 맞는다는 당위적 전제 하에 연역적 방법으로 증명하려 시도한 저서급의 연구 성과물들은 대개 1970~1980년대에 등장했다. 대표적인 것으로는 李樹健, 『嶺南士林派의 形成』(영남대학교 민족문화연구소, 1979); 李秉烋, 『朝鮮前期畿湖士林派研究』(일조각, 1984); 李泰鎭, 『韓國社會史; 農業技術 發達과 社會變動』(지식산업사, 1986)을 들 수 있다. 한편, 새로운 사회계층으로서의 사림파론에 비판적인 연구로는 Edward W. Wagner, *The Literati Purges*(Cambridge: Harvard University, 1974); Edward W. Wagner, 「李朝 士林問題에 관한 再檢討」, 『全北史學』 4(전북대학교 사학회, 1980); 鄭杜熙, 「朝鮮前期」, 『歷史學報』 104(역사학회, 1984); 鄭杜熙, 『朝鮮時代의 臺諫研究』(일조각, 1994), 142~143쪽; 김범, 「조선전기 '훈구 · 사림세력' 연구의 재검토」, 『韓國史學報』 15(고려사학회, 2003) 등 참조.

조선시대사를 매우 역동적으로 설명한 점에서 사학사적 의의가 지대하다. 이 두 학설은 1950년대에 개설서에 등장한 이래 1960~1970년대를 거치면서 후속 연구가 진행되어 이론의 여지가 거의 없는 '정설'로서 국내 학계를 주도했으며, 지금도 각종 개설서와 교과서에 그대로 실리고 있다.

신흥사대부론과 사림파론이 조선왕조 내부의 역동성을 밝힘으로써 정체성론을 극복하기 위한 것이었다면, 조선왕조의 사대정책을 실리를 위한 자발적 외교노선으로 해석한 학설은 조선이 국제무대에서 취한 자율성을 강조함으로써 타율성론을 극복하기 위한 것이라 할 수 있다. 이에 따라, 조선 국왕이 명 황제에게 조공을 바치고 책봉을 받은 행위는 국익을 위한 자주적 외교라는 해석이 크게 수용되었다.[3] 이는 비록 사실 문제에 있어서 몇 가지 오류를 안고는 있으나, 전근대 동아시아의 독특한 국제질서를 만국공법에 기초한 서양의 근대 개념으로 일방적으로 재단해 조선의 위상을 매도해버린 식민사관의 해석을 부정한 점에서 사학사적으로 큰 의미를 지닌다.

조선의 18세기상과 관련해, 1960~1970년대의 실학 연구 붐도 이와 비슷한 맥락에서 등장해 학계를 강타했다. 조선후기, 특히 18세기를 중심으로 조선의 지식인사회에 새로운 바람이 불고 있었음은 분명하다. 성리학

3 주로 개설서에 많이 보이는데, 조선과 관련해 이런 해석을 피력하거나 수용한 논문으로는 신석호, 「조선왕조 개국 당시의 대명관계」, 『국사상의 제문제』 1(국사편찬위원회, 1959); 金漢植, 「明代韓中關係를 둘러싼 若干의 問題: 동아시아 세계질서 속에서의 韓中關係史의 모색」, 『大丘史學』 12·13(대구사학회, 1977); 孫承喆, 「朝鮮朝 事大交隣政策의 成立과 그 性格: 朝鮮朝 對外政策史 硏究試論」, 『溪村閔丙河敎授停年紀念 史學論叢』(논총간행위원회, 1988); 金九鎭, 「朝鮮前期 韓中關係史의 試論: 朝鮮과 明의 使行과 그 性格에 대하여」, 『弘益史學』 4(홍익대학교 사학회, 1990) 외 다수가 있다. 한편, 이런 학설에 대한 체계적인 비판으로는 계승범, 『조선시대 해외파병과 한중관계』(푸른역사, 2009), 59~64쪽 참조.

에 대한 새로운 비판적 시각뿐만 아니라, 토지개혁론을 비롯한 각종 사회 개혁안들의 대두는 이전에는 보기 어려웠던 새로운 현상이었다. 다만, 이러한 움직임에 대한 연구가 식민사관 극복이라는 명제와 맞물려 진행되다보니 필요 이상의 과도한 해석이나 의미 부여가 폭넓게 이루어진 점도 부정할 수 없다. 이를테면, 실학의 성격을 근대성(modernity) 내지는 민족주의(nationalism)의 조짐으로 어떤 식으로든 연결해보려는 태도가[4] 그 대표적인 예이다.

이에 대해서는 학계에서도 이미 비판 내지는 자성의 소리가 적지 않게 제기되었다. 조선시대에 두루 쓰인 '실학'이라는 용어의 원의미를 고려할 때 조선후기의 특정 사조를 가리키는 역사 용어로는 부적절하다는 지적이나,[5] 실학의 속성에서 근대성을 강조하는 것은 사실에 어긋난다는 비판이나,[6] 실학의 개념이 모호할 뿐만 아니라 그나마도 자의적으로 적용하여 '실학자'들을 마구 양산해낸 국내 학계의 동향에 대한 신랄한 지적이나,[7] 실학의 진보성은 일부 인정하더라도 그것을 중세와 근대의 이분법적 논리로 설명하는 틀 자체에 대한 비판[8] 등은 그 좋은 예이다.

---

4 초기의 연구로는 千寬宇, 「磻溪 柳馨遠 硏究: 實學 發生에서 본 李朝社會의 一斷面」, 『歷史學報』 2·3(역사학회, 1952); 金容燮, 「最近의 實學硏究에 對하여」, 『歷史教育』 6(역사교육연구회, 1962); 金龍德, 「北學思想과 東學」, 『史學硏究』 16(한국사학회, 1963); 千寬宇, 「朝鮮後期 實學의 槪念 再論」, 『韓國文化史大系』 6(고려대학교 민족문화연구소, 1970) 등 참조.

5 한우근, 「李朝 실학의 槪念에 對하여」, 『震檀學報』 19(진단학회, 1958).

6 James B. Palais, *Confucian Statecraft and Korean Institutions: Yu Hyŏngwŏn and the Late Chosŏn Dynasty*(Seattle: University of Washington Press, 1996). 이 책의 번역본은 김범 역, 『유교적 경세론과 조선의 제도들: 유형원과 조선 후기』(산처럼, 2008) 참조.

7 Donald Baker, "The Use and Abuse of the Sirhak Label: A New Look at Sin Hu-dam and His Sŏhak Pyŏn", 『教會史硏究』 3(한국교회사연구소, 1981). 이 논문의 번역본은 김세윤 역, 『조선후기 유교와 천주교의 대립』(일조각, 1997), 214~288쪽 참조.

8 한영우, 「'실학' 연구의 어제와 오늘: 실학 개념의 재정리」, 한영우 외, 『다시, 실학이란 무엇인가』(푸른역사, 2007), 52~56쪽.

그런가 하면, 대개 단발 논문들이 양산된 것에 비해, 실학이라는 현상 자체를 종합적이고도 거시적으로 보려는 연구 노력이 상대적으로 매우 부족한 점도 지적하지 않을 수 없다.[9] 거시적 시각의 결여는 실학의 실상을 과장해 이해하는 데에도 일정 부분 기여했다고 할 수 있다. 이와 관련하여, 실학자들이 당시 조선사회 지식인사회나 정치무대에서 주류를 형성하지 못한 사실이나 실학자들의 개혁론이 중앙관료들의 생각보다 반드시 더 개혁적이었던 것은 아니라는 사실 등이 은연중에 무시된 경향도 지적할 필요가 있다.

특히, 조선사회의 18세기를 대표하는 시대론이라 할 수 있는 실학과 관련해 학계에서 가장 많이 거론되는 주제 가운데 하나는 단연 북학론이다. 북학론에서 조선사회가 중세적 화이관(華夷觀)을 극복하고 탈중화(脫中華)로 나아간 증거를 찾고, 한 발 더 나아가 북학론에서 근대성과 민족의식을 찾는 연구가[10] 한때 붐을 이루었으며, 지금도 많은 호응을 얻고 있다. 그러나 이런 해석에도 적지 않은 문제가 있어, 최근에는 이에 대한 비판의 목소리가 조금씩 커지는 추세이다. 비판의 주요 근거로는 북학론이 과연 화이사상을 극복했는지, 북학론이 과연 당시 지식인사회의 주류를 점할 정도로 유행했는지, 북학의 진정한 의미가 무엇이었는지 등의 문제의식을[11] 들 수 있다.

---

9 이런 시도의 한 예로, 최근의 심포지엄 발표를 토대로 구성한 한영우 외, 『다시, 실학이란 무엇인가』(푸른역사, 2007)를 꼽을 수 있다. 다만, "실학이란 무엇인가"라는 거시적이고도 종합적인 질문에 대한 답은 여전히 만족스럽지 못한 면이 있다.

10 孫承喆, 「北學의 中華的 世界觀 克服: 그 展開過程 理解를 위한 序說」, 『論文集(人文系)』(강원대학교, 1982); 정옥자, 「실학과 근대의식」, 『한국사특강』(서울대학교출판부, 1990); 전홍석, 『조선후기 북학파의 대중관 이해』(한국학술정보, 2006) 외 다수. 이런 경향에 대한 보다 상세한 연구사 정리로는 허태용, 「'북학사상'을 연구하는 시각의 전개와 재검토」, 『오늘의 동양사상』 14(예문동양사상연구원, 2006) 참조.

북학론은 존명의리적(尊明義理的) 화이관을 극복했다기보다는 인식 변화의 단초를 제공했다는 데에 역사적 의의가 있다. 북학론자들이 청나라로부터 문물을 배우자는 취지의 글을 쓰면서도 여전히 기존의 화이관에 붙들려 있는 표현들을 많이 사용한 것은 주지의 사실이다. 청을 여전히 이적(夷狄)이나[12] 호(胡)로 인식할 뿐만 아니라,[13] 중화의 정통을 여전히 한인(漢人)에게 두는 논조[14] 등은 그 좋은 예이다. 한 시대의 인식체계라는 것이 어느 날 갑자기 이전 것과 완전히 단절된다기보다는 일정한 기간을 거치면서 전환되거나 진화한다는 점을 인정한다면, 오랑캐로부터도 얼마든지 배울 수 있다는 주장만으로도 기존의 문명관이자 세계관, 곧 선악의 이분법적 화이관에 대한 도전은 시작된 셈이다. 단, 그것은 어디까지나 도전의 첫걸음이었을 뿐이지 도전의 완성, 곧 극복은 아니었다. 북학론자들은 대개 기존의 화이론과 새로운 중화유제론(中華遺制論)에 각각 한 발씩 걸치고 있었기 때문이다.[15]

11 朴性淳, 「朝鮮後期의 對淸認識과 北學論의 意味」, 『史學志』 31(단국사학회, 1998); 계승범, 「조선후기 중화론의 이면과 그 유산: 명 · 청 관련 호칭의 변화를 중심으로」, 『韓國史學史學報』 19(한국사학사학회, 2009).

12 朴趾源, 「馹汛隨筆」, 『熱河日記』 秋7월15일 신묘. "[……] 其爲中國 復讐刷恥之心 豈可一日而忘之哉 [……] 然而尊周自尊周也 夷狄自夷狄也 [……] 漢唐宋明之良法美制 固不變也 彼胡虜者 誠知中國之可利而足以久享則 至於奪而據之 若固有之 [……]"

13 朴齊家, 『北學議』, 「尊周論」. "[……] 今淸固胡矣 胡知中國之可利 故至於奪而有之 我國知以其奪之胡也 而不知所奪之爲中國 [……] 今也以堂堂千乘之國 欲伸大義於天下 而不學中國之一法 不交中國之一士 [……]"

14 洪大容, 『湛軒書』 內集 券3, 書, 「又答直齋書」. "[……] 我東之慕效中國 忘其爲夷也久矣 雖然 比中國而方之 其分自在也 [……] 其內外之分 世類之別 固天之有限矣 雖高仰之以爲貴 亦何妨哉 嗚呼 中國者 天下之宗國也 華人者 天下之宗人也 今上帝疾威 時運乖舛 使三代遺民聖賢後裔 剃頭辮髮 同歸於滿韃 則當世志士悲歎之秋 [……]"

15 중화유제론에 대해서는 김문용, 『홍대용의 실학과 18세기 북학사상』(예문서원, 2005), 212~218쪽 참조. 북학론이 화이론 극복의 논리를 세웠음을 인정하면서도 그 한계를 함께 지적하는 것이 최근의 대세인 듯하다. 관련 연구로는 河宇鳳, 「實學派의 對外認識」, 『國史館

뿐만 아니라, 18세기 후반 당시 지식인사회에서 북학론자는 주변인에 지나지 않았다. 지식인사회의 대다수 주류는 여전히 의리론적 화이관에 묶여 있었다. 자신의 말에 귀 기울이지 않는 세태에 대한 박지원(1737~1805)·박제가(1750~?)·홍대용(1731~1783)의 탄식은 바로 그들의 북학론이 당시 사회에서 주변적 주장이었다는 좋은 증거이다.[16] 그러했기에, 북학론은 18세기 조선의 지성사회를 대표한 것이 아니라 주류 사회에 대한 조그마한 도전의 시작이었을 뿐, 18세기 지성사의 흐름을 바꾸기에는 역부족이었다. 18세기 후반은 물론이고, 19세기에 들어서도 거의 대부분의 연행(燕行) 사신들은 여전히 만주족의 청나라를 오랑캐로 비하하는 태도를 청산하지 않았으며, 조선과 청 두 나라의 문명을 충분히 비교해서 취사선택하려는 태도에 적극적이지 않았다. 허생(許生)의 질타와 실옹(實翁)의 역설은 박지원과 홍대용의 개인 문집에서나 가능했던 것이다.

물론, 19세기에 들어 북학론이 경화학계(京華學界)의 대세를 잡았다거나, 19세기 조선사상계의 추세를 주자학적 명분론의 붕괴 과정으로 이해할[17] 측면도 없지는 않다. 그러나 19세기 전반기 조선에서 청의 문물을 도입하기 위한 가시적 정책 마련에 이렇다 할 것이 없었던 점과 개항 이

論叢』 76(국사편찬위원회, 1997); 김명호, 『熱河日記 硏究』(창작과비평사, 1990), 290~300쪽; 허태용, 「'북학사상'을 연구하는 시각의 전개와 재검토」, 『오늘의 동양사상』 14(예문동양사상연구원, 2006) 등 참조.

16 북학파의 진보성을 논할 때 가장 많이 인용되는 홍대용의 『담헌서』(湛軒書)만 해도, 그것은 1930년대(일제강점기)에 가서야 겨우 필사본으로 출판되었다. 심지어 그의 아들조차도 아버지(홍대용)의 연구를 적극 수용하고 따르는 데 힘쓰지 않은 점들로 미루어볼 때, 북학파의 삼총사라 할 수 있는 박지원·박제가·홍대용 등이 당시 조선의 주류 지성사회에서 어느 정도의 위치를 실제로 누렸을지는 어렵지 않게 짐작할 수 있다.

17 이에 대해서는 유봉학, 『연암일파 북학사상 연구』(일지사, 1995), 56~78쪽 참조.

후 19세기가 저물도록 조선 지성사회의 절대 주류가 위정척사(衛正斥邪) 내지는 동도서기(東道西器)였던 점 등을 고려할 때, 과연 북학론이나 주자학적 의리론과 관련하여 '대세'라거나 '붕괴'라는 말을 쉽게 쓸 수 있는지 의문이다.

요컨대, 18~19세기 조선사회 정치 · 지성사를 파악함에 있어 실학을, 특히 북학론을 언급하지 않을 수는 없으나, 주류 지성사회의 흐름과 분위기를 바꾸기에 힘겨웠던 실학의 실상을 덮거나 간과하고 실학과 북학론이 마치 조선후기 지성사의 주류였던 것처럼 설명한다면, 그것은 역사의 사실과 거리가 있으며, 그런 과도한 해석의 바탕에 식민사관 극복 심리가 일부 작용했음을 전면 부인하기는 어려울 것이다.

한편, 1970~1980년대에는 조선사회의 근대 이행 과정과 관련해 자본주의맹아론이 맹위를 떨치며, 조선후기 사회에서 자본주의의 태동 여건을 찾는 연구가 붐을 이루었다. 자본주의맹아론을 지지하는 연구들이 제시한 대표적인 증거로는 조선후기(18세기)에 이르러 상업이 활발해진 점, 금난전권(禁難廛權) 폐지(1791)와 같이 국가의 상업 통제를 완화하는 방향으로 나아간 점, 광산 개발이 활발해지면서 임금노동자들이 등장한 점, 농촌에서도 고공(雇工)이라 하여 임노동자들이 등장한 점, 상평통보와 같은 화폐가 전국적으로 유통되기 시작한 점, 광작(廣作)이 성행하면서 경영형부농(經營形富農)처럼 판매를 염두에 둔 농업 형태가 등장한 점, 봉건적 토지소유제가 쇠퇴한 점, 전국에 걸쳐 장시가 활발해지면서 송상(松商)과 같은 대상인을 비롯하여 자본의 축적에 따라 객주(客主)나 여각(旅閣) 등 새로운 상업구조가 등장한 점 등을 꼽을 수 있다.[18] 그런데 흥미롭게도 자

18 이 주제는 이 책의 범위를 벗어나므로 관련 논저를 일일이 제시하지는 않겠으나, 조선후기 사회에서 자본주의의 맹아를 찾고 그 이론을 형성하는 데에 기여한 대표적인 1세대 학자로

본주의맹아론의 확산과 그에 대한 비판은 거의 같은 시기에 나왔는데, 이는 자본주의맹아론 자체가 안고 있던 결함이 생각보다 컸다는 반증이기도 하다.[19]

물론, 자본주의맹아론의 사학사적 기여도를 부정할 수는 없다. 그 주창자들이 경제와 상업구조 차원에서 한국(조선)도 서구 역사의 보편적인 발전에 발맞추어왔다는 점을 증명하려 경주한 것은 당시의 시대적 과제였다고 해도 과언이 아니며, 실제로 그런 과정을 통해 조선후기 사회의 상업과 경제구조에 대한 이해에 일취월장을 가져온 것도 분명한 사실이다. 아직 식민사관 내용에 대한 비판조차 전방위적으로 전개되지 못하던 1970년대에, 경제 분야에서 한국사의 세계사적 보편성을 주장할 수 있는 토대를 제공한 점은 아무리 강조해도 지나치지 않을 것이다. 다만, 문제는 그 이론을 받치는 증거로 제시된 여러 사례들이 과연 '자본주의 맹아'에 부합하는지의 여부일 것이다.

자본주의맹아론의 급격한 부상과 급격한 쇠락은 역사 전문용어인 자본주의(capitalism)의 개념에 대한 명확한 동의가 이루어지지 않은 탓에 발생했다고도 볼 수 있다. 사실, 만일 앞에 열거한 이유들로 인해 조선후기 사회에서 자본주의 맹아를 볼 수 있다면, 중국의 경우에는 송나라 때 이미 자본주의 단계에 사실상 진입했다고 봐야 할 것이다. 그러나 송대(宋代)나 명대(明代)의 눈부신 경제 발전을 놓고도 세계 학계에서는 자본주의 맹아

는 김용섭(金容燮) · 유원동(劉元東) · 원유한(元裕漢) · 유승주(劉承宙) · 강만길(姜萬吉) 등을 꼽을 수 있다.

19 비교적 최근의 비판적 연구로는 吳星, 「資本主義 萌芽論의 硏究史的 檢討: 初期의 硏究를 중심으로」, 『한국사시민강좌』 9(일조각, 1991); 이정철, 「조선후기 경제변동의 새로운 성격 규정을 위하여: 농업사 연구에 대한 개념사적 재검토를 중심으로」, 『조선후기사 연구의 현황과 과제』(창작과비평사, 2000); 이헌창, 「조선 후기 資本主義萌芽論과 그 代案」, 『韓國史學史學報』 17(한국사학사학회, 2008) 외 다수가 있다.

(buds of capitalism)라는 표현조차 쓰기에 너그럽지 않은 실정이다.[20] 실제로, 국내 학계에서도 이미 1990년대에 들어서는 자본주의맹아론의 종언이라는 말이 등장할 정도였다.[21] 이는 자본주의맹아론이 상당히 허술한 바탕 위에 형성된, 솔직히 말하면 중국사나 일본사에서 급하게 차용해 와서 급조한 담론임을 웅변적으로 잘 보여준다. 그런데 1970~1980년대를 풍미했던 자본주의맹아론의 배후에 경제사 차원의 내재적 발전이라는 당위성이 강하게 작용했음은 두 말할 나위도 없으며,[22] 그 바탕에 식민사관 극복 심리가 일부 깔려 있었던 점 또한 부정하기 어렵다.

그런데 여기서 한 가지 짚고 넘어갈 것은 이런 식의 식민사관 극복 운동이 갖는 양면성이다. 해방 이후에 국내 학계에서 본격화된 식민사관 극복 노력이 단순히 일제의 만행을 폭로하고 새로운 국민국가 차원의 민족적 기조를 유지하는 선에서 만족했다면 별다른 문제가 없었을 수도 있다. 그런데 그런 차원을 넘어 조선사의 보편성을 서구사회의 역사 발전단계에 맞추려 경주한 결과, 오히려 전후(戰後) 세계 학계의 새로운 추세인 포

---

20 영어권 동아시아사 개설서에 전근대 중국사회의 경제구조와 관련해서 "sprouting buds of capitalism"이라는 표현은 쓰이지 않는다. 한 예로, 최근에 미국의 여러 대학에서 동아시아사 개설서로 가장 널리 쓰이는 책으로는 Rhoads Murphy, *East Asia: A New History*(New York: Addison-Wesley Longman, 2004)와 Patricia Ebrey, Anne Walthall, and James Palais, *East Asia: A Cultural, Social, and Political History*(Boston: Houghton Mifflin, 2006) 등 두 개를 꼽을 수 있는데, 전혀 언급이 없다. 명말청초 시기에서 자본주의 맹아를 찾아볼 수 없다는 서구 학계의 입장을 잘 요약한 것으로는 F. W. Mote, *Imperial China, 900~1800*(Cambridge: Harvard University Press, 1999), pp. 765~769 참조.

21 李勛相, 「朝鮮 後期-回顧와 展望: 韓國 史學界 1993~1995」, 『歷史學報』 152(역사학회, 1996).

22 물론 '내재적 발전'을 강조한다고 해서 모두 자본주의맹아론을 지지하는 것은 아니다. 좋은 예로는 김용섭교수정년기념 한국사학논총간행위원회에서 1997년에 편집한 『韓國史 認識과 歷史理論』에 실려 있는 논문들 가운데 李景植의 「韓國史硏究와 時代區分論」과 金仁杰의 「1960, 70년대 '內在的 發展論'과 韓國史學」 등을 들 수 있다.

스트식민주의(post-colonialism) 내지는 탈식민주의에 부응하지 못하고 오히려 서구의 식민주의에 더욱더 매인 측면을 부인하기 어렵기 때문이다.[23] 서구 중심의 식민주의 문화관 · 역사관과 오리엔탈리즘을 극복하고 더 나아가 서구(유럽)를 객관화하고 상대화하는 시도가 포스트식민주의 역사학의 한 특징이라면,[24] 국내의 한국사학계는 한국사의 발전단계를 19세기 마르크스주의자들의 역사 발전단계에 억지로 맞추려 한 결과, 한국사를 일제의 식민사관으로부터 구출해내는 데에는 성공했을지 모르나, 한국사의 진화 과정을 철저하게 유럽사의 그것에 종속시켰다는 비판으로부터 자유롭지 못한 면이 있다.

어쨌든, 식민사관 극복과 민족주의 기조가 강했던 국내 학계의 연구 동향은 1980년대에 들어서면서 정치사와 문화사에까지 확대돼나갔다. 이를테면 현재도 학계 일각에서 통용되는 붕당정치론 · 진경문화론 · 조선중화론 등이 그 대표적인 예이다. 명칭만으로도 짐작할 수 있듯이, 이들 학설은 사회경제사나 국제관계사에서만이 아니라 정치사나 문화사 차원에서도 조선후기 사회의 역동적 발전성을 강조하는 내용을 담고 있다. 곧, 정치사 · 문화사 · 지성사 차원의 내재적 발전론이라 할 수 있다. 이 가운데 이 책의 주제인 대보단과 깊은 관련이 있는 조선중화론을 집중적으로 살펴보자.

조선중화론은 식민사관의 영향으로 사대주의와 정체성의 상징으로 보

---

23 이는 한국사학사학회 월례발표회(2010. 10)에서 필자의 발표에 대한 임상우 선생(서강대)과 조성을(아주대) 선생의 토론을 들으며 영감을 받고 정리할 수 있었다. 이에 이 지면을 통해 두 분께 감사의 뜻을 전한다.

24 포스트식민주의에 대한 정리로는 Leela Gandhi, *Postcolonial Theory: A Critical Introduction*(New York: Columbia University Press, 1998), 이영욱 옮김, 『포스트식민주의란 무엇인가』(현실문화연구, 2000); 吳仁英, 「포스트식민주의 이론의 이해와 수용」, 『東洋學』 32(단국대학교 동양학연구소, 2002) 등 참조.

았던 조선후기를 조선의 주체적인 문예부흥기로 새롭게 해석하고, 그것을 존명의리에 기초한 윤리적 · 주체적 사상운동으로 조명한 점에서 사학사적 의의를 지닌다. 좀 더 구체적으로 보면, 중원조차 오랑캐인 만주족에게 더럽혀진 현실에서 중화의 문물을 간직한 나라는 이제 조선밖에 없으니, 중화문명의 적통으로서 조선만이 이 세상의 유일한 문명국이요, 중화국이 되었다는 믿음이 곧 조선중화사상이다. 따라서 이런 의식으로 무장한 조선은 이제 청나라에 의존하지 않고 독자적이고도 주체적으로 조선의 중화문화를 꽃피웠다는 해석이다.[25] 조선후기에 그런 문화적 자부심 내지는 그와 비슷한 사조가 크게 유행하여 정치계 · 사상계 · 문화계 · 지식계의 주류를 형성한 것은 사실이다. 그렇지만 그것을 해석하는 데 있어서는 보다 다양한 층위의 설명이 가능하며, 또한 필요하다.

먼저, '조선중화'는 사실(현실)에 근거한 의식이 아니라는 점을 간과하면 안 된다. 조선중화 의식은 중화를 구성하는 3대 요소로 흔히 고려되는 지역 · 종족 · 문화를 종합적으로 보지 않고 어느 특정 요소만, 특히 문화의 측면만 분리해내어 강조한 것으로, 이미 그 자체로 현실과 괴리된 관념상의 이론이라는 약점을 안고 있기 때문이다.[26] 고대 이래 중국의 유현들이 3대 요소 중에서 특히 문화 기준을 강조했다는 것이 학계의 통설이고, 따라서 조선후기에 문화만을 강조한 중화론도 매우 자연스러운 현상으로 이해되는 경향이 있지만, 그런 이해에 과연 의문의 여지는 없는지 재고해볼 필요가 있다.

비록 공자 이후 중국의 유현들이 지역이나 종족보다는 유교적 예법과

---

25 가장 대표적인 것으로는 정옥자, 『조선후기 조선중화사상 연구』(일지사, 1998). 이런 관점을 견지하고 있는 연구는 이 이외에도 대단히 많다.

26 이에 대한 보다 상세한 논의는 계승범, 「조선후기 중화론의 이면과 그 유산: 명 · 청 관련 호칭의 변화를 중심으로」, 『韓國史學史學報』 19(한국사학사학회, 2009) 참조.

인륜의 실천 여부를 화이 구분의 최고 기준으로 제시했을지라도,[27] 그것이 곧 종족 기준의 약화를 뜻하지는 않는다. 한족이 중원(동아시아 천하의 중심)을 차지하고 있는 상황에서는 오히려 보편적 문화를 강조할 수 있는 여유가 생기기 때문이다. 한 예로,

> 나는 하(夏)로써 이(夷)를 변화시킨 바는 들었으나, [하가] 이에 의해 변화된 바는 듣지 못했다[28]

는 맹자의 말에서 '하'와 '이'를 인종과는 무관한 문명(문화) 상태로만 해석해야 할 근거는 어디에도 없다. 오히려 중원을 상실한 남송시대의 주희(朱熹, 1130~1200)에 이르면, 겉으로는 문화를 강조하면서도 속으로는 종족 기준을 더 강조하는 경향이 나타난다.

> 이적에 있어서 [그들은] 인간과 금수의 사이에 존재하므로, 끝내 [그들을 인간으로] 개조하기는 어렵다[29]

는 주희의 말에는 이적을 존재론적으로 엄격히 차별한 그의 속마음이 잘 드러나 있다. 실제로, 그는 문화만으로 국제무대에서 중화가 될 수 있다고는 결코 믿지 않았다.[30] 남송의 유학자들이 정녕 종족 기준보다 문화

---

27 이에 대한 정리로는 禹景燮, 「宋時烈의 華夷論과 朝鮮中華主義의 성립」, 『震檀學報』 101(진단학회, 2006) 참조.

28 『孟子』, 「滕文公上」 제4장 "[……] 吾聞用夏變夷者 未聞變於夷者 [……]"

29 『朱子語類』 권4 "[……] 到得夷狄 便在人與禽獸之間 所以終難改 [……]"

30 박홍규, 「17세기 德川日本에 있어서의 華夷문제: 중국 · 조선과의 비교 관점에서」, 『한국정치학회보』 35: 4(한국정치학회, 2002), 284쪽.

기준을 우위에 두었다면, 유교화 정책을 편 금나라를 그렇게 병적으로 이적시하지는 않았을 것이다. 요컨대, 중국의 유학자들이 비록 이론상으로는 이적을 교화가 가능한 같은 인간으로 인정했을지라도,[31] 속마음으로는 상황에 따라 그러한 철학적 논변보다는 인종 기준을 더 중시했던 것이다.

또한 옹정제(r. 1722~1735)와 건륭제(r. 1735~1796)가 내세운 문화적중화론조차도 실은 지역과 종족 기준을 그 안에 엄연히 내포하고 있었다. 청조(淸朝)가 내세운 문화적중화론과 동시대 조선 지식인들이 강조한 문화적중화론의 결정적인 차이는 전자가 현실적으로 지역과 종족을 다 아우르고 포용한 바탕 위에서 보편적 문화를 능동적으로 강조한 데 비해, 후자는 지역과 종족을 이미 상실한 어쩔 수 없는 상황에서 일부 특정 문화만을 방어적으로 강조했다는 점이다. 이를테면, 중원의 한족중화문명이 오랑캐의 지배하에 송두리째 들어감에 따라 지역과 종족을 이미 상실한 어쩔 수 없는 상황에서, 조선이라는 특정 공간에서 일부 특정 문화만을 방어적으로 강조한 것이 바로 조선중화였다는 것이다. 문화적 · 인종적 교조주의 색채를 강하게 띤 남송의 신유학이나 그 전통을 계승하고자 한 조선후기의 성리학이 바로 여진족과 만주족이 주도하는 국제정치 지형이라는 현실적 요소를 부정하면서 기반을 강화한 사실은 시사해주는 바가 크다. 동서고금의 어느 사회를 막론하고 이념과 현실이 정확히 일치할 수는 없겠지만, 그래도 조선후기의 조선중화 의식의 경우에는 그 괴리 현상이 지나치게 두드러진다.

31 Herman Ooms, "Human Nature: Singular(China) and Plural(Japan)?", in Benjamin A. Elman, eds., *Rethinking Confucianism: Past and Present in China, Japan, Korea, and Vietnam*(Los Angeles: UCLA Asian Pacific Monograph Series, 2002), pp. 95~115.

이에 더해서, 조선중화 의식을 과연 조선의 주체적 사상으로 해석할 수 있는가의 문제가 있다. 조선중화 의식의 기저에 명에 대한 의리감과 모화 의식이 강하게 깔려 있었음은 주지의 사실이다. 그러하기에, 이제 조선만이 중화의 문물을 간직하게 되었다고 믿고, 그로 인해 자부심을 가지는 것은 충분히 가능했던 일이다. 그러나 그 자부심은 조선의 문명을 한족(漢族)의 중화문명에 귀속시킴으로써, 또는 그 중화문명을 조선 것으로 동일시함으로써 발생한 자부심이었다.

실제로, 조선중화의 증거로 널리 인용되는 『송원화동사합편강목』(宋元華東史合編綱目)의[32] 의미는 흔히 "우리 역사를 중국 역사에 합함으로써 이(夷)의 범위에서 벗어나 화(華)가 되었다는 것이며, 중화문물은 우리나라에서만 찾을 수 있는 현실이므로 이제 조선은 조선중화주의를 강조하고 있는 것"으로[33] 풀이되는데, 이 풀이만 놓고 보아도 조선중화는 조선을 중화로부터 분리해냄으로써 주체적 자존을 취한 것이 아니라 조선 문명을 중화에 귀속시킴으로써 발생한, 즉 자존의 바탕을 존화(尊華) 내지는 종화(從華)에 둔 사조였던 것이다.

요컨대, 조선의 자부심은 어디까지나 중화라는 타자의 권위에 의지하여 가능했지, 조선을 중화(중국)로부터 분리한 결과로 나타나지 않았다는 것이다. 따라서 조선중화에서 모화적 존주의리(尊周義理) 의식을 제거한다면 조선중화의 기반 자체가 흔들리게 된다. 이를 조선의 주체적 자부심으

32 이 책에서는 『宋元華東史合編綱目』(내제문화연구회, 1998)을 참고했다.

33 정옥자, 『조선후기 조선중화사상 연구』(일지사, 1998), 228~229쪽. 한편, 『송원화동사합평강목』이 제국주의 침략에 따른 위기의식의 발로임을 인정하면서도 한국문명의 역사 발전을 이끌기에는 적합하지 않았던 한계를 지적하는 목소리도 크다. 관련 연구로는 吳瑛燮, 「19세기 중엽 위정척사파의 역사서술: 華西學派의 '宋元華東史合編綱目'」, 『韓國學報』 60(일지사, 1990); 박인호, 「'송원화동사합편강목'에 나타난 화서학파의 역사인식」, 『朝鮮時代史學報』 27(조선시대사학회, 2003) 참조.

로 해석하는 것은 무리다. 그것은 단지 한족중화(漢族中華)라는 문명질서에 스스로를 동참시킴으로써 얻게 되는 소속감과 성취감의 자기 의식화였을 뿐이다.

이와 관련해서, 현실적으로도 조선중화 의식은 자기기만 내지는 자기 의식화에 가까운 사조였음을 아울러 지적할 필요가 있다. 현실적 국제정치무대에서는 철천지원수인 청의 만주족 황제에게 정기적으로 조공을 바치고 책봉을 받으면서, 내부적으로만 청을 '공공의 적'으로 규정하는 방법으로 조선사회의 내부 단속을 강화함으로써 기존의 왕조지배질서를 유지했던 것이다. 이는 마치 작금의 북한이 현실적으로는 중국(PRC)·한국·미국 등의 원조를 받아 국가를 유지하면서도 내부적으로는 여전히 주체사상을 의식화함으로써 정권을 유지하는 방법과 상당히 닮았다. 비유하자면, 조선은 청나라가 제공한 국제질서, 곧 청질서(淸秩序)라는 거대한 수족관에 동참함으로써 왕조의 안녕을 보장받으면서도, 그 수족관의 한 어항(한반도) 안에서 수족관 시스템을 비판하고 멸시한 행위가 바로 조선중화의 본질이었던 것이다. 이런 면에서 볼 때, 조선중화 의식은 '사실'이 아니라 '의견'에 기초한 이데올로기로 조선사회에서 작동했다고 볼 수 있다.[34] 조선후기를 살던 양반 지식인들이 그렇게 사유한 것은 당시의

34 '사실보다는 의견'(opinione magis quam re)에 기반을 둔, 다른 말로 비록 사실이 아닌 허구적 상상에 기초한 이념일지라도 그것이 사회구성원들의 심리와 적절히 부합할 때 그 사회의 안정에 기여할 수 있다는 스피노자(Spinoza)의 '신정국가론'(神政國家論)은 조선중화 의식과 매우 잘 어울린다. 스피노자가 말하는 히브리신정국가에 대해서는 진태원, 「'신학정치론'에서 홉스 사회계약론의 수용과 변용」, 『철학사상』 19(서울대학교 철학사상연구소, 2004); Etienne Balibar, Translated by Peter Snowdon, *Spinoza and Politics*(London: Verso, 1998), pp. 1~49, 진태원 옮김, 『스피노자와 정치』(이제이북스, 2005), 16~78쪽; 진태원, 「스피노자와 알튀세르에서 이데올로기의 문제: 상상계라는 쟁점」, 『근대철학』 3: 1(서양근대철학회, 2008) 참조.

시대분위기상 그럴 수 있다고 이해할 수 있지만, 오늘날의 역사가들이 조선후기 지식인들의 그런 인식과 주장을 액면 그대로 받아들여 그대로 동조해 따르는 태도는 문제라 하지 않을 수 없다.

결국, 조선중화 의식에 조선 내지는 조선인이라는 주체의식이 들어설 자리는 처음부터 거의 없었다. 그 자긍심은 자신으로부터 말미암은 것이 아니라 타자(한족의 중화)의 권위에 기초하고 있었기 때문이다. 조선후기 지식인들이 「존화록」(尊華錄)이나 「존주론」(尊周論)이라는 제목의 글은 쓸지언정, 어느 누구도 「존조선록」(尊朝鮮錄) 내지는 「존아론」(尊我論)이나 「자존론」(自尊論)이라는 제목의 글을 쓸 수 없었던 이유는 바로 여기에 있는 것이다.

한편, 조선중화론과 궤를 같이 하는 담론으로는 18세기의 조선중화 사조를 당시의 화풍과 접목시킨 진경문화론을[35] 꼽을 수 있다. 이는 주자학(중화)의 조선화(朝鮮化)에 따른 자부심이 화풍으로도 나타나 조선의 진경을 그리는 화풍이 18세기에 유행했다는 설명으로, 한 시대를 주도한 예술경향을 정치사상 조류와 접목시켜 시대 이해의 폭을 넓히려 시도했다는 점에서 의의가 있다. 그러나 그러한 화풍은 당시 동아시아에서 조선만의 독특한 흐름이 아니라 동시대 청·조선·일본 삼국의 화단에서 공통적으로 나타난 현상이었다. 또한 대개 서양과 청나라의 영향을 받아 시작되었으면서도 각기 독특한 풍을 개척했는데, 조선의 경우에는 일본에 비하면 청나라풍의 영향이 더 심했다.[36] 조선으로만 국한해보아도, 조선중화를

---

35 崔完秀, 『謙齋 鄭敾 眞景山水畵』(범우사, 1994); 최완수 외, 『우리문화의 황금기 진경시대 1: 사상과 문화』 및 『우리문화의 황금기 진경시대 2: 예술』(돌베개, 1998) 수록 논문들.

36 洪善杓, 「朝鮮時代 繪畵史研究의 최근 동향(1990~1994)」, 『韓國史論』 24(국사편찬위원회, 1994); 韓正熙, 「17~18세기 동아시아에서 眞景山水畵의 성행과 그 의미」, 『美術史學研究』 273(한국미술사학회, 2003); 박은순, 「眞景山水畵 研究에 대한 비판적 검토: 眞景文化 · 眞景

강조한 호론(湖論)과 진경을 추구한 낙론(洛論)을 동일시한 해석은 문제라는 비판이 있다.[37] 따라서 진경화풍에 대한 심층 이해를 위해서는 보다 거시적 · 비교사적 접근이 필요하다.

조선중화론에 대한 비판적 대안으로는 '중화계승의식'론을 들 수 있다. 조선중화 의식이 조선이 곧 중화가 되었다고(중화=조선) 인식하여 중화로서의 조선을 강조했다면, 중화계승의식은 중화의 계승자로서의 조선(중화→조선)을 강조한 설명이다.[38] 조선후기에 칭제건원을 한다거나 독자적인 책력을 쓰지 않은(못한) 점 및 대보단과 만동묘(萬東廟) 제사가 지속적으로 중시된 점 등을 고려할 때, 조선중화보다는 중화계승이 당시의 실상에 보다 가까운 이해라고 여겨진다. 실제로, 한국고전번역원의 데이터베이스에서 '조선중화'라는 단어는 검색이 되지 않는다. 이는 조선후기에 설명식으로 조선중화의 뉘앙스를 풍기는 글들이 많았을지라도, 조선중화가 재조지은(再造之恩)처럼 구체적인 관용어구로는 회자되지 않았음을 강력히 시사해준다. 다만 비슷한 믿음이 조선후기 사회를 휩쓴 것은 사실인데, 이는 차라리 중화계승 의식에 가까웠던 것으로 보인다. 다만 용어의 선택에 보이는 차별성과는 달리, 조선중화와 중화계승의 기저에 흐르는 사상적 · 심리적 측면에서도 차별성이 두드러지는지에 대해서는 논의가 좀 더 필요해 보인다. 이 둘은 모두 권위의 원천을 조선이라고 하는 자아에서 찾지 않고, 중화라는 타자에서 찾고 있었기 때문이다. 사실, 조선후기의 지식인들은 중국(명)을 타자로 보지 않았다.

한편, 조선중화 의식과 관련하여 조선후기에 한때 고조되었던 기자(箕

時代論을 중심으로」, 『韓國思想史學』 28(한국사상사학회, 2007) 외.

37 高蓮嬉, 「鄭敾의 眞景山水畵와 明淸代 山水版畵」, 『美術史論壇』 9(한국미술연구소, 1999).

38 이에 대해서는 許太榕, 『조선후기 중화론과 역사인식』(아카넷, 2009), 113~214쪽 참조.

子) 또는 기자조선에 대한 관심도 잠시 살필 필요가 있다. 기자조선에 대한 관심 고조는 조선중화의 본질과 그 맥락을 같이하면서도, 존명의리적 중화론과는 달리 중화의 근원을 주자학보다는 고대 유학에서 찾는 경향이 두드러지면서 나타났다. 즉 중화의 근원을 주대(周代)와 은대(殷代)로 더 소급해 올라가, 조선을 이적의 상태에서 유교풍의 문명 상태로 개화시킨 인물로 기자를 강조한 것이다.[39] 따라서 어떤 면에서 이러한 사조는 조선의 주체적 자부심 형성의 일례로 볼 수도 있다.

그러나 이 또한 기자가 고대에 중화문명을 수용했다는 믿음이 전제되었기 때문에 가능했음은 움직일 수 없는 사실이다. 요컨대, 조선후기 지식인들이 가졌던 모든 자부심의 본질은 중화(중국)로부터 벗어남으로써 발생한 자존심이 아니라, 어떤 형태로든 중화와 연결을 지음으로써 생기는 자존심이었던 것이다. 이런 인식을 탈중화로 해석하기는 어렵다. 오히려 조선후기의 중화론 관련 사조는 청이 새롭게 구축한 정치질서 곧 '새 중화'를 정신적으로 부정하고 그로부터 이탈하면 할수록 한족이 세웠던 과거의 화이론적 유교문명 곧 '옛 중화' 속으로 더욱 침잠해 들어가는 형국으로 전개되었다.

결국, 조선중화나 기자조선이나 모두 존명의리 의식에서 벗어나 주체적 자아를 형성한 담론처럼 보이기도 하지만, 모두 어떤 커넥션으로 중화에 줄을 대는가가 달랐을 뿐, 그 본질은 공히 모화(慕華) 내지는 종화(從華)

39 조선시대 지식인들이 기자조선을 평가한 추세에 대해서는 朴光用, 「箕子朝鮮에 대한 認識의 변천: 高麗부터 韓末까지의 史書를 중심으로」, 『韓國史論』 6(서울대학교 국사학과, 1980) 참조. 조선후기 몇몇 학자들의 개인적인 기자 이해에 대해서는 김문식, 「18세기 후반 徐命膺의 箕子 認識」, 于松趙東杰先生停年紀念論叢刊行委員會, 『韓國史學史硏究』(나남출판, 1997); 김문식, 「18세기 후반 順菴 安鼎福의 箕子 인식」 『韓國實學硏究』 2(한국실학연구회, 2000); 김문식, 「星湖 李瀷의 箕子 인식」 『退溪學과 韓國文化』 33(경북대학교 퇴계학연구소, 2003) 참조.

였다. 문화적 자부심의 뿌리를 조선이라는 자아에 두지 않고, 중국이라는 타자의 권위에 두었기 때문이다.[40] 이런 시대 흐름을 이해할 때, 대보단이 왜 18세기 벽두에 등장해 19세기가 저물도록 조선의 정치무대에서 강력하게 작동했는지 거시적으로 이해하는 데에 큰 도움이 된다.

2. 18세기 동아시아 속의 조선

그렇다면 조선 내부에서 유아독존식의 조선중화라는 사상적 움직임이 대세를 이루고 있을 때 조선의 바깥은 어떻게 돌아가고 있었을까? '조선의 18세기'와 '18세기의 조선'은 비슷하면서도 다르다. 전자가 조선의 역사 테두리 안에서 18세기가 갖는 시대상에 초점을 둔 표현인 데에 비해, 후자는 18세기의 조선사회를 동아시아의 전체 틀 속에서 이해하는 데에 중점을 둔 표현이기 때문이다. 또한 전자가 다분히 자국사(自國史) 내지는 국내 시각에 따른 표현이라면, 후자는 동아시아 시각에서 조선을 객관적으로 보려는 거시적 표현이기도 하다.

그런데 앞 소절에서 살폈듯이 지금까지 국내의 18세기 연구는 거의 모두 전자의 시각에서만 이루어진 경향이 강하다. 그러다 보니, 조선의 18세기 시대상을 설명하는 몇 가지 기존 담론과 18세기 동아시아의 현실 사이에는 적지 않은 차이가 늘 있었다. 이 소절에서는 조선이 한반도 안에서 관념세계에 구축한 '조선의 18세기'가 18세기의 동아시아라는 현실세계로부터 얼마나 괴리되어 있었는지 확인함으로써, 대보단의 심층적 이

40 계승범, 「조선후기 중화론의 이면과 그 유산: 명 · 청 관련 호칭의 변화를 중심으로」, 『韓國史學史學報』 19(한국사학사학회, 2006).

해를 위한 배경지식을 확보하고자 한다.

'중국적 질서'(Chinese world order)라는 표현은 1960년대 구미 학계에 널리 통용된 이래 적지 않은 비판을 받았으나, 학계에서는 여전히 가장 널리 받아들여지고 있다.[41] '중국적 질서'가 꾸준한 이념화와 현실적 조정 과정을 거쳐 비교적 강력하게 자리 잡았던 명대(조선전기)의 명질서(明秩序)란, 천명을 받아 중국에 거주하며 천하를 다스린다는 중국의 보편적 황제관을 중국 주변의 비한족계(非漢族系) 정치체의 수장들이 인정하여 외교적 의전상으로 그에게 순복해 정기적으로 조공을 바치고 책봉을 받음으로써 명의 황제를 중심으로 형성한 수직적 국제질서를 뜻한다.

이런 의미의 중국적 질서는 명 · 청 교체 후에도 그 기본 틀은 그대로 유지되었다.[42] 오히려 청나라의 통치력과 외교적 간섭이 실질적으로 미치는 지역이 명대보다 훨씬 더 확장됨으로써, 이전의 명질서보다 더욱 강력한 질서를 동아시아는 물론이고 중앙아시아와 동남아시아 일부에까지 확장하여 구축했다. 조선은 바로 그런 새로운 질서, 곧 청질서(淸秩序)에 편입됨으로써 왕조를 유지할 수 있었다. 비록 마음으로는 새 만주족 황제를 천자로 인정하지 않고 절치부심의 감정을 품었으나, 국제무대에서는 그 새 천자에게 정기적으로 조공을 바치고 책봉을 받고 그 정삭(正朔)을 받들었던 것이다.

실제로 조선은 너무도 무기력하게 청나라에게 패했고, 남한산성의 농

---

41 이에 대한 상세한 논의는 계승범, 『조선시대 해외파병과 한중관계』(푸른역사, 2009), 75~81쪽 참조.

42 "New Order for the Old Order"라는 구절은 명 · 청 교체의 성격을 응축하여 나타내는 적절한 표현 중 하나일 것이다. Willard J. Peterson, "Introduction: New Order for the Old Order," *The Cambridge History of China*, Vol. 9(New York: Cambridge University Press, 2002), pp. 1~8 참조.

성을 풀고 걸어 나온 국왕이 직접 만주 황제 앞에 죄인의 신분으로 나아가 고두례(叩頭禮)를 연이어 올리며 항복의식을 행하는 극도의 수치를 감수했다. 그것만이 명·청 교체라는 동아시아 국제질서의 전환기에 처해 왕조를 유지할 수 있는 유일한 길이었다. 현실이 이러했기에, 조선 조정은 신자(臣子)인 조선이 군부(君父)인 명을, 곧 자식이 부모를 치게 되었다는 정신적 공황상태에 빠지면서도 결국에는 청의 요구에 따라 정명전(征明戰)에 군대를 보낼 수밖에 없었다.[43] 또한 그로 인한 정신적 상처를 극복하기 위해 북벌을 내세웠지만 결국에는 그조차도 스스로 포기할 수밖에 없었다. 남명(南明, 1644~1662)이 존속하던 당시나 삼번(三藩)의 난(1673~1681) 당시에도 조선은 청나라에 대해 뭘 어떻게 해볼 수조차 없는 처지였다.[44] 오랑캐의 왕조는 100년을 넘지 못한다고 믿으며 운세의 역전을 희구했으나, 청나라가 일어난 지 두 주갑(周甲)이 지나 18세기가 무르익도록 청이 쇠약의 조짐을 보이기는커녕 더욱 굳건해진 청질서는 조선 지식인들에게 여전히 무겁게 다가왔다.

이런 청질서 하에서 배청적(排淸的) 중화의식의 발로인 북벌이니 조선 중화니 하는 사조는 함부로 논의되기 어려웠다. 그런데도 그런 논의가 조선 내부에서나마 가능했던 것은 아이러니하게도 강희제(r. 1661~1722) 시기에 조선에 대한 청의 간섭이 크게 완화된 덕분이라는 사실을 무시할 수 없다. 남명은 물론이고, 티베트·대만·중앙아시아까지 아우른 청나라라는 너무나 강력한 제국이었으며, 조선은 더 이상 청의 배후 위협이 될 수 없었다. 위협은커녕 청질서에 순응하는 것만이 왕조를 보존할 수 있는 유일

43 계승범, 『조선시대 해외파병과 한중관계』(푸른역사, 2009), 215~238쪽.

44 조선의 북벌운동이 사실상 정치선전에 지나지 않았음은 계승범, 「조선 속의 명나라: 大報壇을 통해서 본 조선지배층의 중화 인식」, 『明淸史硏究』 35(명청사학회, 2011)에 상세하다.

한 길이었다. 조선에 대한 내정간섭의 완화는 이러한 청질서의 확고한 구축과 그 맥을 같이한다고 볼 수 있다.

실제로, 강희제 이후 옹정제와 건륭제로 이어지는 18세기의 청질서는 의심의 여지조차 없이 확고부동했다. 중화의 풍습을 익힌 청이 곧 중화이니, 청나라 곧 북국(北國)으로부터 배워야 한다는 북학론자들의 등장은, 그 수는 비록 당시 주류 지식인사회에 견주어볼 때 소수였지만, 청나라에 의해 확고하게 구축된 18세기 동아시아 질서의 현실과 무관하지 않았다. 북학론 자체가 이런 새 국제질서에 편입된 조선의 내부에서 18세기 후반에 이르러 자연스럽게 태동한 문화적 화이관의 한 산물이었던 것이다.[45]

조선시대 사람들은 한족이 아니면서도 중화의 문물을 따르는 유일한 나라로서의 조선을 조선중화가 아니라 대개 소중화(小中華)라는 말로 표현했다.[46] 조선을 소중화로 보는 인식은 그 말 속에 조선을 곧 중화로 보는 의미가 내포되어 있지 않다는 점에서 매우 중요하다. 조선이 곧 중화라거나 조선이 중화의 유일한 적통임을 내세운 조선후기에, 그럼에도 불구하고 조선의 왕에게 칭제건원을 건의한 이가 거의 없는 사실은 이러한 현실과도 무관하지 않다.

거의 유일한 사례를 보면, 영조 44년(1768)에 호론계 노론에 속하는 김약행(1718~1788)이 상소를 올려 소론의 거두 박세채(1631~1695)를 비난했는데, 그 상소문에서 천자의 예에 따라 남쪽에서 교제(郊祭)를 지내되, 천지에 제사지낼 때 제호(帝號)를 쓰고 천자의 예악을 행하자고 건의했다. 그러나 탕평 반대로 인해 이미 영조의 노여움을 사고 있던 김약행은 이

45 허태용, 『조선후기 중화론과 역시인식』(아카넷, 2006), 185~194쪽.

46 이런 의미의 소중화 의식은 16세기 전반 중종 대 지식인사회에 널리 퍼진 이래 지속된 것으로 보인다. 보다 상세한 논의는 계승범, 「파병논의를 통해 본 조선전기 對明觀의 변화」, 『大東文化研究』 50(성균관대학교 대동문화연구원, 2006), 334~335쪽 참조.

상소를 계기로 서인(庶人)으로 강등되어 흑산도에 3년간 유배되었다. 제호 건에 대해서도 망령되다는 평이 영조를 포함하여 당시 조정의 압도적인 생각이었다.[47] 상소 전문이 남아 있지 않아 김약행이 말한 제호의 의미를 전체 문맥에서 정확히 파악할 수는 없으나, 그의 유고집에 실린 「황제칭호」(皇帝稱號)와 「사황단」(祀皇壇)의 내용을 참고하면,[48] 현실 정치무대에서의 칭제(稱帝)라기보다는 제사 등의 의례와 관련된 칭제의 의미로 보인다. 설사 그가 상소문에서 정치적 의미의 칭제를 뜻했을지라도, 건원(建元)이 수반되지 않는 칭제는 별 의미가 없다. 더 중요한 것은 조선 후기를 통틀어 이런 정도의 건의조차 김약행의 상소가 거의 유일했다는 점이다.

베트남의 경우, 비록 청나라를 상대로는 대놓고 칭제하지 못했으나 내부적으로는 가칭(假稱)을 하면서까지 대등한 의식을 견지했으며, 국내에서는 물론이고 캄보디아 등 인접국을 상대로는 단순한 칭제 차원을 넘어 소위 '베트남질서'를 구축할 정도로 주체적이고 제국적이었다.[49] 이와는 달리, 조선은 국내용 칭제조차도 전혀 꿈꾸지 않았다. 일본과의 서신교환에서는 청의 연호를 따르지 않고 간지를 씀으로써[50] 최소한의 위신을 지

47 『영조실록』 110권, 영조 44년 5월 10일 정유, 11일 무술; 6월 11일 정묘, 14일 경오; 권117, 47년 7월 29일 정묘.

48 『仙華金公遺稿』, 仙華雜著, 권1, 「皇帝稱號」 및 「祀皇壇」, 『仙華遺稿: 文集 · 謫所日記』(목민, 2005), 881~884쪽.

49 劉仁善, 「中越關係와 朝貢制度」, 『歷史學報』 114(역사학회, 1987); 崔秉旭, 「阮朝 초기의 嘉定城總鎭: 明命帝와 總鎭官 黎文悅의 관계를 중심으로」(고려대학교 석사학위논문, 1993); 劉仁善, 「베트남 阮朝의 성립과 '大南' 帝國秩序」, 『아시아문화』 10(한림대학교 아시아문화연구소, 1994).

50 孫承喆, 「明淸交替期 對日外交文書의 年號와 干支」, 『大東文化硏究』 32(성균관대학교 대동문화연구소, 1997). 조선인의 일본관에 대한 종합적 연구로는 하우봉, 『조선시대 한국인의 일본인식』(혜안, 2006) 참조.

킨 데에 만족했다. 일본이 칭제하는 사실을 익히 알고, 또한 그로 인해 장차 외교 의전상 문제가 될 것을 예견하면서도[51] 조선은 전혀 칭제할 의사가 없었다. 이런 사실들은 당시 조선 조정은 청의 실질적인 감시 밖에서 벌어진 일본과의 교통에 있어서조차 '중화국'으로서 조선의 권위를 스스로 내세우지 못했음을 잘 보여준다. 요컨대, 조선후기의 중화론은 조선이 장차 청을 물리치고 중원을 장악하여 스스로 중화가 되어야 한다는 주체적 당위론이 아니라, 중원에 진정한 한족중화(漢族中華)가 다시 등장할 때까지 한반도에서 옛 중화문명을 보존하며 기다리겠다는 자기중심적 소중화 의식이었던 것이다.

현실적으로 칭제건원이 불가능한 상황에서, 더 나아가 조선 스스로 그럴 의사조차 전혀 없었던 상황에서 조선 내부에서만 통용된 중화론이 갖는 역사적 한계는 바로 여기에 있다. 조선중화 의식은 당시 청나라가 주도하던 국제무대의 현실을 부정한 바탕 위에 형성된, 따라서 현실과 동떨어져 관념세계에서만 통용될 수밖에 없는 태생적 한계를 지니고 있었던 것이다. 조선후기 지식인들의 중화론은 비록 겉으로는 사해(四海)를 아우르는 멋진 중화론으로 보일지 모르지만, 사실은 동아시아 국제 현실과도 완전히 분리된 국내용 자기의식화에 지나지 않는 소중화 의식이었던 것이다. 요컨대, '조선의 18세기'와 '18세기의 동아시아' 현실은 너무나도 동떨어진 별개의 세계였다. 조선후기 양반지식인의 대외인식 및 그로부터 파생된 18세기 시대론을 이해하는 데 있어서 당시 동아시아를 실질적으로 움직이던 청질서를 고려하지 않을 수 없는 이유는 바로 여기에 있다.

---

51 孫承喆, 「조선시대 日本天皇觀의 유형적 고찰」, 『史學研究』 50(한국사학회, 1995).

3. 대보단 관련 연구 동향과 이 책의 구성

한 시대의 성격과 역사적 방향성은 여러 요인들이 복합적으로 작용해 형성되는데, 특히 사회 지배층의 의식구조는 매우 결정적인 요인이다. 민주적이지 않은 거의 모든 전통사회의 모습은 사실상 세습 지배층의 판단과 정책으로 결정되며, 그 바탕에는 그들의 의식이 작용하기 때문이다. 현재 대한민국에서 이른바 '강남귀족'이 보이는 영향력과 그들의 가치관 · 세계관 · 미국관 · 경제관 등은 대한민국사회의 현재 모습의 응축이자 앞으로의 진행 방향에까지 주요 요인으로 작용한다고 해도 지나치지 않을 것이다. 대보단이라는 프리즘을 통해 이 책에서 다루려는 조선후기(18~19세기)사회도 마찬가지다. 특히 소위 근대의 문턱에서 양반엘리트층이 보여준 대외인식과 자아의식은 그 자체로 이미 역사적 경험의 산물일 뿐만 아니라 한국문명사의 향후 전개 방향과 관련해서도 매우 중요하다.

조선후기(17~19세기)에 조선 지식인들 다수가 외부 세계에 대해 취한 보수적 태도의 가장 대표적인 역사적 배경은 조선사회 지배엘리트층의 존명의리 의식에 기초한 화이관(華夷觀)인데, 그 상징적 기제로 무려 200년 가까이 전근대와 근대의 구분을 넘어 조선의 정치무대에서 작동한 제도들 가운데 하나가 바로 대보단이었다. 조선후기를 읽어낼 만한 여러 코드들 가운데 이 책에서 특히 대보단에 착목한 이유는 다분히 과거지향적인 대보단 향사(享祀) 제도를 이른바 근대의 물결이 밀려오기 전야 조선의 상황과 관련하여 알아보고 싶었기 때문이다. 특히 대보단 제례는 국왕을 비롯해서 중앙의 최고 권력 담당자들을 포함한 문무백관이 정기적으로 거행하던 국가 의례였기에, 그들의 의식구조의 일면을 엿볼 수 있는 좋은 소재가 된다.

이 책에서는 특히 통시사(通時史) 차원에서 대보단에 접근할 것이다. 현재까지 조선후기를 다룬 논저들의 대부분은 18세기에 집중되어 있다. 최근에 이르러 17세기와 19세기에 대한 관심이 높아지면서 그에 따른 연구 성과들이 나오고 있지만, 우선 정량적으로만 보아도 여전히 심각한 불균형을 보인다. 그런데 역사의 흐름이라는 상식으로 보아도, 17세기의 시대상은 18세기로 자연스럽게 연결되어야 하며, 18세기의 시대상 또한 19세기로 잘 연결되어야 한다. 따라서 18세기를 욱일승천의 중흥기로만 보는 한, 17세기와 19세기는 침체기 내지는 쇠퇴기로 설명할 수밖에 없을 것이다. 그런데 중흥 · 침체 · 쇠퇴라는 단어는 모두 상대적인 개념으로, 주어가 누구인지, 기준이 무엇인지에 따라 그 해석은 얼마든지 달라질 수 있다. 따라서 조선후기 가운데 유독 18세기만을 부각해서 긍정적으로 평가하는 태도는 어쩌면 연구자 스스로 18세기와 19세기를 단절적으로 보는 우를 범하는 결과를 초래할 수도 있다.

그런데 조선후기는, 특히 19세기는 개항(1876)을 계기로 해서 전근대와 근대로 다시 한 번 더 단절되다시피 한다. 역사의 실제 진행이 그랬다기보다는 현대 한국사 전공자들의 연구 태도가 그렇다는 뜻이다. 실제로, 전통시대 전공자들은 연구 대상 주제와 시기를 개항(1876) 이전에 국한시키려는 성향이 강해, 여간해서는 전통시대와 근대를 넘나드는 작업을 하려 하지 않는다. 근현대사 전공자들 또한 연구의 시작을 개항 이후나 해방 이후로 잡는다. 그러다 보니, 정작 같은 한국사 전문가들 사이에서조차 전통과 근대에는 무시할 수 없는 단절이 늘 존재한다. 이러한 예들은 한 나라의 문명의 구조와 양상에 깊이 녹아들어 있는 자유로운 역사성을 역사가들이 스스로 구속하는 모순을 잘 보여준다.

이 책의 주제인 대보단 연구만 보아도, 대보단 제례가 조선의 정치무대에서 의미 있는 정치행위로 작동한 시기는 1704년부터 1894년까지인데도, 아직까지 그 전시기를 아우르는 연구는 하나도 없다. 거의 모든 연구는 18세기 안에 스스로 묶여, 19세기, 또는 19세기 후반의 개항기로 나오려 하지 않는다. 이 책은 이런 문제의식에 기초해서, 이른바 근대의 문턱에서 좌초하는 조선왕조의 황혼기를 대보단이라는 프리즘을 통해 통시적 · 거시적으로 조망하는 특색을 드러내고자 한다.

이 책의 연구 방법들 가운데 또 다른 것으로는 대보단 친행(親行)과 섭행(攝行) 사이의 함수관계에 착목해 그 추이를 확인하고 분석하는 방법을 들 수 있다. 친행 여부에 주목한 이유는 국왕이 직접 문무백관을 거느리고 거동해서 올리는 친행에 정치적 무게가 더 실렸을 것이라는 전제가 가능하기 때문이다.[52] 이런 작업은 흔히 설명되는 왕권의 실상을 규명할 수 있는 좋은 방법론이 될 수도 있다.

지금까지 대보단을 다룬 연구들은 대개 대보단 설립의 의도를 왕권강화책으로 설명하는 추세를 보인다. 그러나 왕권강화라는 것이 구체적으로 무엇을 말하는지, 왕권은 실제로 어느 정도 강화되었는지, 왕권을 견제하려는 속성을 지닌 신료들은 그렇다면 대보단 제례에 부정적 태도를 취했다는 것인지, 왕권에 부침이 있었을 18세기와 19세기에 대보단 제례는 왕권과 어떤 함수관계를 보이는지 등등, 어떤 명제의 논증에 있어서 반드시 짚고 넘어가야 할 필수적 단계를 건너뛰는 경향이 있다.

이런 문제의 해결을 위해, 이 책에서는 국왕들의 친행 사례를 표와 통계로 만들어 그 추이를 분석하고 해석할 것이다. 예를 들어, 국왕의 친행이 두드러지는 시기가 있다면, 그 배경을 당시 정치상황과 관련해 설명할

52 국가 의례의 친행과 왕권 행사 사이의 밀접한 관련성에 대해서는 金芝英, 「조선후기 국왕 행차에 대한 연구」(서울대학교 박사학위논문, 2005); 한형주, 「국가 제사의 추이」, 한형주 외, 『조선의 국가 제사』(한국학중앙연구원, 2009) 참조. 사전(祀典)과 같은 국가 의례와 권력 사이의 관계에 대해서는 이욱, 『조선시대 재난과 국가의례』(창비, 2009), 36~59쪽 참조.

것이다. 이런 작업은 흔히 설명되는 왕권강화의 실체 내지는 허구를 규명할 수 있는 좋은 방법론이 될 수 있다. 또한 대보단이 안고 있던 정치적 함의가 반드시 왕권 문제만은 아니었다. 그보다 더 큰 상위의 의미를 담고 있었다. 학계에서는 왕권강화라는 말을 너무 쉽게 하는 경향이 있는데, 그것이 어떤 현상을 설명하는 하나의 편리한 방법일 수는 있으나, 거기에 너무 치중하면 다른 측면들을 보지 못하는 우를 범할 수도 있다. 이 책에서는 이런 문제들을 두루 고려하면서, 대보단이 담지하고 있던 모든 가능한 측면들을 천착할 것이다.

지금까지 발표된 대보단 관련 기존 연구의 시각(방향)을 좀 더 구체적으로 보면, 크게 여섯 가지로 정리할 수 있다. 이를테면, 대보단의 성격을 존명의리적 모화사상의 일환으로 풀이하되 노론의 정치적 의도를 강조한 연구와[53] 대보단의 설립과 운용을 주도한 왕의 입장을 중시하여 대보단 관련 제반 조치들을 왕권강화책의 일환으로 본 연구가 있다.[54] 흥미롭게도, 강조점에 정도의 차이는 있더라도 대보단에 담겨 있는 왕권강화의 의미를 부정한 연구는 아직 없는 것 같다. 이는 대보단 설립의 배후에 어떤 식으로든 왕의 의지가 강하게 개입했음을 알려준다고 할 수 있다. 실제로, 이런 점들을 좀 더 구체적으로 보기 위해 영조(r. 1724~1776)의 대보단 확장에 초점을 두어 그 의미를 해석한 연구들이 적지 않다.[55] 한편, 1992

53 나카무라 히데타카(中村榮孝), 「朝鮮の慕華思想と大報壇」, 『天理大學學報』 78(天理大學 學術硏究會, 1972); 정옥자, 『조선후기 조선중화사상연구』(일지사, 1998), 66~99쪽.

54 이태진, 「조선후기 對明義理論의 변천」, 『아시아문화』 10(한림대학교, 1994) 외 다수.

55 구와노 에이지(桑野營治), 「조선 小中華 의식의 형성과 전개: 大報壇祭祀의 정비과정을 중심으로」, 박충석 · 와타나베 히로시 편, 『국가이념과 대외인식, 17~19세기』(아연출판부, 2002), 153~192쪽; 노대환, 「숙종 · 영조 대 對明義理論의 정치 · 사회적 기능」, 『韓國文化』 32(서울대학교 규장각 한국학연구원, 2003); 이근호, 「영조의 명 태조 이해와 皇壇竝祀」, 박한남 외, 『조선시대의 정치와 제도: 조선시대 양반사회와 문화 2』(서울: 집문당, 2003),

년의 한중수교를 앞두고 전통시대 한중관계의 일면을 보려는 차원에서 대보단에 주목한 연구들이 있으며,[56] 의궤(儀軌) 등 새로운 자료들을 이용해 제의(祭儀) 절차를 상세히 분석한 연구들도 있다.[57] 그런가 하면, 대보단의 설립과 운용을 삼전도 항복 이후 야기된 이념과 현실의 괴리에 따른 정신적 기억의 상처를 보듬기 위한 종교적 의례 행위로 풀이한 연구들이[58] 새롭게 나오고 있다. 이들 연구는 모두 나름대로 논거를 가지고 있으므로, 이를 종합하면 대보단에 대해 상당한 식견을 가질 수 있다.

다만 이들 연구에서 공통적으로 보이는 아쉬운 점은 연구 대상 시기가 거의 전부 18세기에 치우쳐 있어, 19세기 대보단의 운용에 대해서는 연구가 일천하다는 점이다.[59] 특히 영어권에서 나온 두 논문을 제외하고는, 거의 모든 기존 연구들이 과거지향적인 시각에서 대보단의 배경과 목적을 설명하는 데에 주력했을 뿐, 그것이 어떻게 후대(19세기)에 계승 · 운용

471~492쪽; Seung B. Kye, "The Posthumous Image and Role of Ming Taizu in Korean Politics", *Ming Studies*, Vol. 50(Minneapolis: Society for Ming Studies, 2005).

56 馮爾康, 「朝鮮大報壇述論: 中朝關係和中國文化傳播的一個側面研究」 『韓國學報』 10(臺北: 中華民國韓國研究學會, 1991); David A. Mason, "The Sam Hwangje Paehyang(Sacrificial Ceremony for Three Emperors): Korea's Link to the Ming Dynasty," *Korea Journal*, vol. 31, no. 3(Seoul: Korean National Commission for UNESCO, 1991). 특히 메이슨(Mason)의 논문은 삼황제(三皇帝) 배향이 현재 대한민국사회에서 일부 유림에 의해 복원되어 계속 거행되는 현실을 잘 보여준다.

57 鄭玉子, 「大報壇創設에 관한 연구」, 『邊太燮博士華甲紀念史學論叢』(삼영사, 1985); 정옥자, 「朝鮮後期 享祀關係 文獻資料의 檢討: 皇壇配享諸臣目錄을 中心으로」, 『奎章閣』 16(서울대학교 규장각, 1993); 김호, 「영조의 대보단 증수와 明三皇의 享祀」, 『韓國文化』 32(서울대학교 규장각 한국학연구원, 2003).

58 이욱, 「조선후기 전쟁의 기억과 대보단 제향」, 『宗教研究』 42(한국종교학회, 2006); 임부연, 「유교 의례화의 정치학: 만동묘와 대보단을 중심으로」, 『종교문화비평』 15(한국종교문화연구소, 2009).

59 최근에 발표된 19세기 대보단 관련 논문으로는 계승범, 「조선후기 대보단 친행 현황과 그 정치 · 문화적 함의」, 『역사와 현실』 75(한국역사연구회, 2010) 참조. 단, 이 논문도 19세기 중반 철종 때까지만 다룰 뿐, 고종 즉위 이후의 상황은 다루지 않았다.

되었으며, 그러한 국가제례가 이른바 근대의 파고가 밀려들기 직전의 19세기 조선왕조에서 어떤 역사적 의미를 갖는지 등에 대한 설명은 거의 없어, 역사 연구의 생명과도 같은 후대(後代)의 문제의식이 결여되어 있다.

그런데 대보단 제례는 1704년에 시작된 이후 1894년 청일전쟁 발발 직전에 일본군이 서울을 무단 점령한 일을 계기로 사실상 중단될 때까지 200년 가까이 조선의 정치무대에서 매우 중요한 지배이데올로기의 상징적 기제로 작동했다. 따라서 대보단의 운용을 19세기까지 포함해 통시적으로 조명하는 연구는 비단 대보단에 대한 전체적 이해뿐만 아니라, 그것이 근대의 문턱에 처한 조선왕조의 현실에서 어떤 의미를 갖는지 이해하는 데에도 필수적이다. 이 책은 이런 문제의식과 시각에서 출발해, 18세기와 19세기에 걸쳐 근 200년에 이르는 대보단의 역사를 시기별로 세분하여 천착하고, 대보단이 갖는 정치적 · 문화적 함의를 왕을 포함한 지배엘리트층의 의식구조와 관련지어 거시적으로 설명하고자 한다.

18세기의 벽두(1704년)에 시작된 대보단 제례는 삼전도의 항복 이후 통치 이데올로기의 위기를 느낀 조선의 지배층이 타개책으로 내세운 존명의리 의식이 상징적 기제로 잘 표현된 국가의례였다. 명 · 조선 관계는 임진전쟁(왜란, 1592~1598)[60] 이전부터 이미 군부 · 신자 관계로 이념화되어

60 최근에 '동아시아론'과 관련하여 그동안 자국(自國) 입장에서만 명명하던 각종 전쟁들을 동아 삼국이 공유할 수 있는 이름으로 바꾸려는 움직임이 활발하다. 대표적인 예는 '임진왜란'에 대한 명칭 변경이다. 임진왜란은 한 · 중 · 일 삼국이 관련된 전근대 동아시아 최대 전쟁임에도, 삼국은 모두 이 전쟁을 자국의 입장에서 명명할 뿐, 삼국이 공용으로 사용하는 명칭은 아직 없다는 문제제기가 있었고, 이런 자국사(自國史) 중심 사관의 문제를 극복하기 위해 삼국이 모두 수용할 수 있는 용어를 고른 결과, 삼국 모두 60갑자를 쓰므로 임진년에 발생한 전쟁이라는 의미로 임진전쟁으로 부르자는 제안이 있었다. 이에 대해서는 정두희 · 이경순 편, 『임진왜란: 동아시아 삼국전쟁』(휴머니스트, 2007), 21~22쪽 참조. 이후, 이런 공감대가 형성되면서, 요즘에는 임진전쟁이라는 말을 듣는 것이 그다지 생소하지 않을 정도가 되었다. 필자도 이에 동의해, 이 글에서는 임진전쟁이라는 명칭을 쓴다. 다만 아직은 학계의

있었고, 이는 전쟁 때 '재조지은'(再造之恩)을 통해 증명되었다. 이는 조선에서 명 황제는 이제 충성의 대상인 군주임과 동시에 효도의 대상인 부모가 되었으며, 이는 곧 명·조선 관계가 상황에 구애받지 않는 천륜(天倫)에 기초한 절대관계로 설정되었음을 뜻한다.

그러나 병자호란(1636~1637) 때 청나라에 항복하면서 조선의 지배층은 커다란 이념적 위기를 맞았다. 왜냐하면 청 태종 앞에서 고두례를 행하며 명나라와의 관계를 끊겠다고 맹세한 일은 곧 지배층 스스로 조선의 지배 이데올로기인 유교의 양대 가치인 충과 효를 동시에 범한 행위였기 때문이다. 조선후기 정치지성사는 이런 자기모순을 상쇄하기 위한 자구책을 찾으려는 노력으로 점철되었다고 해도 과언이 아니다. 이를테면, 대일(對日) 외교문서에서 청나라 연호를 쓰지 않고 간지를 사용한다거나, 명나라의 마지막 연호인 숭정(崇禎) 연호를 국내에서는 명나라의 멸망 이후에도 계속해서 사용한다거나, 황제의 책봉을 받은 왕의 신하는 곧 황제의 신하이기도 하다는 뜻의 배신(陪臣)이라는 용어의 사용이 청나라 황제를 상대로는 거의 사라진다거나,[61] 북벌 이데올로기가 일세를 풍미한다거나, 나선정벌에 대한 기억을 바꾼다거나,[62] 예학이 전성기를 맞는다거나 하는 등의 현상들은 모두 이런 사조와 불가분의 관계에 있었다.

이 책의 핵심을 이루는 대보단의 설립과 그 국가제례화(國家祭禮化)도 이런 일련의 흐름 가운데 중요한 한 축을 담당했다. 특히 앞서 열거한 사례들이 대개 조선후기 중에서도 어느 특정 시기만 풍미하다가 근대의 문턱을 넘지 못하고 대개 소멸된 것과는 달리, 대보단은 개항 이후에도 여

합의가 없으므로, 혼동을 피하기 위해 괄호 안에 왜란이라고 병기한다.

61 계승범, 「조선후기 중화론의 이면과 그 유산: 명·청 관련 호칭의 변화를 중심으로」, 『韓國史學史學報』 19(한국사학사학회, 2009).

62 계승범, 「나선정벌과 申瀏의 北征錄」, 『軍事史研究叢書』 5(국방부 군사편찬연구소, 2008).

전히 중요한 국가 제례로 정치무대에서 작동했다. 따라서 대보단이라는 코드는 한국사의 격동기인 18~19세기 200년간을 통시적으로 (전근대와 근대의 단절적 시대 구분의 족쇄를 풀고) 조망하기에 좋은 소재요, 주제라 할 수 있다.

2장 「대보단의 설립과 그 배경」에서는 먼저 18세기 초두(1704년)에 등장한 대보단 창설의 시대적 필요성과 운용상의 특징들을 살필 것이다. 그 역사적 연원과 배경에서부터 시작해, 대보단 설립을 놓고 조정에서 벌어진 다양한 논의들을 당시 정치세력들 사이의 역학관계뿐만 아니라 국왕과 신료들 사이의 미묘한 긴장관계와도 관련해 고찰할 것이다. 또한, 그런 알력과 긴장에도 불구하고, 당시 조선사회에는 정파를 초월해서 조선의 국왕과 지배엘리트들이 공유하던 이념, 곧 보다 상위의 가치가 있었고, 거기에 대보단의 취지가 잘 들어맞았기에 준비가 거의 일사천리로 진행되었다고도 할 수 있다. 아울러, 대보단 창설을 사실상 주도한 숙종의 의도와 설립 후 대보단 제례의 실상을 검토하고 그 의미를 해석할 것이다.

3장 「영조의 대보단 확장과 그 운용」에서는 18세기 중엽(1749)에 있었던 대보단의 확대를 다룬다. 대보단의 확대는 환경의 변화와 세월의 흐름에 관계없이 조선의 존명의리가 여전함을 대내적으로 보여주고 스스로 의식화하기 위한 조치임과 동시에 명 황제와 조선 국왕 사이에 변하지 않는 군신의 의리를 조선 내부의 군신관계에도 적용하기 위한 영조의 정책이기도 했다. 이 장에서는 영조의 대보단 강화의 의도와 그것이 당시 조선의 정치무대에서 갖는 여러 가지 의미를 이런 관점에서 종합적으로 고찰할 것이다. 특히 기존의 만력제(r. 1572~1620) 외에 명의 건국자인 홍무제(r. 1368~1398)와 마지막 황제인 숭정제(r. 1627~1644)를 추가로 배향하되, 특히 홍무제의 배향을 놓고 영조와 신료들 사이에 치열하게 전개된 대립구도 및 그것이 조선의 정치무대와 지식인사회에서 갖는 의미에 중점을 두어 살필 것이다.

4장 「정조의 대보단 강화와 그 의미」는 대보단의 삼황(三皇) 제례가 국가의 규례로 완전히 뿌리를 내리고 더욱 강조된 정조 때의 상황을 살피기 위해 마련했다. 정조는 삼황의 기일에 거의 빠짐없이 백관을 거느리고 친행을 거행했다. 조선 조정은 삼황의 기일뿐만 아니라 3월 초순 중에도 대개 친행으로 춘향대제(春享大祭)를 지냈으므로, 정조는 매년 서너 차례 친행을 한 셈이다. 이는 대보단 강화에 가장 심혈을 기울인 왕이 바로 정조임을 잘 보여주는 좋은 증거가 된다. 그렇다면 학계 일각에서 '계몽절대군주'로까지 칭송받는 정조는 왜, 무엇을 위해 그렇게 대보단 제례에 집착했을까? 이 장에서는 이런 문제를 심도 있게 파헤칠 것이다.

5장 「19세기 전반기 대보단 운용과 그 특징」에서는 그동안 연구가 일천했던 19세기 대보단의 운용 실상을 국왕의 친행 빈도에 나타나는 변화에 주목하고 그 해석을 시도할 것이다. 19세기에도 대보단 제사는 예정된 날짜에 빠짐없이 거행되었다. 그러나 국왕의 친행 비율이 현격하게 낮아짐으로써, 19세기는 대보단 제례가 갖는 특별한 정치적 의미가 서서히 퇴색하고 단지 관례적인 국가의례의 하나로 격하되는 시기였다. 이는 흔히 왕권이 약했다고 알려진 19세기의 순조(r. 1800~1834), 헌종(r. 1834~1849), 철종(r. 1849~1863)의 위상과도 잘 어울린다. 특히 같은 19세기라 해도, 순조 · 헌종 · 철종의 대보단 친행 비율이 일정한 방향성을 보이며 꾸준하고도 뚜렷하게 하락한 점은 이것이 분명한 시대적 경향이었음을 웅변해준다. 이 장에서는 이런 경향을 조선왕조 전체 역사에서 어떻게 읽어낼지 고민하고 그 해답을 제시할 것이다.

6장 「개항기 고종의 대보단 정책과 그 한계」에서는 고종의 대보단 정책을 살피되, 개항 이전과 이후를 모두 아우르는 19세기 조선사회에서 대보단이 갖는 의미를 고종 연간 조선 지배층의 의식구조와 관련해 거시적으로 설명할 것이다. 개항 이후는 물론이고, 1880년대에 조선이 서양 국가들과 두루 외교관계를 수립한 후에도 대보단 제례는 여전히 차질 없이 거행되었다. 특히, 고종 대에 이르러 대보단의 삼황 중에서도 유학자들을 핍박한 전제군주로 잘 알려진 홍무제에 대한 친제가 두드러지게 증가하는 현상이 나타났다. 특히 그 시기가 조선이 서양 국가들과 수교를 맺던 1882~1886연간에 집중되는 점이 매우 특이하여 흥미를 돋운다. 이런 대보단 제사는 청일전쟁(1894~1895) 발발 직전에 일본군이 서울을 무단 점령함으로써 비로소 중단되었고, 고종의 강제 퇴위(1907)와 함께 법규상으로도 완전히 폐지되었다. 이런 일련의 흐름을 토대로, 개항 이후 만국공법(萬國公法)의 시대로 들어선 조선의 정치무대에서 대보단이 갖는 의미를 심층 분석할 것이다.

7장 「조선의 대보단과 대한제국의 환구단」에서는 조선이 독립국임을 천명했다고 알려진 대한제국 선포(1897)와 함께 환구단(圜丘壇, 원구단)을 세울 때 사용된 논리가 대보단 논리와 유사했음에 착목해, 환구단 설립의 이면에 녹아 있는 대보단의 그림자를 구체적으로 드러내 고찰할 것이다. 좀 더 구체적으로는, 환구단 설립 논리에 녹아들어 있는 명나라에 대한 향수를 읽어낼 것이다. 대한제국이 선포되고 고종이 환구단을 세워 직접 천제를 지내는 데에도 대보단은 중요한 역할을 했다. 조선왕조 건국 이후 세조 때 예외적으로 환구단에서 천제를 지낸 것을 제외하고는 어느 다른 왕도 천제를 지내지 않았다. 아니, 천자만이 행할 수 있는 천제를 지내는 것은 매우 참람한 행위라는 반대에 부딪혀 행할 수 없었다. 따라서 고종이 환구단을 건립하기 위해서는 그것을 합리화하고 정당화해줄 명분이 필요했는데, 바로 대보단의 기본 취지라 할 수 있는 존명의리 가치에서 그것을 찾았다. 청나라가 눈앞에서 사라진 상황을 맞아, 그동안 명 황제를 제사지내온 조선의 국왕이 이제 명 황제를 대신해 스스로 칭제하고 천제를 드릴 수 있다는 논리를 세웠던 것이다. 이 장에서는 이를 토대로 환구단을 살피되, 그것이 과연 탈중화(脫中華)와 독립의 상징적 의미를 갖는지 여부에 대해서도 심층적인 분석과 해석을 새롭게 시도할 것이다.

이 책의 전체 결론에 해당하는 8장 「대보단의 정치 · 문화적 함의와 근대의 문턱」에서는 200년 가까이 조선의 정치무대에서 매우 중요한 이데올로기적 국가장치로 작동한 대보단이라는 코드를 통해 전통시대와 근대를 통시적 연결선상에서 심층적으로 조망하고 해석할 것이다. 대보단의 역사는 왕을 포함한 조선 조정의 실세들이 대한제국을 세우는 순간에도 정신적으로는 여전히 과거의 명질서와 명에 대한 기억으로부터 자유롭지 못했음을 웅변적으로 잘 보여준다. 또한 과거(명에 대한 기억)를 청산하지 않고 그것을 현실에서 지속적으로 재생산함으로써 어떤 정치적 이익을 얻으려 했음을 시사해준다. 대보단 제례가 정치무대에서 발휘한 정치적 레토릭이나 선전효과는 대한제국 때까지 무시할 수 없을 정도로 강력하게 작동하고 있었던 것이다. 따라서 명나라에 대한 기억이라는 '과거'와 눈앞에 다가온 근대(개화)라는 이름의 '현재' 사이에서 좌고우면(左顧右眄)하던 서울의 정치 풍경을 잘 묘사할 수 있는 소재들 가운데 하나가 바로 대보단인 것이다.

이 책이 조선후기 사회를 읽어낼 여러 코드들 가운데 가장 상부구조에 위치한다고 볼 수 있는 국가 최고 권력집단, 즉 왕과 신료들이 가지고 있던 의식구조의 일면을 한국문명사의 전개 방향과 관련해 들여다보는 데에 도움이 되기를 기대한다.

제2장

대보단의 설립과 그 배경

대보단(大報壇)은 말뜻 그대로 큰 은혜를 갚기 위한 취지의 제단이었다. 비록 명나라는 망해 사라졌으나 임진전쟁(왜란) 때 명 황제가 군대를 보내 조선을 구해준 은혜, 곧 이른바 재조(再造)의 은혜를 기려, 청이 지배하는 현실 상황에 구애받지 않고 존명의리를 천명하고 실천하려는 의지를 가시적으로 제도화한 결과물이었다. 따라서 대보단은 이미 현실에서 사라져 존재하지 않는 명나라에 대한 과거의 기억을 현실의 정치무대에서 다시 구현해낸 상징물이기도 했다.

현실에서 어떤 큰 변혁을 겪을 때, 한편으로는 그 새로운 흐름에 적응하면서도 다른 한편으로는 과거의 행위나 기억으로부터 완전히 탈피하기 어려운 것은 인지상정이요, 더 나아가 동서고금의 보편적 현상이라고도 할 수 있다. 대보단을 통해 바라보는 조선후기 사회도 예외는 아니었다. 만주족이 주도하는 청질서가 반세기 넘게 튼튼하게 구축된 동아시아 국제무대의 현실에서는 조선의 국왕이 청 황제에게 꼬박꼬박 칭신(稱臣)하면서 조공을 바치고 책봉을 받고 청의 정삭(正朔)을 받들 수밖에 없었다. 그렇지만 국내에서는 청이 주도하는 새 국제질서를 현실로 받아들이지 않고 명에 대한 의리를 내면적으로 되새김하고 내면화하는 사조가 크게 풍미했다. 대보단의 설립 및 그것이 당시 조선의 정치무대와 사회 전반에 걸쳐 갖는 의미는 이런 관점에서 조명할 필요가 있다. 이에, 이 장에서는 먼저 명 · 청 교체로부터 파생된 조선 지배엘리트들의 이념적 위기의식의 실체를 정리하고, 그것이 대보단으로 표출되는 과정과 의미를 파악하고자 한다.

1. 명 · 청 교체와 조선의 고민

조선이 청에게 항복하고(1637) 명도 청에게 망함(1644)에 따라, 명과 조선의 조공책봉 관계는 파국을 맞았고, 공식적으로는 청이 조선의 새로운 책봉국이 되었다. 그렇지만 조선의 지배층은 마음속으로 청 황제를 천자로 인정하지 않고 오히려 복수의 대상이자 이적(夷狄)으로 보았다. 이런 인식은 이미 임진전쟁(왜란) 전부터 조선의 엘리트들 사이에서 명을 부모의 나라로 보던 소중화 의식에 그 뿌리를 두고 있었다. 특히 조선인들은 여진족(만주족으로 통합)을 줄곧 미개한 야만인으로 여겨오고 있었으므로, 한족이 아니라 하필 이적에 의해 뒤집어진 국제 현실을 선뜻 받아들이기 어려웠다. 더욱이 조선의 왕과 양반들은 임진전쟁(왜란) 때 도움을 받은 것을 계기로 명을 재조지은(再造之恩)을 베푼 부모의 나라로 선양하는 작업을 꾸준히 전개해오고 있었다.[1] 실제로, 명의 군사적 도움은 조선왕조의 존속에 결정적이었으므로,[2] 명 황제를 부모로 보는 태도 또한 양반사

1 한명기, 『임진왜란과 한중관계』(역사비평사, 1999), 67~88쪽.

2 명의 참전으로 인해 군량 공급, 명군(明軍)의 작폐, 내정간섭 등 갖가지 문제들이 발생했다, 이

회에 널리 퍼져 있었다.

물론, 여기에는 조선 지배층의 현실적 이해관계도 한데 얽혀 있었다. 조선사회 지배구조의 이론적 근거는 사회 전체를 수직적 관계로 조직하는 충(忠)과 효(孝)였다. 더 나아가, 명이 조선의 군부(君父)가 되었다는 것은 이제 그런 지배이데올로기가 국내를 넘어 명과의 국제관계에까지 확대 적용되기 시작했음을 뜻한다. 요컨대 조선에게 명은 충의 대상임과 동시에 효의 대상이었던 것이다. 이런 면에서 볼 때, 군부(명)를 공격하는 원수(청) 앞에 나가 이마를 땅에 찧는 절을 올리며 항복한 것은 조선의 지배층인 왕과 양반들 스스로 충·효라는 양대 가치를 동시에 범한 셈이었다.

더 중요한 것은, 그런 행위가 어쩔 수 없었다는 상황논리로는 변명될 수 없었다는 점이다. 만약 청나라 군대의 월등한 무력 때문에 항복이 불가피했다는 상황논리가 성립할 수 있다면, 충효에 바탕을 둔 조선의 유교적 지배논리도 더 이상 절대적일 수 없을 것이었다. 왜냐하면 소작농이나 노비들도 같은 상황논리를 내세우며 더 이상 양반지주나 양반주인에게

에 대해서는 李章熙, 「임란 중 糧餉考: 明兵의 군량조달을 중심으로」, 『史叢』 15·16(고대사학회, 1971); 劉九成, 「壬亂時 明兵의 來援考: 朝鮮의 被害를 中心으로」, 『史叢』 20(고대사학회, 1976); 한명기, 『임진왜란과 한중관계』(역사비평사, 1999), 31~67쪽 및 125~156쪽 참조. 국내의 많은 학자들은 명군의 역할을 가능한 한 평가절하하려는 경향을 보인다. 그렇지만 명이 참전함으로써 일본을 물리치고 왕조를 보존할 수 있었던 점은 그런 모든 문제들을 상쇄하고도 남기에 충분했다. 왜냐하면 명군의 민폐와 전쟁에서 그들이 수행한 역할과는 별로 관련이 없기 때문이다. 비교하자면, 주한미군으로 인해 숱한 사회 문제가 있었지만, 주한미군이 한국전쟁 이후 냉전구도의 종식에 이르기까지 30년 이상 한반도에서 군사력의 균형을 유지하며 전쟁을 억제한 역할을 부정할 수는 없다. 마찬가지로, 명의 참전으로 인한 폐단이 아무리 많았을지라도, 명의 참전이 전황을 역전시키고 결국 일본을 물리치는 데에 크게 기여했음을 부정할 수는 없다. 따라서 명의 참전은 조선왕조의 존속과 체제 유지에 결정적으로 기여했다고 봐야 한다. 전쟁 과정에서 명의 존재와 역할이 갖는 중요성에 대한 최근의 연구로는 Kenneth M. Swope, *A Dragon's Head and a Serpent's Tail: Ming China and the Fiest Freat East Asian War, 1592~1598*(Norman: University of Oklahoma Press, 2009) 참조.

무조건 복종할 필요가 없게 될 것이었기 때문이다. 그렇게 된다면, 이는 곧 유교적 지배구조의 위기, 더 나아가 바로 그 바탕 위에 서 있던 조선왕조의 체제에 균열을 야기할 수도 있었다.[3]

따라서 조선의 양반지배층은 외교상으로는 어쩔 수 없이 청을 새 책봉국으로 받아들였지만, 국내에서는 그런 현실을 부정하고 이미 망해 없어진 명을 여전히 군부의 나라로 간주하며 더 철저하게 흠모했다. 그렇게 함으로써, 치욕스러운 항복으로 인해 왕조 내부에서 야기될 수 있는 지배이데올로기의 위기를 타개하고자 했던 것이다. 실제로, 조선 지배층은 이때부터 외부세계로부터 스스로를 고립시키고 내부적으로는 청을 부모의 원수로 부각시킴으로써, 그것을 통해 내부 통치력을 오히려 더 강화하는 전략을 구사했다. 그 결과, 비록 명은 망해 사라졌지만, 조선인들 마음속에 명은 여전히 건재했을 뿐만 아니라 명의 위상은 오히려 더 높아졌다.

이런 흐름이었기에, 효종(r. 1649~1659) 때 시작되어 17세기가 저물도록 조선사회를 휩쓴 대표적인 정치담론이 북벌론의 형태로 표출된 것은 어쩌면 지극히 당연한 일이었다. 효종 대의 북벌 준비는 이미 주지하는 바인데, 당시의 북벌론은 조선이 정말로 청을 상대로 전쟁을 일으키겠다기보다는 삼전도의 항복 이후 위기에 봉착한 국내 통치질서와 양반층의

---

3 이런 이념적 위기의식은 송시열(1607~1689)의 글에 잘 나타난다. 『宋子大全』 권5 「封事」 28左~29右(『影印標點 韓國文集叢刊』, 민족문화추진회, 1993) "[……] 若曰 我已屈身於彼 名分已定 則弘光之弑 先朝之恥 有不可顧 竊恐此說得行 則自孔子以來 大經大法 一切掃地 而將使三綱淪九法斁 子焉而不知有父 臣焉而不知有君 人心僻違 天地閉塞 而混爲禽獸之類矣 [……]" 및 『효종실록』 19권 효종 8년 8월 16일 병술 "[……] 夫三綱五常 天之經 地之義 人所以爲人國所以爲國者也 於其中 又有最大而尤切者 所謂 仁莫大於父子 義莫大於君臣 是也 而君臣之中受恩罔極 又未有若本朝之於皇明也 豈比(高)麗之於宋哉 竊聞 今日一脈正統 偏寄南方 未知殿下已有麗朝之事 而機禁事密 群下有未得知耶 若然則天怒自息 民心自悅 我國其庶幾乎 如其不然 則未有大倫有虧 大義有壞 而天佑民服者也 [……]" 송시열이 느낀 위기의식에 대한 보다 상세한 논의는 鄭杜熙, 『朝鮮時代 人物의 再發見』(일조각, 1997), 90~117쪽 참조.

지배자적 입지를 공고히 하기 위한 정치적 이데올로기의 성격이 강했다.[4]

효종 대에 비하면 상황은 다소 바뀌었으나, 현종(r. 1641~1674) 대에도 북벌 논의는 계속되었다. 예송논쟁과 맞물려 서인과 남인 사이에서 전개된 북벌 논의는 국왕 자신과도 직결되는 문제였다. 특히 현종 자신이 1641년에 심양관소(瀋陽館所)에서 태어난[5] 사실은 현종 자신과 그의 시대가 북벌이라는 시대적 담론으로부터 결코 자유로울 수 없었던 태생적 한계를 상징적으로 보여준다.

그런데 삼번의 난(1673~1681)을 모두 진압하고, 타이완에 근거를 두고 남경까지 위협하던 정성공(1624~1662) · 정경(1642~1681) 세력마저 완전히 제거함으로써 청질서가 확고하게 뿌리를 내린 1680년대 이후로는, 비록 대내적인 정치선전에 지나지 않던 북벌 논의마저도 그 시의성을 상실할 수밖에 없었다. 이런 상황에서 조선 조정이 취할 태도로는 그런 청질서를 현실로 받아들이고 거기에 적극 동참하거나, 아니면 존명의리라는 국가 이데올로기를 지속적으로 강조하기 위해 북벌론을 대체할 다른 장치를 제시해야 했다. 당시 조선의 지배엘리트층은 조선에 대한 청의 내정간섭이 완화된 것을 이용해 후자를 선택했는데, 국내에서 1680년대부터 더욱 본격화된 존주대의(尊周大義) 관련 각종 기념사업은 바로 이런 필요성에 따라 존명의리를 가시적으로 보여주고 주자학의 정통론을 절대시하려는 정치적 의도였던 것이다.

---

4 북벌 움직임을 진정한 북벌 준비라기보다는 국내의 정치 상황을 타개하기 위한 명분론적 정책으로 파악한 최초의 견해로는 李離和, 「北伐論의 思想史的 檢討」, 『創作과 批評』 38(창작과 비평사, 1975) 참조. 효종 대의 북벌론 관련 대표적 논문으로는 金世英, 「朝鮮 孝宗朝 北伐論 研究」, 『白山學報』 51(백산학회, 1998) 참조. 북벌론을 대하는 효종과 송시열의 입장 차이에 대해서는 李京燦, 「朝鮮 孝宗朝의 北伐運動」, 『淸溪史學』 5(청계사학회, 1988) 참조.

5 『현종실록』 부록 「顯宗大王行狀」.

예를 들어, 문묘종사 인물을 새로 조정한다거나, 국가 차원에서 대대적인 정표(旌表) 사업을 전개한다거나, 선무사(宣武祠)와 관왕묘(關王廟) 같은 각종 무묘(武廟)를 대대적으로 정비하고 강화한다거나, 임경업(1594~1646)이나 김응하(1580~1619)와 같이 중화질서의 수호를 위해 목숨을 바친 인물들의 전기를 편찬하는 일들이 양반사대부 사이에서 큰 붐을 이룬 사실은[6] 바로 존명의리 이데올로기를 더욱 강조하고 내면화하기 위한 상징적 기제로서 그런 작업들이 이용되었음을 잘 보여준다. 이 책의 주제인 대보단의 건립(1704) 또한 바로 이런 추세의 산물임과 동시에 그 추세를 주도적으로 이끈 대표적인 장치임은 이를 나위도 없으며, 대보단 건립과 함께 지방에 세워진 만동묘(萬東廟)도 같은 맥락에 놓여 있었다.[7] 실제로, 조선 후기(특히 18세기)에 국가 차원에서 추진한 각종 사전(祀典) 사업은 거의 모두 존명의리 의식과 불가분의 관계에 있었다.[8]

한편, 명·청 교체와 삼전도의 항복으로부터 파생된 이런 위기의식이 조선 왕실에게는 더욱 버겁게 다가왔다. 신료들과는 달리, 국왕 입장에서는 정통성과 왕권이라는 추가 변수가 매우 중요했기 때문이다. 집권 4년 만에 인조정권이 후금의 침입을 받고 강화를 맺은 것은 '반정'(反正)의 정당성을 뒤흔든 큰 사건이었다. 왜냐하면 인조(r. 1623~1649)는 광해군(r. 1608~1623)보다 더 심한 '패륜'을 저지른 셈이었기 때문이다.

실제로 그 후유증은 매우 컸다. 사간 윤황(1571~1638)은 이 사건을 오랑캐에 대한 실질적인 항복으로 규정하고, 이귀(1557~1633) 등 주화론자들

6 이런 일련의 국가사업에 대해서는 허태용, 『조선후기 중화론과 역사인식』(아카넷, 2009), 121~134쪽 참조.

7 만동묘의 건립 배경과 과정에 대해서는 吳甲均, 「華陽洞 事蹟에 對한 調査 報告」, 『歷史教育』 11·12(역사교육연구회, 1969) 참조.

8 李迎春, 「朝鮮後期 祀典의 再編과 國家祭祀」, 『韓國史硏究』 118(한국사연구회, 2002).

을 모조리 참수하도록 여러 차례 상소하여 극론했다.[9] 윤황의 주장은 당시 대간을 비롯한 대부분의 조정 신료들과 유림의 생각을 대변한 것이었다.[10] 후금과의 화친을 주장한 '간신'들을 처벌한다는 명분으로 강원도에서 난을 준비하다가 체포되어 죽음을 당한 이인거(?~1627)의 경우는[11] 후금과 화친한 인조정권에 대한 불만이 지방에도 존재했음을 보여주는 한 예이다.

뿐만 아니라, 후금과 화친한 지 약 10개월 후에 발생한 유효립(?~1628) 역모사건은 가뜩이나 불안한 인조정권을 더욱 심각하게 위협했다. 특히 예전의 북인계열이 폭넓게 참여했을 뿐만 아니라 비밀리에 유배지의 광해군과 직접 편지를 주고받으며 그의 복위를 꾀한 점에서 그렇다.[12] 이 모의는 거사 예정 하루 전인 1628년(인조6년) 1월 3일에 발각되는 바람에 실패로 끝났지만, 그 준비가 거의 일 년 전부터 시작되었다는 공초의 진술 내용이[13] 사실이라면, 모의는 정묘호란 중이거나 또는 강화 직후에 이미 시작된 셈이다.

이렇듯, 정묘호란은 정변을 통해 탄생한 인조정권의 정당성을 뒤흔들었으며,[14] 그 결과 내부 통치력에 있어서도 위기를 맞았다. 빗발치는 척

---

9 『인조실록』 15권 5년 2월 1일 무술, 8일 을사, 10일 정미, 15일 임자.

10 공신 중에서도 홍서봉(1572~1645, 도승지)이나 유백증(1587~1646, 현감) 등은 후금과의 화친을 거부하고 싸울 것을 주장했다(『인조실록』 15권 5년 2월 9일 병오, 23일 경신). 실제로 척화 상소는 일부 공신 · 조정신료 · 유생 · 경향(京鄕)에 상관없이 인조의 집무 책상으로 폭주했다.

11 『인조실록』 17권 5년 10월 5일 무술; 『練藜室記述』 권24, 「李仁居獄」. 이 책에서는 민족문화추진회에서 1968년에 출간한 국역본의 원문을 참조하였다.

12 이 사건에 대해서는 『연려실기술』 권24, 「柳孝立獄」에 자세하다. 한편 유효립(1579~1628)은 광해군의 처남이며, 소북의 거두였던 유희분(1564~1623)의 장조카이자, 능양군(1595~1649, 인조)과도 사돈 간이었다(『인조실록』 19권, 6년 10월 25일 임자).

13 『인조실록』 18권 6년 1월 12일 갑술.

14 한명기, 『정묘 · 병자호란과 동아시아』(푸른역사, 2009), 58~70쪽도 아울러 참조.

화 상소에 대해 인조는 강화가 전쟁을 완화하기 위한 임시 계책일 뿐이지 화친이 아니라고 누차 변명했다.[15] 아직 명나라에 대한 사대를 끊은 것은 아니었으므로, 그런 변명은 어느 정도 설득력을 지닐 수 있었다. 그렇지만 그것으로써 모든 문제가 해결될 수는 없었다. 광해군보다 더 심각하게 의리를 저버렸다는 인식은 조정 내부에도 팽배해 있었기 때문이다. 그런데 설상가상으로 병자호란(1636~1637)과 삼전도의 항복은 그 사태의 심각성으로 인해 상황을 극한으로 악화시켰다.

정변 직후에 반포된 반정교서에 잘 드러났듯이, '반정'의 양대 명분은 광해군의 배명친후금(背明親後金) 정책과 폐모살제(廢母殺弟) 행위에 대한 응징이었는데, 전자에 대해서는 되도록 말을 아끼고 후자에 대해서는 더욱 소리를 높여 강조하는 분위기가 자연스럽게 조성되기 시작한 것은 바로 이때부터였다. 인조의 행장(行狀)을 비롯하여 삼전도의 항복(1637) 이후에 편찬된 거의 모든 책에서 '반정'의 최대 명분을 광해군의 폐모살제 행위에만 집중적으로 맞추고, 광해군의 배명 친후금 정책을 언급하지 않은 점은 이런 변화를 알려주는 단적인 증거가 된다. 후금과의 강화로 야기된 인조정권의 정통성 시비 문제를 광해군의 폐모 행위에 대한 응징이라는 다른 명분으로 상쇄시킴으로써 '반정'의 정당성을 계속 유지하고자 했던 것이다.[16]

이런 전환은 쉽게 성공할 수 있었다. 왜냐하면 '반정'의 또 다른 명분인 모후의 핍박 문제 또한 양반사회의 폭넓은 공감대를 얻고 있었기 때문이다. 그렇지만 인조정권의 이념적 양 날개라 할 수 있는 '반정'의 양대 명

15 『인조실록』 15권 5년 2월 4일 신축, 9일 병오.

16 이에 대해서는 계승범, 「계해정변(인조반정)의 명분과 그 인식의 변화」, 『南冥學硏究』 26(경상대학교 남명학연구소, 2008)에 상세하다.

분 중에서 한쪽을 잃고 다른 한쪽만으로 정상적으로 비행하기는 어려웠다. 이에 대한 해결책으로, 아직 붙어 있는 한쪽 날개를 더욱 소중히 여겨 강조하는 한편, 이미 없어진 한쪽 날개도 마치 있는 것처럼 선전하고 이론화하는 작업이 병행되었다. 청이 주도하는 동아시아의 새 국제질서를 부정하면서 외부세계로부터 스스로를 고립시키고, 국내에서는 이미 망해 없어진 명나라를 여전히 군부로 받들며 북벌론이나 존명의리론 등을 발전시킨 것은 바로 현실에서 잃어버린 한쪽 날개를 관념세계에서나마 이념적으로 되찾기 위한 자구책이었다.

왕실 입장에서 느꼈던 이런 위기의식은 정변이라는 불법행위로 왕위를 찬탈한 인조와 그 후계자들 입장에서는 매우 절박한 현실 문제이기도 했다. 인조 이후 왕의 위상과 정통성 문제가 연이어 불거지면서 부정적인 시너지효과를 냈기 때문이다. 주지하듯이 삼전도의 항복으로 권위가 크게 실추된 인조는 후에 장남인 소현세자(1612~1645)를 정적으로 보아 제거하는 데에 관여했다.[17] 세자의 죽음으로 종법상으로 세자의 아들이 세손(世孫)이 되어야 한다는 조정의 중론이 있었지만, 인조는 차남인 봉림대군(1619~1659; 효종, r. 1649~1659)을 세자로 임명했다. 뿐만 아니라, 왕위계승의 불씨를 없애기 위해 소현세자의 빈(嬪)을 처형하고 그 아들들마저 제주도에 유배하여 결과적으로 거기서 죽게 만들었다. 이로 말미암아 인조 사후에도 효종의 위상을 둘러싼 시비는 끊이지 않아, 피의 숙청이 되풀이되는 원인을 제공하기도 했다.[18] 또한 효종과 그 아들 현종(r. 1659~1674)

17 소현세자의 죽음을 둘러싼 제반 해석에 대해서는 金龍德, 「昭顯世子 硏究」, 『史學硏究』 18(한국사학회, 1964); 李迎春, 『朝鮮後期 王位繼承 硏究』(집문당, 1998), 179~190쪽; 김남윤, 「'昭顯乙酉東宮日記'로 본 昭顯世子의 죽음」, 『奎章閣』 32(서울대학교 규장각 한국학연구원, 2008) 참조.

18 池斗煥, 「朝鮮後期 禮訟 硏究」, 『釜大史學』 11(부산대학교 사학회, 1987); 鄭玉子, 「17세기

이 모두 이른 나이에 갑자기 죽음으로써, 조선의 왕좌에는 알 수 없는 그림자가 드리워져 있었다.

이런 상황에서 즉위한 숙종(r. 1674~1720)은 본능적으로 왕권의 안정과 강화에 힘을 기울였다. 그는 서인과 남인 사이의 치열한 당쟁을 이용해 환국을 되풀이함으로써 왕의 위상을 높였으며, 이 과정에서 자신의 필요에 따라 왕비의 폐출이나 후계자 결정 같은 매우 민감한 사안들을 독단적으로 처리하곤 했다. 그 여파로, 숙종의 뒤를 이어 즉위한 경종(r. 1720~1724)과 영조(r. 1724~1776)의 정통성은 처음부터 취약한 편이었다. 특히, 경종의 독살설이 전국적으로 파급됨에 따라, 영조는 그 출발부터 큰 약점을 안고 있었다.[19] 뿐만 아니라, 그는 왕비 소생이 아니었다. 영조 이전까지 조선의 왕 20명 가운데 적비(嫡妃) 소생이 아닌 왕은 광해군이 유일했는데, 공교롭게도 그는 정변으로 쫓겨났다. 쿠데타의 이유가 광해군의 출신 성분 때문은 아니었지만, 영조 입장에서는 아무래도 신경이 쓰일 수밖에 없었을 것이다. 따라서 영조가 자신의 정통성과 왕권 확립에 온 심혈을 기울인 것은 당연한 이치였다.[20] 숙종과 그 이후의 국왕들이 대보단의 설립이나 확대 논의를 주도하고 적극적으로 추진한 이유는 바

思想界의 再編과 禮論」, 『한국문화』 10(서울대학교 한국문화연구소, 1989); JaHyun Kim Haboush, "The Ritual Controversy and the Search for a New Identity in Seventeenth-Century Korea", JaHyun Kim Haboush and Martina Deuchler, ed., *Culture and the State in Late Chosŏn Korea*(Cambridge, The Harvard University Asia Center, 1999), pp. 46~90; 李迎春, 『朝鮮後期 王位繼承 硏究』(집문당, 1998), 190~288쪽 외 다수.

19 숙종의 정국운영 및 경종과 영조의 건서(建儲)를 둘러싼 정쟁에 대해서는 李銀順, 『朝鮮後期黨爭史硏究』(일조각, 1988), 67~104쪽; 이영춘, 『朝鮮後期 王位繼承 硏究』(집문당, 1998), 277~326쪽 등 참조.

20 이런 배경에서 출발한 영조의 정치력에 대해서는 JaHyun Kim Haboush, *The Confucian Kingship in Korea: Yŏngjo and the Politics of Sagacity*(New York: Columbia University Press, 2001) 참조.

로 이런 분위기와 밀접한 관련이 있었다.

2. 대보단 설립 논의의 양상

대보단은 그 창설 논의가 명이 망한 지 일주갑(一週甲)이 되는 갑신년(1704) 1월에 시작되어 조정의 의견을 모은 뒤, 10월에 창덕궁(昌德宮)의 후원에서 기공해 12월에 완공했다. 논의 과정상의 특징은 이 논의를 처음으로 발론한 자가 바로 숙종이라는 점과 이 문제에 시종일관 누구보다도 적극성을 보인 인물 또한 숙종이라는 점이다. 먼저, 대보단 건립 관련 조정의 논의를 자세히 전하는 『숙종실록』과 『대보단사연설』(大報壇事筵說)의 내용을 토대로 논의의 배경과 전개 양상을 정리하면 다음과 같다.

1704년 정월 10일에 숙종은 비변사의 여러 신료들을 인견(引見)한 자리에서 조선이 명과 맺었던 매우 특별한 군부 · 신자 관계와 임진전쟁(왜란) 때 조선을 구하고 다시 살려준 재조의 은혜를 강조한 뒤, 청나라에 대한 복수설치가 사실상 불가능한 현실에 대해 깊은 탄식과 함께 자괴감을 피력했다. 이런 침울한 기분에 사로잡힌 이유에 대하여 숙종 자신은 명이 망한 갑신년(1644)이 어느덧 60년이 지나 다시 돌아온 데에 따른 남다른 감회 때문이라고 설명했다. 이어, 신료들에게 대의(大義)를 잃지 않기 위한 방도를 물음으로써[21] 논의의 물꼬를 텄다.

당시 이 자리에 참석해서 발언한 신료로는 영의정 신완(1646~1707), 좌의정 이여(1645~1718), 한성부판윤 민진후(1659~1720), 대사성 유득일(1650~1712), 승지 최중태(1656~?), 교리 조도빈(1665~1729) 등이었는데, 모

---

21 『숙종실록』 39권 30년 1월 10일 경술.

두 복수설치의 북벌이 현실적으로 사실상 불가능함을 인정하면서도 그럴수록 국왕은 뜻을 잃지 말고 더욱더 분려(奮勵)해 자강(自强)할 것을 강조했다.[22] 그러나 분려나 자강이 구체적으로 무슨 정책이나 행동을 가리키는지 그 뜻이 분명하지 않아, 어떤 구체적인 계획을 염두에 둔 건의는 아니었다. 왕이 갑신년을 맞아 자괴감을 피력하자 신료들이 와신상담의 고사를 들어가며 왕을 상투적으로 위로한 것에 가까웠다.

그러자 숙종은 임진전쟁(왜란) 때 공을 세운 명나라 장수 양호(楊鎬)와 형개(刑玠)를 위해서는 이미 사우(祠宇)를 세웠는데, 정작 군대를 보내준 만력제를 위해서는 묘(廟)를 지은 일이 없음을 지적하고, 송시열(1607~1689)이 일찍이 비슷한 논의를 한 적이 있음을 환기시킴으로써 자신이 지금 무슨 구상을 하고 있는지 의중을 솔직히 드러내었다. 이에 송시열의 제자인 이여와 민진후는 화양동(華陽洞)에서 있었던 송시열의 계획과 그의 유언에 따라 권상하(1641~1721) 등이 실제로 화양동에 오가옥(五架屋)을 짓고 만력제와 숭정제 두 황제를 제사 지내되, 위판 없이 지방으로 제사 지내고 곧 불태운 바 있다고 상세히 고했다.

특히 민진후는 이 일이 참람하고 외람된 바도 없지 않기에 당시에 공론화하지 못했다고 주달한 뒤, 번방(藩邦)에서 중국의 천자를 묘향(廟享)하는 것은 예율(禮律)에 있어 곤란한 점이 많기는 하지만, 사민(士民)들이 사사로이 제사지내는 것을 금지할 필요는 없으니 조정에서도 이를 죄 주지 말 것을 청했다.[23] 이는 숙종의 질문에 응대한 형식을 취하기는 했으나, 엄

22 『숙종실록』 39권 30년 1월 10일 경술; 『大報壇事筵說』(규장각 청구번호 奎3232) 정월 10일(1~16면). 『대보단사연설』은 숙종과 신료들이 대보단 건립과 관련해 주로 경연에서 주고받은 논의 내용을 정리한 것이다. 실록의 기사보다는 자세하지만, 내용상 큰 차이는 없다. 이 책에서는 『숙종실록』과 『대보단사연설』 두 자료를 대조하며 참고했다.

23 『숙종실록』 39권 30년 1월 10일 경술. "鎭厚曰 [……] 尙夏承其遺意 與傍近士子同志者 營建

밀히 보면 화양동에서 일단의 선비들이 사사로이 한 번 행한 바 있고 또 한 앞으로도 계속 시행하려고 하는 만력제와 숭정제에 대한 제사에 대해 국가에서는 그것을 문제 삼지 말 것과, 더 나아가 국왕도 그 사실을 익히 알고 그 취지에 동조하라는 일종의 '초대'로도 볼 수 있다.

이여와 민진후의 호응에 고무된 숙종은 배석한 신료들에게 만력제를 위한 묘우(廟宇)를 건립하는 사안에 대해 두루 의견을 물었다. 이에 대해 신완 · 이여 · 유득일 · 최중태 · 조도빈 등 다섯 명이 의견을 개진했는데, 이미 찬성의 뜻을 밝힌 이여를 제외한 나머지 네 명은 모두 우려를 나타내며 신중히 재고할 것을 건의함으로써, 우회적으로 반대의 뜻을 드러냈다. 신중론의 근거로는 크게 ① 제후의 나라에서 황제의 묘우를 건립하는 것은 일의 체모와 예절에 어긋난다는 점, ② 혹시라도 이 일이 역관들을 통해 청나라에 알려질 경우에 발생할 수 있는 복잡한 문제, ③ 건축에 따른 재정 문제 등이 제시되었다. 그런데 신완 · 유득일 · 최중태 등이 모두 소론계열인 데에 비해, 같은 반대 의사를 피력한 조도빈이 노론계열인 점이 흥미롭다. 특히 조도빈이 반대하자마자 같은 노론계열인 이여가 바로 말을 받아 이 사안은 비용 문제를 초월하는 중대사라는 뜻으로 즉각 반박한 점에서[24] 그렇다. 이는 비록 소론계열 인물들이 만력제를 위한 묘우 건립에 소극적인 태도를 취하기는 했지만, 노론계열이라고 해서 이구동성으로 찬성한 것도 아님을 잘 보여준다.

이 논의에서 또 한 가지 특기할 점은 숙종과 신료들이 주고받은 대화

五架屋於華陽 將以行祭於兩皇帝 而位版則尤有所不敢用 紙榜以祭 祭畢焚之 [……] 今以海外藩邦 廟享中朝天子 其於禮律 極多難處 而若士民之私自寓誠者 不必禁止 自朝家示以勿罪之意 則士民可以安心行祀也."

24 『숙종실록』 39권 30년 1월 10일 경술. "校理趙道彬曰 此不但禮節難便而已 方今國儲櫃竭 民力殆盡 興作之役 豈不難哉 畬曰 此事何可以煩費論也."

가운데 핵심어라고 할 수 있는 묘우의 정확한 의미다. 가장 강력하게 묘우 건립을 역설한 이여의 말에 따르면, 이때의 묘우는 화양동에 사사로이 건립할 묘우를 가리킨 면이 강했다. 이는 이여 자신도 조정에서 묘우를 세우는 일은 예법상 어려운 점이 있지만 사민들이 비공식적으로 세운다면 문제될 것이 없다고[25] 한 점에서 분명히 알 수 있다. 즉 이때의 묘우 건립 논의는 국가에서 주도하여 도성에 공식적으로 세울 묘우만이 아니라, 오히려 송시열을 추종하는 노론계열 인물들이 화양동에 사사로이 세울 묘우를 염두에 둔 의미였던 것이다. 같은 노론계열이면서도 조도빈이 예법상의 문제 외에도 굳이 경비 문제를 들어가면서 두 개의 묘우 건립을 반대한 이유는 이런 맥락에서 보면 쉽게 이해할 수 있다.

이런 의미의 묘우 건립이었기에 소론계열 인물들은 찬성할 이유가 전혀 없었다. 특히 그들은 사민이 사사로이 세우는 것은 용납할 수 있을지라도, 조정이 주체가 되어 도성 안에 묘우를 세우는 것만은 여러 가지 구실을 내세워 반대했다.[26] 요컨대, 노론계열이 화양동의 묘우 건립을 기정사실화하면서 그 취지를 도성의 묘우 건립으로까지 확대하려 한 데 비해, 소론계열은 화양동의 사적인 묘우는 모른 채 넘어갈 수 있을지라도 국가에서 도성에 같은 취지의 묘우를 공식적으로 건립하는 것까지 수용하기는 어려웠던 것이다.

이렇듯 찬반이 확연히 갈리자 숙종은 당장 결론을 얻기보다는 다른 대

25 『숙종실록』 39권 30년 1월 10일 경술. "畬曰 今若自朝家立廟 則當以天子禮享之 禮貌加尊於本國宗廟 其間禮節 甚多難處 [……] 至若士民之自以其誠薦獻者 雖不備禮 不至爲嫌 華陽廟宇新成 春秋粢盛 出於章甫 若以奴婢田土 參酌顧助 則亦可以表聖上今日之心矣."

26 『대보단사연설』 정월 10일(10~11면). "[……](申)琓曰 頃年鄭澔發端於筵席 且有儒生之陳疏者 金鎭龜爲禮判時 將爲回啓 與之相議 皆爲持難 以爲一間茅屋祭昭王 則不過士民追思不忘之意 而今若建廟於都中 則事體重於宗廟 凡於儀文度數之間 節節妨礙之 [……]." 실록에는 이 부분이 누락되어 있다.

신과 유신(儒臣)들에게 두루 의견을 묻도록 조치했다. 그 결과, 실록의 기록에 따르면, 판부사 서문중(1634~1709), 영부사 윤지완(1635~1718), 판부사 윤지선, 판부사 최석정(1646~1715), 좌찬성 윤증(1629~1714), 호조참판 권상하(1641~1721) 등 모두 여섯 명의 태도가 확인된다. 그런데 적극적인 찬성을 표한 권상하를 제외하고는 모두 어려움을 지적한다거나 대답을 회피함으로써 사실상 반대의 뜻을 밝혔다.[27] 여기서도 정파들 사이에 이견이 분명히 드러났다. 송시열의 제자로서 당시 노론계열의 핵심 인물이던 권상하가 적극 찬성을 표한 반면에, 반대 입장을 드러낸 나머지 모두는 소론계열 인물이었던 것이다.

특히 권상하는 이여와 주고받은 편지에서 묘우 건립의 여파로 예상되는 문제들을 비교적 상세히 반박했다. 청나라의 힐문 가능성에 대해서는 청나라도 명의 마지막 황제인 숭정제에게 시호를 올린 바 있으므로 설사 힐문해온다고 해도 조선으로서도 할 말이 있으며, 조선이 명으로부터 받은 은혜는 저들도 익히 알고 있으므로 굳이 이런 일로 인해 힐문해오지는 않을 것이라고 반박했다. 제후가 천자를 제사할 수 없다는 예법 문제에 대해서는 제후로서 하(夏)와 은(殷)을 제사지낸 기(杞)와 송(宋)의 사례가 있을 뿐만 아니라, 군신과 부자는 그 의리가 서로 같음을 들어 조선의 국왕(제후)이 명의 황제(천자)를 위해 묘우를 세울 수 있다고 역설했다. 제단의 격이 조선왕조의 종묘보다 높아질 것에 따른 우려에 대해서는 제사 날짜를 변경한다거나 묘우의 건립 장소를 종묘와 가까운 도성 안이 아니라 강화도와 같이 외진 곳으로 바꿈으로써 충분히 해소할 수 있다고 주장했다.[28] 이 개인적인 편지는 이여를 통해 숙종에게도 전달되었다.

27 『숙종실록』 39권 30년 1월 10일 경술. 『대보단사연설』에는 의견을 수합한 결과가 빠져 있다.
28 『숙종실록』 39권 30년 1월 10일 경술. 이 편지의 전문은 『寒水齋集』 권4 「答李治甫 甲申」에

이로써 보면, 만력제를 위한 묘우 건립의 타당성을 묻는 숙종의 발론에 대해 송시열계의 노론이 찬성한 데에 비해, 소론계열과 일부 다른 노론계열은 반대 입장을 취했음을 알 수 있다. 또한 묘우 건립의 주체와 장소도 중앙의 조정이 공식적으로 한양에 세울 묘우와 노론계열이 화양동에 사사로이 세울 묘우로 이중성을 띠고 있었다. 아울러, 한양에 세워질 묘우의 경우에도, 송시열계의 노론은 도성이라는 장소 자체에 연연했다기보다는 조정이 주체가 되어 묘우를 세운다는 것 자체에 보다 주안점을 두고 있었다. 이는 이 문제를 애초에 발론한 송시열의 유지를 따라 화양동에 묘우를 세우고, 더 나아가 그 취지를 국가가 공인하여 중앙에도 별도의 묘우를 세워 호응하라는 주장인 셈이었다. 같은 취지의 제사를 국가 차원으로 확대하는 데에 앞장섬으로써 중앙의 정치무대에서 주도권을 보다 공고히 하려는 의도가 있었던 것이다.

그런데 논의가 귀결되지 않자 숙종이 시간을 갖고 서서히 결정하라고 명함으로써, 1704년(갑신년) 정월 중순에 있었던 1차 논의는 결말 없이 막을 내렸다. 그렇지만 국왕의 의중이 무엇인지 이미 드러난 이상, 논의가 흐지부지 끝날 리 없었다. 실제로, 묘우 건립을 재촉하는 노론계열의 신료들과 유생들의 상소가 이어짐으로써,[29] 이 문제는 당시 정국에서 매우 중요한 사안으로 계속 논란의 중심에 있었다. 이들 상소에서도 도성에 세울 묘우와 화양동에 세울 묘우 두 가지가 동시에 거론되었다. 또한 각 상소에 대해 숙종은 가상하다거나 감격스럽다는 말로 답함으로써, 이런 상소들을 격려하는 태도를 분명하게 취했다.

서 확인할 수 있다. 이 책에서는 『影印標點 韓國文集叢刊』 150(민족문화추진회, 1995)에 실린 본(本)을 참고했다.

29 「숙종실록」 39권 30년 1월 22일 임술; 30년 2월 9일 기묘; 30년 2월 28일 무술.

이렇게 무르익은 분위기는 북경이 함락되고 숭정제가 자결한 3월 19일이 다가오자 보다 구체적인 모습을 갖추는 방향으로 발전해, 2차 논의로 이어졌다. 3월 7일에 숙종은 비망기를 내려, 먼저 만력제를 위한 묘우 건립을 당장 실행하지는 않더라도 반드시 해야 할 일이라고 못 박았다. 그리고는 선무사(宣武祠)와 민충단(愍忠壇)에[30] 관원을 보내 제사하고 망궐례(望闕禮)를 행하는 것으로써 명나라가 망한 날을 애도하던 당시의 관행에 불만을 표시하고, 숭정제에 대해 친히 제사하려는 마음을 드러냈다. 그런데 이는 선례가 없던 일이므로, 이 비망기로 인해 신료들의 논의가 뒤를 이었다.

논의에 참여한 자들은 소론계열의 신완(영의정)과 서문중(판부사), 그리고 노론계열의 민진후(예조판서) 등이었는데, 선례가 없다는 점 외에는 아무도 별다른 이의를 제기하지 않았다.[31] 이는 아마도 정초부터 신료들에게 분명히 인지된 숙종의 확고한 의지 때문으로 볼 수 있다.[32] 어차피 국왕이 강력한 의지로 행하고자 하는 일에 굳이 정면으로 맞설 필요는 없었기 때문이다. 더욱이 이번 사안은 정식으로 묘우를 세우는 것도 아니고, 단지 갑신년이 돌아온 데에 따라 평소보다 좀 더 의미를 두어 숭정제에게 제사를 드리자는 것이었으므로, 딱히 반대할 명분도 마땅하지 않았다. 결국, 임시 제단은 당시 국왕이 거처하던 창덕궁의 후원에 위치한 춘당대(春

30 선무사는 임진전쟁(왜란) 때 참전해 공을 세운 명나라 장수 형개(邢玠)와 양호(楊鎬)를 제사하기 위해 세운 사당이며, 민충단은 참전했다가 조선에서 죽은 명나라 장졸들의 넋을 위로하고 제사 지내기 위해 1593년에 선조의 어명으로 한양 · 벽제 · 평양 등지에 쌓은 제단을 말한다.

31 『숙종실록』 39권 30년 3월 7일 병오.

32 숙종의 단호한 의지는 이후의 논의에서도 줄곧 드러났다. 한 예로, 3월 10일의 논의에서 숙종이 누차 강조한 "(上曰) 雖無古禮 欲以義起 斷然行之矣"라는 식의 표현을 들 수 있다. 『대보단사연설』 3월 10일(23면) 참조.

塘臺)에 설치하고, 숭정제의 기일인 3월 19일에 그곳에서 국왕이 친히 제사하는 것으로 쉽게 결정이 났다.

여기서 주목할 점은 1월에 있었던 1차 논의에서 적극적으로 숙종을 지지했던 한성부판윤(정2품) 민진후가 3월이 오기 전에 예조판서(정2품)로 인사이동을 한 점이다. 비록 승진 인사는 아니었지만, 1차 논의가 끝난 직후에 예조판서로 자리를 옮긴 것은 숙종의 의지가 강하게 반영된 결과로 보아야 할 것이다. 실제로, 민진후는 숙종의 친제 결정이 난 3월 7일 이후로 관련 절목을 작성했을 뿐만 아니라, 친제를 준비하는 과정에서 가장 주도적인 역할을 담당함으로써 숙종의 의도에 충실히 부응하는 모습을 보였다. 비록 독대는 아니었지만, 이번 제사와 관련해 지방 · 축문 · 연호 등 제반 문제들은 오로지 민진후의 건의를 숙종이 받아들이는 형식으로 결정되었다.[33]

이런 논의와 준비를 거쳐 마침내 3월 19일에 숙종은 친히 숭정제에 대한 제사를 창덕궁 후원에서 거행했다. 밤 삼경사점(三更四點)에 의춘문(宜春門)을 나온 숙종은 후원의 제단에 이르러 친히 제사를 드렸다. 이 제사는 단헌(單獻)으로 거행되었으며, 희생제물은 흑우(黑牛)를 쓰되 음악은 배설하지 않았다. 제단의 높이는 여러 척이었고, 상탁(床卓)과 포진(鋪陳)은 모두 황색으로 만들었다. 지방은 오례의(五禮儀)의 위판(位版) 척양(尺樣)에 의거해 만들어 "대명의종열황제신위"(大明毅宗烈皇帝神位)라는 아홉 글자를 써서 북쪽 벽의 교의(交椅)에 붙이되, 동쪽 계단 아래에 남향으로 진설했다. 숙종은 면복(冕服)을, 문무백관은 흑단령(黑團領)을 갖추어 입고 배제

33 『대보단사연설』 3월 9일(17~20면). 특히 18면 참조. 한 예로, 제문에 쓰일 연호를 숭정(崇禎) 77년으로 하자는 민진후의 건의를 숙종은 그 자리에서 즉각 받아들였다. 이후 3월 10일과 15일의 논의에서도 민진후의 의견은 거의 다 채택되었다. 『대보단사연설』 3월 10일 및 15일(20~25면) 참조.

(陪祭)하였다. 제사를 마치자마자 축(祝)·폐(幣)·지방(紙榜)을 모두 불태우고 제단을 철거했다.[34]

이날 제문 가운데 숭정제를 상대로 조선 국왕 숙종의 본명인 이돈(李焞)을 기휘(忌諱)하지 않은 채 그대로 노출시켰는데,[35] 이런 격식은 이전의 조선 자료에서는 찾아보기 힘든 것으로 매우 파격적인 것이었다. 명나라 기록에는 당연히 조선 국왕의 본명이 그대로 나오지만, 『조선왕조실록』에서는 지금까지 찾아볼 수 없었던 새로운 격식이었다. 갑신년을 맞아 조선의 국왕과 신료들이 거행한 이번 제사가 매우 특별한 의미를 지닌다는 점을 고려할 때, 이는 과거에 유지되었던 명과 조선의 특별한 군신관계를 특별히 부각하기 위한 조치로 이해할 수 있을 것이다. 이를테면, 제문에 사용된 숙종의 본명을 실록 찬자들이 그대로 실록에 노출시킬 정도로 명 황제와 조선 국왕 사이의 군신관계에서 명의 입장과 권위를 더 중시하여 강조했던 것이다. 그만큼 이때의 제례는 숙종의 단호한 의지의 산물이기도 했다.

실제로, 숙종의 단호한 뜻은 숭정제 기일의 친제 이후에 내린 비망기에 잘 드러난다. 비망기에서 숙종은 묘우를 건립하는 문제는 자신이 창안한 것이며, 이 일에 어느 누가 이의를 제기하겠느냐고 일갈했다. 특히 그동안 제기되었던 반대 논리들을 하나하나 직접 반박함으로써, 자신의 뜻이 얼마나 굳건한지 공개적으로 분명히 했다. 이를테면, 묘우 건립이 예법에 어긋난다는 견해에 대해서는 충분히 상의하면 해결책을 얻을 수 있다고 자신했으며, 이 일이 청나라에 누설될 우려에 대해서는 역관을 엄중하게

34 『숙종실록』 39권 30년 3월 19일 무오; 『대보단사연설』 3월 19일(25~26면). 실록의 기사가 훨씬 더 상세하다.

35 『숙종실록』 39권 30년 3월 19일 무오. "崇禎七十七年歲次甲申三月庚子朔十九日戊午 朝鮮國王臣李焞 敢昭告于大明毅宗烈皇帝 [……]"

통제하면 문제될 것이 없다고 일축했다. 더 나아가, 존주(尊周)의 의리는 해와 별과 같이 밝고 자신의 결단은 굳기가 쇠와 돌과도 같아, 이 일을 결단코 그만둘 수가 없다고 단언했다.[36] 이는 이 문제에 대한 더 이상의 가부 논란을 앞으로 인정하지 않겠다는 선언에 다름 아니었다. 아울러, 그동안 도성과 화양동 등 두 개의 묘우가 묘하게 얽혀 설왕설래한 것에 대해, 자신이 건립하고자 하는 묘우는 화양동의 묘우가 아니라 도성의 묘우임을 분명히 밝힘으로써,[37] 불필요한 논란을 방지하고 자신의 뜻을 관철시키고자 했다.

그렇지만 신료들의 반응은 그다지 적극적이지 않았다. 묘우 건립에 대체로 소극적이던 소론계열의 신완(영의정)·서문중(판부사)·윤지선(판부사) 등은 여전히 고례(古禮)에 근거할 선례가 없는 것과 청나라에 누설될 가능성을 이유로 들어 반대의사를 피력하거나 답변을 피함으로써 찬성하지 않는다는 뜻을 드러냈다. 그동안 묘우 건립에 적극적이던 민진후가 판서로 있는 예조(禮曹)와 이여(좌의정)조차도 일의 중대함을 들어 신중히 상고해야 한다면서[38] 한발 물러섬에 따라, 이 문제는 이번에도 결정이 나지 않았다.

1차 논의 때와 달리 노론계열이 신중론을 편 것은 그들이 애초의 뜻을 접었기 때문이 아니라, 전례가 없는 사안이기에 말 그대로 의례절차를 상고하기 위한 것으로 풀이해야 할 것이다. 국왕이 적극적으로 앞장선 사안

36 『숙종실록』 39권 30년 4월 10일 기묘. "備忘記 [……] 肆予義起 斷然行之 蓋所以明天理植民彝也 [……] 今於建廟之事 孰有異議於其間 而第或以禮節爲拘 或以宣洩爲慮 此則有不然者 所謂禮節 爛熳商確 務歸得當 則自無難便之端 所謂宣洩 只在象胥 申以重律 嚴加操切 則豈有宣洩之患耶 [……] 尊周之義 皎如日星 予志之定 堅如金石 斷不可已也 [……]"

37 『숙종실록』 39권 30년 4월 10일 기묘. "[……] 頃者儒疏中華陽洞之說 反復思惟 終涉不便 亦在該曹之商量也."

38 『숙종실록』 39권 30년 4월 10일 기묘.

에 대해 노론계열로서는 그 취지를 더욱 확고히 하기 위해 절차를 따졌던 것이다. 또한 중신들이 묘우 건립에 적극적이지 않다는 상소가 올라오고, 이 때문에 좌의정 이여가 인피(引避)하는 등의[39] 가벼운 소동이 잇달음으로써, 이 사안은 즉각적인 해결책을 찾지 못한 채 정국의 현안으로 계속 남게 되었다.

숭정제에 제사를 올린 지 6개월이 지난 9월 중순에 숙종이 신료들로 하여금 이번에는 만력제를 위한 제사 문제를 의논하도록 명함으로써 3차 논의가 일어났다. 실록 찬자의 설명에 따르면, 이때 숙종은 반드시 만력제를 위한 묘우를 세워 제사하려는 의지가 강했다고[40] 한다. 묘우 건립은 이미 같은 해 1월부터 논의가 있어온 사안이므로, 이미 찬성론과 반대론의 입장도 충분히 드러난 상태였다. 그런데 이때 논의의 흐름은 이전과는 사뭇 달랐다. 이 논의에 참여해 의견을 적극적으로 개진한 자는 좌의정 이여(1645~1718), 우의정 이유(1645~1721), 형조판서 김진구, 예조판서 민진후(1659~1720), 대사헌 송상기(1657~1723) 등이었다. 이밖에도 한성부좌윤 김석연(1648~1723), 한성군(韓城君) 이기하, 부교리 김흥경, 정언 한중희(1661~1723) 등이 참석했는데, 이들 모두 노론계열이라는 특징이 있다. 그런데도 이들은 이전의 논의 때와는 달리 묘우 건립에 대해 이구동성으로 반대의 뜻을 피력했다.

주된 이유는 제후(조선국왕)가 천자(명황제)를 공식적으로 직접 제사한 전례가 없으므로 매우 참람하다는 것이었다. 설사 임시방편의 편법을 써서 제사를 지낸다 할지라도 그 격에 있어 종묘와 마찰이 일 수 있는 것도 무

39 『숙종실록』 39권 30년 5월 14일 임자; 30년 7월 1일 기해.

40 『숙종실록』 40권 30년 9월 16일 계축. "[……] 議築壇以祀大明神宗皇帝 上旣於今三月 設壇後苑 親祭毅宗皇帝 必欲爲神皇立廟以致隆 [……]"

시할 수 없는 문제라고 지적했다. 뿐만 아니라, 묘우를 세울 경우에 예상되는 청나라의 간섭과 그로 인한 외교적 마찰 가능성을 우려했다. 실제로, 비록 50여 년 전의 일이기는 하지만, 조선의 중신들이 명과 내통했다는 죄목으로 심양(瀋陽)에 끌려가 재판을 받고 사형선고까지 받은 이른바 두 차례의 심옥(瀋獄)[41] 경험이 있는 조선 조정으로서는 이런 우려를 갖는 것이 매우 당연했다. 그렇지만 존명의리의 정성이 절절하고 왕의 뜻이 또한 간절하여 일을 그대로 접을 수도 없으니, 묘우를 세울 경우에 발생할 수 있는 문제들을 피하기 위해 항시적인 묘우보다는 차라리 제단을 만들어 필요할 때에만 제사를 올리자는 대안을 제시했다.[42] 모든 신료들이 한 목소리로 제단의 설립을 간하자, 숙종도 결국 묘우를 세우려던 애초의 뜻을 접고 제단을 설치하는 것으로 최종 재가를 내렸다.

그런데 묘우 건립이 그렇게도 참람한 일이라면, 노론계열이 이전에는 왜 묘우 건립에 찬성했으며, 이제 와서 말을 바꾸었는가라는 문제가 발생한다. 앞서 언급했듯이, 이전의 묘우 건립 논의는 두 개의 묘우가 묘하게 얽혀 있었다. 하나는 화양동의 묘우였고, 다른 하나는 도성의 묘우였다. 또한 이전의 논의 때에는 묘우의 장소보다는 묘우 건립 자체의 타당성 여부가 주된 논점이었다. 그랬기에 숙종의 발론에 적극 동조한 노론계열 인물들도 화양동의 묘우 건립을 국가에서 추인해 줄 것을 강조한 반면에, 조정에서 주도할 묘우 건립에 대해서는 그 타당성만 피력했을 뿐 정확한

---

41 1차 심옥의 추이에 대해서는 田川孝三, 「瀋獄問題について(上)」, 『青丘學叢』 17(青丘學會, 1934)에 자세하다. 2차 심옥의 배경과 추이에 대해서는 寺內威太郎, 「17世紀前半の朝中關係の一齣: 第二次瀋獄を中心に」, 『駿台史學』 96(駿台史學會, 1996) 참조. 이 두 차례의 심옥에 연루된 사람들의 갖가지 일화는 『연려실기술』 26권 仁祖朝故事本末 「獨步」 및 「瀋獄諸囚」(원문 595~604쪽) 참조.

42 『숙종실록』 40권 30년 9월 16일 계축; 『대보단사연설』 9월 16일(27~33면).

장소에 대해서는 도성이 아닌 외진 곳이라도 무방하다는 의견을 내었던 것이다.[43]

그런데 이번에는 숙종이 도성 안에 묘우를 세우겠다고 분명히 밝히고 논의를 시작하다 보니, 논의의 초점 자체가 도성 내의 묘우로 단일화되었고, 그에 따른 예법상의 문제와 현실적인 문제들이 보다 구체적으로 다가왔던 것이다. 국왕이 원하고 노론계열이 찬성했음에도 불구하고, 1월에 처음 시작된 논의가 아무런 결정을 보지 못한 채 8개월 이상 지연되며 9월까지 오게 된 가장 큰 이유는 단순히 소론계열의 소극적인 태도 때문이 아니라, 묘우를 도성 안에 세울 경우에 실제로 발생하는 예법상의 문제와 청나라의 간섭 가능성이 당시 모든 사람들에게 매우 큰 문제였기 때문으로 보아야 할 것이다. 숙종이 도성 내 묘우 건립을 구체적으로 지목했을 때, 노론계열이 이전과는 달리 말을 바꿔 매우 신중한 태도를 보인 이유는 이런 맥락에서 이해할 필요가 있다.

또한 이런 태도 변화는 이전의 논의에서 노론계열이 진정으로 얻고자 한 바가 무엇이었는지 다시 확인시켜준다. 즉 두 개의 묘우 건립 문제가 묘하게 얽힌 당시 논의의 특성상, 노론계열은 도성 안에 묘우를 세울 경우에 예상되는 문제를 익히 알면서도 묘우 건립의 필요성과 타당성을 주장하고 그런 분위기를 조성함으로써, 화양동에 이미 사사로이 세운 묘우의 정당성을 국가로부터 확실하게 인정받기 위한 전략 차원에서 그런 행동을 했을 가능성이 높다. 노론계열의 주된 관심은 도성 안의 새로운 묘우 건립이었다기보다는 화양동의 묘우에 대한 국가의 공인이었던 것이다. 1차 논의 때에 이여가 화양동의 묘우 건립과 그 제사를 국가가 금하지 말고 물질적으로 지원하라고[44] 건의한 점이나, 논점이 도성 내의 묘우

43 이는 권상하의 편지에 잘 드러난다. 『寒水齋集』 권4 「答李治甫 甲申」 참조.

건립으로 분명해진 3차 논의 때에 민진후가 동문서답 식으로 느닷없이 비슷한 주장을 편[45] 점은 이런 해석을 잘 뒷받침해준다.

물론, 1차 논의 때부터 의견을 달리한 노론계열과 소론계열이 서로 절충하여 묘우를 제단으로 바꾸었을 가능성도[46] 배제할 수 없다. 그러나 1차 논의 때 노론계열이 적극 지지한 것이 도성보다는 화양동의 묘우였던 점과 초지일관 도성 안의 묘우 건립을 주장한 장본인이 숙종인 점을 고려할 때, 묘우의 건립 대신에 제단의 설치로 최종 결정이 난 배경을 노론계열과 소론계열이 서로 절충한 결과로 보기는 어렵다. 시종일관 논의를 주도한 국왕의 입장과 중요성을 배제한 해석이기 때문이다. 특히 숙종은 이미 두어 차례의 환국을 통해 비교적 강력한 왕권을 구축하고 행사하고 있었으므로, 당시의 조정 논의에서 숙종이 차지하는 비중은 매우 컸다. 실제로, 이미 살핀 바 그대로, 묘우 건립 논의를 주도한 자는 언제나 숙종 자신이었다. 따라서 제단을 세우기로 결정한 것은 정파 간의 타협의 산물이라기보다는 국왕과 신료들 사이의 절충의 산물로 보는 것이 보다 사실에 가까울 것이다.

---

44 『숙종실록』 39권 30년 1월 10일 경술. “(李)畬曰 [……] 至於立廟 豈不爲稀闊之盛擧 而是則文也 臣願殿下加意於實功 至若士民之自以其誠薦獻者 雖不備禮 不至爲嫌 華陽廟宇新成 春秋粢盛 出於章甫 若以奴婢田土 參酌顧助 則亦可以表聖上今日之心矣.”

45 『숙종실록』 40권 30년 9월 16일 계축. “閔鎭厚曰 [……] 神皇罔極之恩 沒世難忘 而建廟之事 終未覺其合宜 若倣祭天之禮 設壇於禁中 則似或少勝矣 蓋在朝家 節節難便 只以一間茅屋祭昭王之義 士民等祀於華陽洞 最爲穩當 朝家不之禁 則亦可以少寓一脈拱北之誠 故臣嘗以此仰對矣 [……]”

46 이런 해석은 정옥자, 『조선후기 조선중화사상 연구』(일지사, 1998), 88~89쪽 참조.

3. 대보단의 설립과 숙종의 의도

숙종의 건묘(建廟) 의지가 설단(設壇)으로 조정되어 결정이 나자, 실무적인 후속 조치에 대한 논의가 바로 이어졌다. 결정을 내린 바로 그날, 건축 장소, 제례 절차와 형식, 제례의 횟수와 날짜, 제단의 모양과 규모 및 각종 제사물품 등에 대해 참석자들의 의견 개진이 있었다. 아흐레 후에는 이 일을 맡은 예조판서 민진후와 숙종 사이에 긴 논의가 구체적으로 이어졌다. 다시 닷새 후에는 민진후가 만들어 올린 관련 절목의 내용을 놓고 숙종이 비변시 당상관들을 불러 모아 논의를 계속했다.[47]

10월 1일부터는 주로 실무 책임자인 공조판서 서종태(1652~1719)와 예조참판 김진규로부터 숙종이 보고를 받고 관련 사안들에 대해 지침을 내리는 식으로 논의가 이어졌다.[48] 10월 중순에 의주(儀注)가 임시로 만들어졌으나, 규모 · 형식 · 절차 등을 확정하지 못한 채 논의는 계속 이어졌다.[49] 11월에 소론계열의 정언 홍영이 제단의 격식에 대해 이의를 제기함으로써 홍영과 김진규 사이에 논쟁이 일기는 했으나,[50] 이미 국왕의 뜻으로 정해진 제단 설립은 의주의 틀을 토대로 삼아 순조롭게 진행되었다. 11월 25일에는 단호단자(壇號單子)에 들어간 청나라 연호인 강희(康熙) 두 글자를 삭제했고, 제단의 공식 명칭을 대보단(大報壇)으로 정했다.[51]

47 『대보단사연설』 9월 15일, 25일, 30일(33~49면).

48 『대보단사연설』 10월 1일, 3일, 6일(49~58면).

49 『대보단사연설』 10월 14일, 15일, 20일(58~73); 『숙종실록』 40권 30년 10월 14일 신사.

50 『숙종실록』 40권 30년 11월 7일 계묘; 12일 무신; 14일 경술.

51 『대보단사연설』 11월 25일(89~90면); 『숙종실록』 40권 30년 11월 25일 신유. 해당 실록 기사에 따르면, '대보'란 『예기』(禮記)의 「교특생」(郊特牲) 중에 나오는 "大報天而主日也" 구절에서 따온 것으로, 교천(郊天)의 뜻과 함께 보덕(報德)의 뜻도 있어, 의의가 모두 합당하기에

이 모든 과정에서 관련 내용은 조보(朝報)에 싣지 않았으며, 별도의 도감이나 관청도 설치하지 않은 채[52] 공사를 조용히 진행했다. 다만 공사를 전담할 관리로 당상관 네 명과 낭청 여섯 명을 구성했다. 그런데 당상관인 공조판서 서종태, 예조판서 민진후, 예조참판 김진규, 호조판서 조태채(1660~1722) 등이[53] 모두 노론계열의 핵심 인물인 점이 눈에 뜨인다. 이는 노론계열이 아무리 도성의 묘우 건립에는 반대했을지라도, 소론계열보다는 여러 면에서 숙종의 뜻에 따라 이 사업을 추진하는 데에 상대적으로 보다 호의적이었기 때문일 것이다.

대보단은 12월 21일 창덕궁 후원의 별대영(別隊營) 자리에 완공되었는데, 완공에 즈음해서도 아직 제사 날짜를 정하지 못하고 각종 의견이 분분했다. 절기에 구애받지 않는 큰 국가 행사인 만큼 일 년 열두 달 가운데 가장 으뜸인 정월에 하자는 의견, 천자가 2월에 제후의 나라를 두루 다니며 시찰을 했다는 『서경』(書經)의 사례를 들어 2월에 하자는 의견, 명나라가 망한 날을 애도하여 3월에 하자는 의견, 임진전쟁(왜란) 때 명나라 군대가 한양을 수복함으로써 종묘사직이 다시금 제사를 흠향할 수 있게 된 의미를 기려 4월에 하자는 의견 등이 개진되었는데, 임시로 3월 상순 중에 택일해서 거행하는 것으로 결정이 났다.[54]

이때 제사일이 3월로 결정된 것은 조선왕조의 제례에 있어서 매우 중요한 의미를 지닌다. 조선시대 각종 국가 제사는 모두 봄이나 가을 같은

정했다고 한다. 제단 설립 결정 이후의 실무적 논의에 대한 간략한 정리는 정옥자, 『조선후기 조선중화사상 연구』(일지사, 1998), 90~93쪽을 아울러 참조.

52 『대보단사연설』 10월 1일(51~52면). "[……](金)鎭圭曰 壇事似當嚴秘 此亦勿出朝報 自承政院分付擧行何如 上曰 依爲之 鎭圭曰 此事 禮工堂上 足以看檢爲之 不必別立名號矣(徐)宗泰曰 役事似非甚難 雖不設廳 可以爲之 [……] 上曰 然矣 [……]"

53 『大報壇謄錄』(규장각 청구번호 奎12894) 甲申 12월 21일.

54 『숙종실록』 40권 30년 12월 20일 병술; 『대보단사연설』 12월 21일(90~94면).

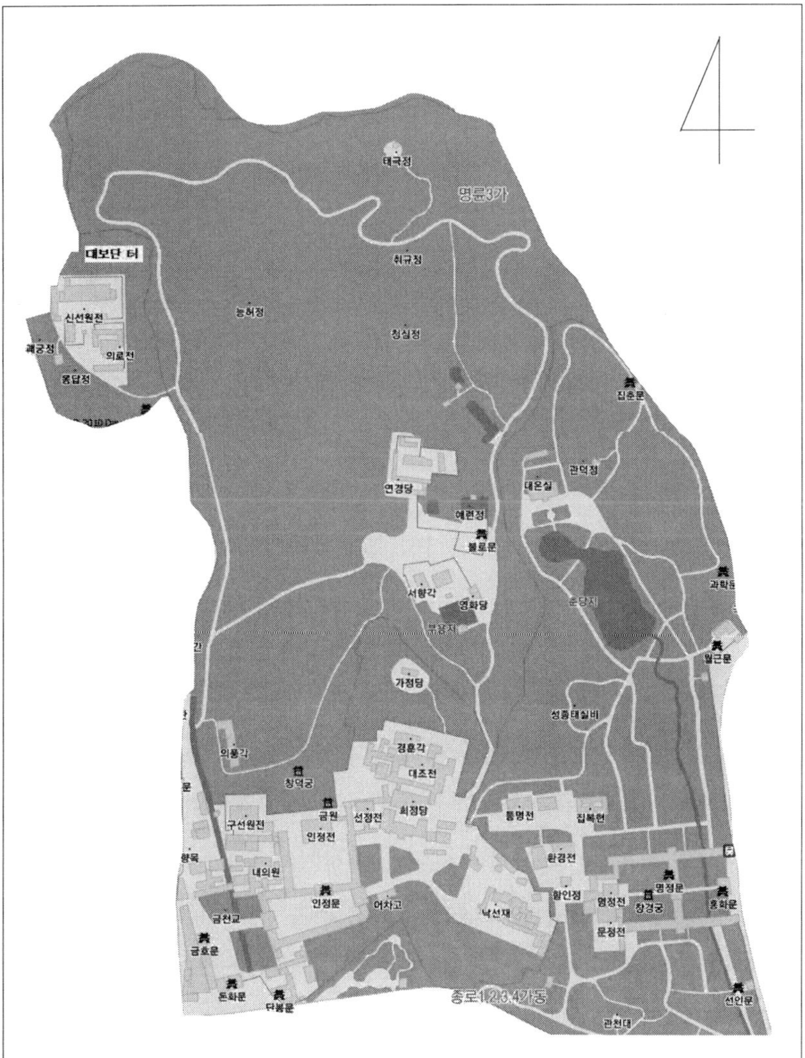

[그림 1] 창덕궁 내 대보단의 위치: 대보단은 창덕궁의 북쪽 후원 구석에 세워졌다. 현재는 남아 있지 않다.

계절, 24절기, 명절 등의 시간 마디에 따라 제향일을 정하고 있었다. 문묘 석전(文廟釋奠)이나 역대시조(歷代始祖) 등과 같이 역사적 인물에 대한 제향조차도 모두 그들의 역사적 연보와는 무관한 달이나 날짜에, 즉 계절이나 절기를 따라 정해져 있었다. 그런데 대보단 제향만큼은 자연의 보편적 시간 일정에 맞추지 않고 명나라가 패망한 역사적인 달에 맞춤으로써 특정한 역사적 사건을 전례화(典禮化)한 것이다.[55] 다음 장에서 상세히 다루겠지만, 영조의 대보단 확장(1749) 이후 명 황제들의 기일에 맞추어 망배례(望拜禮)를 지내도록 규정한 것도 같은 맥락의 조치였다. 이는 명나라의 소멸, 곧 천자의 상실이 조선후기 지배엘리트들 사이에서 얼마나 큰 충격이었는지, 또한 그 충격으로부터 벗어나기 위해 얼마나 심혈을 기울여 자구책을 찾았는지 상징적으로 잘 보여준다고 할 수 있다.

어쨌든, 완성된 대보단의 규모와 제례의 격식을 실록에서 뽑아 정리하면 다음과 같다. 단은 사직단의 제도를 모방하여 유(壝)가 있고 장(墻)이 있는데, 담장 높이는 4척으로서 사직단에 비하여 1척이 높고 사방 넓이가 25척이며, 네 면에 모두 9급의 층계를 두었다. 유와 장의 네 면은 모두 37척이고, 단소(壇所)로부터 외장(外墻)을 쌓았다. 음악은 팔일(八佾)을 쓰고, 악장은 사직제(社稷祭)의 악장에 의거해 송상기(1657~1723)가 지었다. 단상의 장전(帳殿)은 국가 규례를 따라 황색 명주를 써서 내장(內帳)을 만들었고, 목판에 옻칠을 해 만든 만정골(滿頂骨)은 부방(跗方)으로 받쳐 탁상에 받들어 두되, 그 길이와 넓이는 궐자판(闕字版)과 전패(殿牌)의 제도를 따르고, 황지방(黃紙榜)을 붙여서 그 면마다 '대명신종황제신위'(大明神宗皇帝神位)라고 써 넣었다. 제사 후에는 지방을 불태우고 목패는 궤 속에 간직했

55 이욱, 「조선후기 전쟁의 기억과 대보단 제향」, 『宗教研究』 42(한국종교학회, 2006), 138~143쪽.

다가 제사 때마다 꺼내어 쓰도록 조치했다. 등가(登歌)와 헌가(軒架)는 사직단의 제도에 의거해 배치했고, 제물의 품수(品數)는 명나라의 의식을 그대로 따랐다. 제기 등 제사 용품은 『대명집례』(大明集禮)의 도식(圖式)에 의거하되, 고례(古禮) 죽변(竹籩)의 제도를 따라 만들었다. 신실(神室)과 황장방(黃帳房)은 『대명회전』(大明會典)의 도설을 참고해 만들었다. 제사의 격은 국왕의 친행을 원칙으로 삼았으며, 희생제물은 붉은색의 성우(騂牛)를 쓰도록 했다.[56] 이 밖의 소소한 절차나 격식에 대해서는 해가 바뀌도록 논의가 계속되었으나, 대보단의 대체는 이렇게 완성되었다.

이렇듯, 비록 애초에 의도했던 묘우 건립의 뜻을 이루지는 못했으나, 갑신년(1704)이 가기 전에 만력제를 위한 제단을 궁궐 안에 완성함으로써 숙종의 의도는 관철된 셈이었다. 앞서 살폈듯이, 도성의 묘우 건립에 대해서는 소론계열은 말할 것도 없고 노론계열조차도 썩 내켜하지 않았던 점을 감안할 때, 대보단의 설치는 숙종의 의지가 강하게 반영된 결과로 볼 수밖에 없다. 그러면 숙종이 이렇게 묘우 내지는 제단 설립에 강한 의지를 보인 이유는 무엇이었을까?

이 문제는 효종 대(1649~1659)부터 조선을 강타한 북벌론과 밀접한 관련이 있었다. 이 장의 1절에서 짧게 지적한 바 있듯이, 당시의 북벌론은 삼전도의 항복(1637)으로 야기된 왕실의 권위 추락과 국가통치이념의 위

---

56 『숙종실록』 40권 30년 12월 21일 정해. 유(壝)는 제단 둘레에 낮게 쌓은 담을, 만정골(滿頂骨)은 지방을 세우는 판을, 부방(趺方)은 신주 밑에 까는 네모진 받침대를, 궐자판(闕字版)은 조선 국왕이 명의 황제를 향하여 망배례를 행할 때 모셔 놓는 '궐'(闕)자를 새긴 목패를 뜻한다. 전패(殿牌)는 각 고을 관아의 객사에 모셔 놓은 '궐'(闕)자를 새긴 위패 모양의 목패로, 지방의 관원들은 그 앞에서 국왕이 있는 한양을 향해 망궐례(望闕禮)를 거행했다. 등가(登歌)와 헌가(軒架)는 모두 궁중음악의 주악 편성법으로, 등가는 대제(大祭) 때 당상(堂上)에서 노래를 주로 부르고 현악기를 많이 사용하였다. 헌가는 당하악(堂下樂)으로, 종(鍾) · 경(磬) · 고(鼓)를 가(架)에 달고 연주했다. 이상은 실록 번역본의 각주 참조.

기로부터 벗어나 국내 질서를 확립하고 양반층의 지배자적 입지를 공고히 하기 위한 대내적 성격이 훨씬 강했던 지배이데올로기였다.

사실, 북벌론이 유행할 당시에도 조선이 정말로 거대 제국인 청나라를 상대로 전쟁을 일으켜 북벌을 할 수 있다고 믿은 사람은 거의 없었으며, 당시 조선 조정에서 확보하던 정보라는 것도(특히 군사력 비교) 현실과는 너무나도 동떨어진, 아전인수와도 같은 '희망사항'에 지나지 않았다. 뿐만 아니라, 북벌을 빌미로 군영을 설치하는 과정에서 효종이 금군을 특별히 강화한 점, 수어청(守御廳)을 중심으로 남한산성의 방비를 강화한 점, 어영청(御營廳)에 소속된 병력 수를 이전의 7,000명에서 21,000명으로 확대했을지라도 번상제(番上制)에 따라 실제로 도성에 상주한 어영청 병력은 1,000명뿐이었던 점 등을[57] 감안하면, 효종 대의 군비 확장은 사실상 오로지 국왕의 호위와 도성의 수비를 위한 것으로밖에는 달리 생각하기 어렵다. 따라서 북벌정책이 왕의 친위군과 왕성 경비 군사력의 강화로만 그치고 막을 내린 것은[58] 결코 우연일 수 없다. 수어청이니 어영청이니 하는 이름만 보아도, 그 군영들은 국왕과 관련된 수비대였지, 청나라 경내로 쳐들어가 북경을 공격하기 위한 목적의 공격부대가 아니었음이 잘 드러난다. 이런 정도의 군사력 증강으로 청을 상대로 한 북벌이 실제로 가능하다고 믿을 사람은 당시에도 이미 없었던 것이다.[59]

이는 효종의 경우에도 마찬가지였을 것으로 보인다. 대부분의 학자들

57 북벌을 빌미로 한 군사력 강화에 대해서는 李泰鎭, 『朝鮮後期의 政治와 軍營制 變遷』(한국연구원, 1985), 154~173쪽 참조.

58 강만길, 『고쳐 쓴 한국근대사』(창작과비평사, 1994), 63~66쪽.

59 겉으로는 북벌을 외치면서도 속으로는 북벌에 진정으로 뜻을 두고 있지 않던 세태에 대한 당시 사람들의 지적도 적지 않았다. 이에 대해서는 李離和, 「北伐論의 思想史的 檢討」, 『創作과批評』 38(창작과비평사, 1975) 참조.

은 효종의 북벌 의지에 대해서만큼은 그 '순수성'을 인정하는 추세이다. 그렇지만 북벌의 성공 가능성을 높이 본 효종의 판단 근거조차도 매우 허술했다. 효종의 상황 분석을 가장 잘 보여주는 것으로는 송시열과의 독대 때 효종이 했다고 전해지는 말이 있는데 그 요지를 옮기면 다음과 같다.

> [……] 왕이 [이로] 인해 탄식하며 이르기를, "오늘 말하고자 하는 것은 당연히 현재의 중대사이다. 저 오랑캐는 반드시 망하게 될 추세에 있다. [……] 그러므로 정예 포병 10만을 양성해서 자식처럼 사랑하고 위무하여 모두 결사적으로 싸울 병사로 만들려 한다. 그런 후에 기회를 봐서 저들이 예기치 못할 때에 곧장 [산해]관 밖으로 쳐들어가면 중원의 의사와 호걸 중에 어찌 호응할 자가 없겠는가? 아마 곧장 [산해]관으로 쳐들어가는 일은 그리 어렵지 않을 것이다. [저] 오랑캐들은 군비에 힘쓰지 않아 요동과 심양의 천 리 길에 활을 잡고 말을 타는 자가 전혀 없으니, 무인지경에 들어가는 것과 비슷할 것이다. 또한 하늘의 뜻을 헤아려 보건대, 우리나라의 세폐를 [저] 오랑캐들은 모두 요동과 심양에 [쌓아] 두고 있으니, 하늘의 뜻은 [그 물품들을] 다시 우리가 사용하도록 하려는 듯하다. 그리고 몇 만인지도 모를 우리나라의 포로들 가운데에서도 또한 어찌 내응하는 자가 없겠는가? 오늘날의 [이] 일은 오로지 행하지 않는 것을 걱정할 뿐이지, 성공하기 어렵다는 점에 대해서는 걱정하지 않는다. [……]"[60]

---

60 『宋書拾遺』 권7, 雜著 「握對說話」 "[……] 上因喟然曰 今日之所欲言者 當今大事也 彼虜有必亡之勢 [……] 故欲養精砲十萬 愛恤如子 皆爲敢死之卒 然後俟其有釁 出其不意 直抵關外 則中原義士豪傑 豈無響應者 蓋直抵關外 有不甚難者 虜不事武備 遼瀋千里 了無操弓騎馬者 似當如入無人之境矣 且以天意揣之 我國歲幣 虜皆置之遼瀋 天意似欲使還爲我用 而我國被虜人不知其幾萬 亦豈無內應者耶 今日事 惟患其不爲而已 不患其難成 [……]" 이 책에서는 한국고전번역원에서 제공하는 온라인 자료를 참고했다.

이를 보면, 효종의 정세 판단이라는 것은 사실 일국의 운명을 좌우할 자리에 있는 국왕의 판단이라고는 도저히 볼 수 없을 정도로 일방적인 자기 희망사항임을 쉽게 알 수 있다. 청나라의 실정을 정확히 파악하지 못한 것은 그렇다고 쳐도, 국왕으로서 조선 내부의 형편조차 제대로 파악하지 못한 채 10만 병력을 양성하겠다는 데에 이르면, 효종의 저 판단이 정녕 북벌을 실천에 옮기기 위한 진정한 의도에서 형성된 것인지 의심을 갖게 한다. 오히려 혹시 어떤 다른 의도가 있었던 것은 아닌지 효종의 심중을 좀 더 신중히 살필 필요가 있다는 뜻이다.

솔직히, 8년 동안이나 심양과 북경에 인질로 있으면서 청나라 군대를 따라 종군한 경험도 있는 효종이 과연 북벌이 정말 가능하다고 순진하게 믿었을 것 같지는 않다. 오히려 청에 우호적이던 형 소현세자가 아버지 인조의 미움을 받다가 끝내 요절하는 것을 지켜보았고, 또 왕위계승 문제로 홍역을 치른 바 있는 효종이야말로 국내정세의 흐름과 유림의 동향을 정확히 읽고 그 타개책으로 자신이 북벌론을 선도했을 가능성이 더 높다. 요컨대, 효종에게도 북벌론은 곧 정치적 명분 쌓기에 다름 아니었을 가능성이 매우 높다는 것이다.

그래도 북벌 담론은 조선왕조의 이데올로기적 장치로서 매우 중요하게 기능했다. 처음부터 현실성이 없는 정치선전에 가까운 운동이었지만, 그럼에도 불구하고 북벌론은 일정 기간 동안 매우 효과적이었다. 하늘이 무너진, 곧 명질서가 무너지고 천자가 사라져버린 절체절명의 국가 위기 속에서 국왕과 지배양반층은 이해관계를 함께 해, 절치부심의 북벌 담론을 생성하고 유통시킴으로써 조선왕조의 레종데트르를 분명히 하고, 더 나아가 삼전도 항복 이후에 흐트러진 국내의 인심과 분위기를 조선왕조라는 깃발 아래 다시 하나로 규합할 수 있었기 때문이다.

그런데 강희제(r. 1661~1722) 재위 초기에 삼번의 난(1674~1681)을 완전히 진압하고 청질서가 더욱 공고해짐에 따라, 국내에서 북벌 담론의 효력도 다할 수밖에 없었다. 따라서 숙종 대(1674~1720) 중반부터는 국가 차원에서 무엇인가 대책이 필요했다. 명과의 관계를 과거의 일로 치부하여 명의 멸망을 마음속으로 인정하고 청을 새 중화국으로 받아들이면서 새롭게 출발하지 못하는 한, 북벌론을 대체할 새 담론(장치)이 필요했던 것이다. 다른 말로, 시의성을 잃은 북벌 담론을 공식적으로 접어야 할 시기는 도래했는데, 무엇으로 그 대안을 삼을 것인가라는 새 문제가 무겁게 다가올 수밖에 없었던 것이다.

여기서, 이런 문제를 대하는 효종·현종의 입장과 숙종의 입장이 사뭇 달랐던 점에 주목할 필요가 있다. 효종과 현종이 북벌이라는 시대 분위기로부터 자유로울 수 없었던 데에 비해, 숙종은 그렇지 않았기 때문이다. 효종이 봉림대군으로서 심양에 직접 끌려가 8년간 볼모로 지냈음은 주지의 사실이고, 그 아들인 현종도 볼모 시절인 1641년에 심양에서 태어났다.[61] 이런 사실은 효종과 현종 및 그들의 시대가 북벌이라는 시대적 담론으로부터 결코 자유로울 수 없었던 태생적 한계를 상징적으로 잘 보여준다. 반면에, 숙종은 그런 아픈 과거와는 직접 관련이 없는 신세대였다.

따라서 양대 전란으로 인해 흐트러진 국가의 이념과 체제를 재건하고 왕권을 강화하기 위해 숙종은 북벌이라는 명분에 굳이 더 이상 집착할 필요가 없었다. 못 이룬 북벌의 꿈에 연연해 할 절실한 이유도 없었다. 다만 한 시대를 풍미했던 북벌 담론과 관련해 숙종이 국왕으로서 해야 할 일은 이루지 못한 북벌을 패배적인 자세로 그냥 방치한 채 종결할 것이 아니라, 긍정적이고도 건설적으로 재해석하는 것이었다. 비록 북벌 그 자체를 성취하지는 못했을지라도 주체적으로 무엇인가 이룩한 것이 있다는 가시

61 『현종실록』 부록 「顯宗大王行狀」.

적 성과물을 제시해줄 필요가 있었기 때문이다. 북벌론의 시대를 새롭게 정리하고 재창출할 필요가 있었던 것이다. 그런 후에야 새로운 대안도 힘을 받을 것이었다. 이때 숙종이 주도한 북벌론의 재해석은 나선정벌(羅禪征伐, 1654년과 1658년)에 대한 기억의 전환이었고, 북벌론의 후속조치로 그가 제시한 대안이 바로 대보단의 건립이었다.

나선정벌은 17세기 중반에 흑룡강(黑龍江)을 누비며 북만주로 남하하던 러시아(카자크)를 저지하려던 청나라의 파병 요구에 따라 조선이 어쩔 수 없이 200명 안팎의 병력을 송화강(松花江)과 흑룡강 유역으로 두 차례 출정시켜 청군(淸軍)의 지휘를 받아 작전에 임했던 사건을 말한다. 조선 조정은 나선정벌에 임하면서 이중적 심리상태를 겪었는데, 하나는 오랑캐(나선)를 정벌한다는 자부심이요, 다른 하나는 오랑캐(청)에게 징병을 당해 그 지휘를 받는다는 자괴감이었다. 특히 후자의 경우는 조선의 조야에 깊은 상처를 남겼다. 효종 재위 10년간 효종의 정통성을 받쳐준 큰 논리가 바로 북벌이었는데, 막상 그 북벌은 하지 못하고 오히려 북벌의 대상이던 오랑캐의 요구에 따라 출정해 그 지휘를 받은 이율배반적인 문제가 당연히 발생할 수밖에 없었기 때문이다.

그러나 역설적이게도 바로 이 점 때문에 나선정벌은 북벌과 묘한 함수관계를 맺으며 얽히게 되는데, 북벌 이데올로기가 사실상 종말을 고하는 17세기 말 숙종 때에 이르러 나선정벌을 대하는 조선 조야의 시각이 새롭게 바뀌는 점이 바로 그것이다. 북벌 담론이 사실상 그 기능을 상실한 시점에서, 그것이 정치선전으로만 끝나지 않고 무엇인가 실제로 이루었다는 자기합리화가 필요한 시점에서 나선정벌에 대한 기억의 전환이 그 틀을 제공해주었던 것이다.

한 예로, 2차 원정 사령관 신유(1619~1680)의 10주기를 추모하기 위해 1690년에 숙종이 특별히 직접 지어 내린 제문의 내용은 이전의 만사(輓詞)

나 행장(行狀)의 내용과는 사뭇 달랐다. 10년 전에 신유가 죽었을 때 그의 지인들이 지은 허다한 만사와 행장에서는 대개 못 이룬 북벌의 의지를 한탄하였을 뿐이지 나선정벌의 공훈에 대해서는 전혀 언급이 없었다. 이런 현상은 오랑캐의 명을 받아 부득이 나선정벌에 나섰던 신유의 경력을 만사에서 언급하지 않는 것이 고인에 대한 예의라는 인식이 당시 조야에 널리 퍼져 있었다는 좋은 방증이 된다. 그런데 그로부터 10년이 지난 뒤에 갑자기 숙종이 자청하여 신유를 위한 제문을 친히 지어 내렸을 뿐만 아니라, 그 제문에서 숙종은 못 이룬 북벌의 꿈을 상투적이나마 한탄하지도 않았을 뿐만 아니라 오히려 이전의 만사나 행장에서 언급조차 하지 않았던 나선정벌의 전공만을 크게 치하했다. 특히, 청의 외압에 대해서는 언급조차 없고 오로지 조선의 필요에 의해 출병이 이루어진 것으로 묘사한 점도 두드러졌다.[62]

이후의 나선정벌 관련 기록에서도 원정의 배경이나 역할에서 청나라의 중요성은 더욱 감소하고, 대개 조선 대 오랑캐의 쌍방구도로 설명하는 흐름이 대세를 이루었다. 18세기의 대표적 사찬서(私撰書)인 『성호사설』(星湖僿說)에서 이익(1681~1764)은 나선정벌을 두 번 다루었고,[63] 19세기 중엽의 대표적인 사찬서인 『오주연문장전산고』(五洲衍文長箋散稿)의 저자 이규경(1788~?)은 「나선변증설」(羅禪辨證說)에서 당시 가능한 거의 모든 자료를 섭렵하고 검토한 뒤 나름대로 고증을 시도했다.[64] 그런데 이 두 자료 모두 청나라의 역할에 대해서는 거의 언급이 없거나 조선에 군대를 요청했다는 간단한 기술로 그치고, 조선의 입장에서 조선의 북변에 새로 등장한

62 이에 대한 상세한 논의는 계승범, 『조선시대 해외파병과 한중관계』(푸른역사, 2009), 259~275쪽 참조.

63 『星湖僿說』(민족문화추진회, 1978) 1권 天地門 「黑龍江源」; 8권 人事門 「車漢日記」.

64 『五洲衍文長箋散稿』 天地編 地理類 人種 「羅禪辨證說」. 한국고전번역원 온라인 공개 자료.

오랑캐 별종을 쳐부쉈다는 논조로 나선정벌을 묘사한 점이 두드러진다.

이를 종합해보면, 1690년에 숙종이 직접 쓴 신유의 제문을 전환점으로 삼아, 그 이후로는 나선정벌을 대하는 조선인들의 기억 속에 청나라가 들어설 자리가 거의 없어져버렸음을 알 수 있다. 청나라가 사라짐으로써 이제 나선정벌은 처음부터 조선과 러시아(오랑캐) 양국 간의 문제로 자연스럽게 바뀌었다. 그 결과 조선인들은 이제 나선정벌에 대해서 정신적 부담을 갖지 않게 되었다. 굳이 청나라를 언급한 부분이 있다면, 청이 러시아에게 연전연패하여 조선에 도움을 청했다는 점을 부각시키는 내용뿐이었다. 청나라도 못하는 것을 조선군이 가서 무찔렀다는 이런 식의 배경 설정은 이제 조선인들이 청에 대해서 내면적 우월의식을 느낄 수 있는 계제가 되었으며, 오랑캐를 정토한 북벌이라는 실천적 기억으로 조선인의 마음속에 되살아났음을 보여준다.[65] 요컨대, 북벌 담론에 치명적인 오점이었던 나선정벌이 오히려 북벌의 큰 성과물로 둔갑했던 것이다.

이런 정지작업을 거쳐 1704년에 후속으로 나온 것이 바로 만력제를 위한 대보단의 설립이었다. 나선정벌을 북벌의 성공으로 전환시킨 후에, 이제는 존명의리 정신을 새로운 형태로 천명해 보이기 위한 실천 방안으로 국내의 제례에 주목했으며, 대보단은 바로 그 가운데 하나였던 것이다. 존명의리가 지선의 절대 이데올로기였다면, 대보단은 그 이데올로기를 가시적으로 보여주는 이데올로기적 장치였던 셈이다. 청나라가 중국이라는 공간을 완전히 장악하지 못했던 1680년대까지는 조선의 정치무대에서 북벌 담론이 훌륭한 장치로 나름대로 기능할 수 있었지만, 청질서가 확고해지면서 새로운 장치가 필요했고, 그것이 대보단으로 나타났던 것이다.

---

65 계승범, 『조선시대 해외파병과 한중관계』(푸른역사, 2009), 273~275쪽.

북벌의 후속 대안으로 대보단이 등장한 것은 당시 조선사회에서 권위의 원천이 무엇이었는가라는 문제와도 깊은 관련이 있었다. 대개의 나라에서 권위의 원천은 크게 무력(총칼)과 이념(사상 · 학문 · 제도) 두 가지다. 제국의 주변부에 위치한 나라일수록 이념적 권위의 원천은 주변의 제국에 의존한다. 로마제국 멸망 후에도 남서부 유럽에 위치한 게르만계 국가들에서 라틴문화의 권위는 대단했다. 조선전기 조선의 정치무대에서도 권위의 원천은 사상적으로는 주(周) · 송(宋)이요, 정치적으로는 명(明)이었다. 특히, 조선은 이념(유교)의 권위가 매우 커서, 무(武)보다는 문(文)을 훨씬 중시한 유교적 문치국가였다. 거의 모든 조정 논쟁에서 상대방을 제압할 수 있는 최고의 무기는 총칼(무력)이 아니라, 언제나 중국의 사례(경전과 역사서)에 대한 해박한 지식이었다. 총칼로 힘을 기르는 데에 쓰일 에너지조차도 조선에서는 이념적인 권위 확보에 투자되었다.

문제는 숙종 대 당시 조선의 지배엘리트층이 가장 중시한 이념적 가치가 바로 '존명의리'였다는 점이다. 친위대(무력)를 보유하지 못한 조선 국왕 입장에서 권위를 세우기 위해서는 바로 그런 가치를 솔선수범하고 제도화하는 과정을 통해 지배양반층으로부터 폭넓은 지지를 끌어냄으로써 통치 권위를 확보할 수 있었다. 그 성과물이 바로 존명의리의 가치를 가시화시킨 대보단이었던 것이다. 북벌론의 시대가 막을 내린 직후에 숙종이 묘우 건립 논의를 처음 발론하고 시종일관 주도한 사실은 그 타이밍으로나 그 논의 과정으로나 대보단에 담겨 있는 이런 배경들을 잘 보여준다.

그런가 하면, 대보단에는 그런 가치를 사적 집단(private sector), 곧 송시열계의 노론에게 독점당하지 않고 국왕 주도 하에 중앙으로 수렴하겠다는 의지도 담겨 있었다. 마침 화양동에서 일부 노론계열 인물들이 만력제와 숭정제를 위한 만동묘를 세우고 제사를 지낸 움직임을[66] 포착한 숙종 입장에서는 그것이 반드시 유쾌한 일만은 아니었다. 존명의리 가치를 체현하는 것 자체는 문제가 없으나, 그렇게 중요한 가치를 지방의 사적 집단이 선점하고 전유함에 따라 야기될 수 있는 중앙(국왕)의 권위 위축을 우려하지 않을 수 없었기 때문이다. 이를 타개하는 유일한 방법은 그 가치를 더욱 높이고 장려하되, 그 주도권만큼은 자신이 직접 장악하는 것이었다. 곧 존명의리라는 국가 이데올로기를 계속 굳건히 견지하되, 그것을 자신이 직접 관장하여 중앙으로 흡수함으로써 스스로 그 주체가 되고자 했던 것이다. 앞서 살폈듯이, 논의 과정에서 드러난 숙종의 강한 의지나, 도성보다는 화양동의 묘우에 깊은 관심을 둔 노론계열의 의도는 모두 이런 맥락에서 볼 때 쉽게 이해된다. 이에 숙종과 노론계열이 절충점을 찾은 결과물이 바로 1703~1704년에 걸쳐 서로 앞서거니 뒤서거니 하면서 이루어진 화양동의 만동묘 건립과 도성의 대보단 창설이었던 것이다.

이런 과정을 거쳐 완성된 대보단의 첫 제향의식은 1705년(숙종 31) 3월 9일에 문무백관을 거느린 국왕의 친향(親享)으로 성대히 거행되었다. 당시 상황을 간략하게 전하는 실록 기사에 따르면, 숙종은 자시에 의춘문(宜春門)으로부터 금원(禁苑) 북쪽을 따라 서쪽으로 가서 조종문(朝宗門)을 나가 대보단에 이르러 제사를 친히 거행했다. 예조참판 김진규가 지은 제문

66 만동묘는 1703년 가을에 완공되었으며, 첫 제사는 1704년 1월 7일에 거행되었다. 『華陽志』 四編 皇廟事蹟 「廟廷碑銘并序」 "維朝鮮國淸州東八十里 洛陽山下華陽之洞 有廟曰萬東 崇禎七十六年秋始成 [……]" 및 「廟成始享告先生文」 "[……] 甲申元月丁未日 來詣華陽萬東祠 敬薦籩豆兩皇上 [……]" 참조. 이 책에서는 한석수 외, 『역주 華陽誌』(충북대학교 우암연구소, 2007)를 참조했다. 만동묘의 건립과 제사에 대한 자료로는 『尊周彙編』 8 수록 『皇壇志』, 「附華陽洞志」도 아울러 보되, 이 책에서는 『朝鮮事大斥邪關係資料集』 2(여강출판사, 1985), 121~152쪽에 수록된 것을 참조했다. 만동묘에 대한 연구로는 吳甲均, 「華陽洞 事蹟에 對한 調査 報告」, 『歷史教育』 11·12(역사교육연구회, 1969); 全用宇, 「華陽書院과 萬東廟에 대한 一研究」, 『湖西史學』 18(호서사학회, 1990); 임부연, 「유교 의례화의 정치학: 만동묘와 대보단을 중심으로」, 『종교문화비평』 15(한국종교문화연구소, 2009) 등 참조.

은 구구절절 존주의리 정신으로 넘쳐났다. 단상에 누런 장막으로 두른 방을 만들어 거기에 신위를 봉안했고, 지방을 사용했다. 춤은 팔일무(八佾舞)를 썼으며, 악장을 지어서 연주했다. 숙종이 삼헌례(三獻禮)를 행하고 음복(飮福)했으며, 제례가 끝나자 지방을 받들어 불태웠다. 지방을 불사르는 자리에 숙종이 친히 내내 임했고, 왕세자는 백관을 인솔하고서 국왕을 따라 동참했다. 환궁한 뒤에는 숙종이 어제어필(御製御筆)로 친히 「대보단친제후지감시」(大報壇親祭後志感詩)라는 제목으로 칠언율시 한 편을 지어 내리면서 승정원 · 홍문관 · 예문관 관원들로 하여금 화답하는 시를 지어 올리게 했고, 바로 다음날 해당 관원 15명이 그대로 지어 올렸다.[67]

이후로 몇 년 동안 숙종은 3월 상순의 택일된 날짜에 맞추어 격년으로 직접 백관을 거느리고 친향을 거행함으로써, 애초 대보단을 향한 자신의 의도를 비교적 잘 실천하는 모습을 보였다. 그러나 시간이 흐르면서 대보단 친향에 대한 숙종의 관심은 수그러들었던 것 같다. 대보단 친향이 처음 있었던 1705년부터 숙종이 죽는 1720년(6월)까지의 친향 사례를 보면, 1705년, 1707년, 1709년, 1712년 등 모두 4번으로,[68] 16번의 기회 가운데 네 번 행하는 빈도(25%)를 보였다. 특히 초창기에는 격년일지언정 꾸준히 친향을 하다가 그 이후로 거의 거행하지 않은 점이 두드러진다.

이는 1704년에 발화된 숙종의 의지와 관심이 명이 망한 일주갑(一週甲)을 계기로 발생한 이벤트 성격이 어느 정도 있었음을 시사해준다. 왕조

---

67 『숙종실록』 41권 31년 3월 9일 계묘. 한편, 팔일무(八佾舞)란 원래 주나라 천자의 무악(舞樂)으로, 악생(樂生) 64인을 8열로 정렬시켜서 추게 하는, 규모가 큰 문무(文舞)나 무무(武舞)라고 한다. 실록 번역본의 각주 참조.

68 『尊周彙編』 9권, 「皇壇年表」. 이 책에서는 『朝鮮事大斥邪關係資料集』 2(여강출판사, 1985), 171~175쪽을 참조했다. 이하 다음 장부터는 「皇壇年表」라고 일컫고, 『朝鮮事大斥邪關係資料集』의 쪽수를 제시한다.

의 정통성과 자신의 입지를 강화하려 대보단을 세웠지만, 숙종 자신조차도 아직은 존명의리라는 가치를 제도화해 가시화시키는 데에 만족했을 뿐으로, 아직은 시행 초기 단계를 벗어나지 못했던 것으로 보인다. 그렇지만 숙종의 의지로 시작되고 제도화된 대보단 제례의식은 이후 조선왕조의 중요한 전례(典禮)로 자리를 잡음으로써, 18~19세기 조선의 중앙 정치무대를 주도한 주류 사조의 일면을 파악하는 데에 중요한 코드로 작용한다. 다음 장에서 살필 영조의 대보단 확장이 갖는 의미는 그 첫 번째 예가 된다.

제3장

영조의 대보단 확장과 그 운용

숱한 논의와 타협을 거쳐 만들어진 대보단이었지만, 숙종 말년부터 국왕의 친향은 뜸해져, 숙종은 재위 마지막 8년 동안에는 전혀 친향을 하지 않았다. 이는 대보단이 완성된 후 16년(1705~1720) 간의 재위 기간 가운데 후반부에는 한 번도 대보단에 직접 나아가지 않았다는 뜻이다. 이는 대보단이 비록 제도화되기는 했지만, 아직은 국가의 전범으로서 뿌리를 제대로 내리지 못했음을 잘 보여준다. 경종(r. 1720~1724) 때에는 온 조정이 끝없는 정쟁으로 치달을 때였고, 재위 기간도 4년에 지나지 않은 탓에 어떤 특별한 의미를 부여하기는 어렵다. 그래도 대보단 친향을 한 번도 거행하지 않은 점은 숙종 말년의 흐름이 그대로 이어지는 모습을 보였다고 할 수 있다.

이런 추세는 경종이 죽고 영조(r. 1724~1776)가 즉위한 후에도 한동안 지속되었다. 이를테면, 1724년 8월에 즉위한 영조의 재위 기간 중 첫 20년(1725~1744) 동안의 3월 춘향대제(春享大祭) 기회 중에서 영조는 단지 세 번(1734년, 1735년, 1738년)만 친향을 거행했다. 이는 고작 15%에 달하는 빈도로, 영조의 대보단 친향 빈도가 숙종의 빈도보다도 더 뜸했음을 통계상으로 잘 보여준다. 따라서 이는 숙종의 대보단 친향 추세가 그의 사후에도 30년 가까이 그대로 이어졌음을 알 수 있다. 이는 즉위 과정에서부터 시작해 즉위 후에도 꼬리를 물고 벌어진 영조의 정통성 문제와 그로 인한 무력 충돌 등으로 인해, 영조가 차분한 마음으로 국가 제례를 통해 권위를 추구하기에 적절한 정치 환경이 아직 조성되지 않았음을 우회적으로 시사해준다.

그런데 이처럼 유명무실해져갈 것처럼 보이던 대보단 제례는 영조에 의해 다시금 화려하게 부활했다. 단순히 부활만 한 것이 아니라, 이전보다 훨씬 더 확대되고 강화된 모습으로 면모를 쇄신했다. 또한 이 과정에서 대보단의 의미와 정치적 위상도 크게 바뀌었으며, 이때 부각된 새로운 성격은 18~19세기를 거의 관통해 개항 이후까지 유지되었다.

이에, 이 장에서는 대보단의 확장 여부를 둘러싸고 벌어진 조정 논의의 양상을 추적하고, 확장 논의를 주도한 영조의 의도와 목적을 영조의 입장과 신료들의 입장 차이에 중점을 두어 살피고자 한다. 특히 대보단 확대의 핵심 쟁점으로 떠올랐던 명나라의 건국자인 홍무제(r. 1368~1398)의 합향(合享) 문제를 중심으로 논의를 전개할 것이다.

1. 홍무제의 등장과 그의 권위

다소 침체되어 있던 대보단에 영조는 정치적 의미를 새롭게 부여했는데, 그 전환점은 홍무제와 숭정제(r. 1628~1644)를 대보단에 추가로 합향한 일이었다. 격렬한 논란 끝에 추가 배향(配享)이 단행된 1749년은 영조 재위 25년째 해로, 그의 52년 재위 기간(1724~1776)에서 거의 중간 시점에 해당된다. 실제로, 조선의 정치무대에서 대보단이 갖는 위상이 1749년을 전후해서 크게 변하는 현상을 감지할 수 있다. 예를 들어, 향사(享祀) 대상 인물의 추가뿐만 아니라, 그에 따른 대보단의 확대 · 증축, 친향 빈도의 증가 등에서 확연한 차이를 보인다. 이는 어떤 이유에서건, 영조가 숙종의 취지를 단순히 계승하는 것에 머물지 않고, 그것을 보다 강화하는 방향으로 대보단에 접근했음을 강하게 시사해준다.

그렇다면 영조는 왜 홍무제와 숭정제의 추향(追享)을 통해 대보단을 강화하고자 했으며, 그런 정책은 왜 1749년에 즈음해서 결정되고 추진되었을까? 영조의 의도는 바로 국왕으로서 자신의 권위를 세우기 위함이었는데, 그것은 홍무제를 보는 그의 시각과 밀접한 관련이 있었다. 이를 보다 구체적으로 이해하기 위해 이 소절에서는 먼저 홍무제가 조선의 정치무대에서 줄곧 어떻게 평가되어왔는지 그 추이를 살펴보도록 하자.

조선사회에서 홍무제에 대한 평가는 주로 경연 석상에서 이루어졌다. 조선은 전통적으로 신권이 왕권보다 강했을 뿐만 아니라 사대와 유교를 지선의 가치로 설정하고 현실에서도 그것을 최대로 추구한 국가였으므로, 홍무제에 대한 평가도 그런 기초 위에서 이루어졌다. 그렇지만 경우에 따라서는 왕과 신료들이 서로 다른 평가를 내리기도 했다. 대체로 국왕들이 홍무제를 높이 평가하면서 그를 본받으려 한 반면에, 신료들은 이구동성으로 홍무제의 통치행위를 전례나 표본으로 삼으면 안 된다는 입장을 견지했다. 평가가 이와 같이 상반되게 나타난 이유는 홍무제가 재위시절에 철권을 휘두르며 유학자들을 가혹하게 핍박한 탓에 조선의 유신(儒臣)들 사이에서는 조선의 국왕이 절대로 본받지 말아야 할 전제군주로 악명이 높았기 때문이다. 반면에, 가능한 한 신료들을 누르고 왕권을 강화하고자 했던 국왕 입장에서는 역설적이게도 홍무제의 바로 그런 점으로 인해 긍정적인 평가를 내릴 수 있었다.

그런가 하면, 어떤 문제를 놓고 논쟁을 벌일 때 홍무제의 사례는 자신의 입지를 강화해줄 수 있는 강력한 전거로 종종 인용되곤 했다. 심지어는 자신의 논지를 강화하기 위해 아전인수 식의 해석도 서슴지 않았다. 한 예로, 신하들은 홍무제가 중서성(中書省)을 혁파하고 모든 정무를 친히 결재한 예를 들어, “군주로서 신하가 담당할 직책을 감당한 처사”로 폄하하고, 홍무제의 그런 태도를 신하를 믿지 못했던 진시황에 견주면서 본받아서는 안 될 사례임을 분명히 했다.[1] 이에 대해 국왕들도 대개 원론적으로는 수긍하는 태도를 보였다. 그렇지만 쿠데타를 통해 집권한 탓에 비교적 강력한 왕권을 구사했던 태종(r. 1400~1418)과 세조(r. 1455~1468)의 경우에는 홍무제의 같은 예를 근거로 삼되 그 해석을 달리하여, 최고 기구를 혁파하거나 유명무실하게 만들고 각 부의 장관들에게 국왕이 직접 명령을 내리고 보고를 받는 직계 체제의 구축을 정당화하기도 했다.[2]

형벌에서도 비슷한 예를 볼 수 있다. 홍무제의 가혹한 형벌과 숙청에 대해서 조선의 왕과 신료들은 모두 비판적이었다. 그러나 상황에 따라, 또 자신의 입장을 합리화하기 위해 홍무제의 사례를 서로 다르게 인용하는 이율배반적 모습을 보이기도 했다. 국왕들은 군신 간의 의리와 충성을 강조할 때 홍무제의 사례를 인용하는 경향이 있었다. 또한 궁인(宮人)에 대한 처벌의 경우, 왕을 모신 적이 있는 궁인이더라도 죄가 있으면 해당

---

1 『정종실록』 1권 1년 1월 9일 경진; 『세종실록』 58권 14년 11월 3일 무오.

2 『태종실록』 16권 13년 12월 16일 신유 “[……] 上曰 革政府後 萬一有故 則誰可代庶務者 [……] 高皇帝 實古今天下之英主 雖無中書可也 予則猥劣 不可無政府也 況應對上國使臣 尤爲難也 六曹啓曰 使臣接待 禮曹之任 可無廢事 上意然之 猶未顯言革之也 [……]” 및 27권 14년 4월 17일 경신. “[……] 上曰 予嘗在松都 有議罷政府 而至今未暇也 [……] 頃者左政丞曰 中朝亦無丞相府 宜革政府 予竊念 庶事萃于一身 誠難裁決 然旣爲國君 何避勞神 [……]” 한편, 이른바 6조직계체제에 대해서는 鄭杜熙, 「朝鮮建國初期 統治體制의 成立過程과 그 歷史的 意味」, 『韓國史研究』 67(한국사연구회, 1989); 李東熙, 「朝鮮 太宗代 承政院의 政治的 役割」, 『歷史學報』 132(역사학회, 1991); 崔承熙, 「世祖代 王位의 취약성과 王權强化策」, 『朝鮮時代史學報』 1(조선시대사학회, 1997) 등을 참조.

관청에 넘겨 처벌해야 한다는 대신들의 주장에 대해서 왕은 궁인을 유사(有司)에 넘기지 않고 (조정의 의논 없이) 독자적으로 처리한 홍무제의 사례를 내세워 반박했다. 이 문제는 긴 논쟁 끝에 절충이 이루어져 유사에는 넘기지 않더라도 대신들에게는 알려 그 처벌 내용을 왕과 대신들이 함께 결정하는 것으로 타결되었다.[3]

그런가 하면, 홍무제의 재판 처결 과정에 대하여 신료들은

> 6부의 관리들은 [그저] 뜰 가운데 나열해 있고 황제는 높은 자리에 팔짱을 끼고 앉아 형벌을 결단함에 있어 절대로 [관리들과] 의논함이 없이 한마디로 결정해버리니, 무고한 형벌이 많아 본받을 것이 못 된다[4]

라고 하면서 노골적으로 홍무제를 비난하기도 했다.

그런데 신료들도 정치적 논쟁에서 홍무제의 권위를 등에 업기 위해 상황에 따라 그의 엄벌주의를 자의적으로 끌어와 이용하곤 했다. 왕의 총신을 탄핵할 때나 정적을 공격할 때는 홍무제의 엄벌주의 사례가 유리하므로 그것을 자기 편의에 따라 해석해 인용하면서 상대방을 엄벌에 처하라고 목소리를 높였다.[5] 국왕이 대명률(大明律)에 해당 조문이 없다는 이유를 들어 처벌을 미룰 때에는 어찌 대명률의 근거에 구애되어 처벌을 하지 않는가라고 지적함으로써,[6] 강력한 처벌을 촉구했다. 그런데 국왕이 대

---

3 『세종실록』 112권 28년 5월 20일 정해.

4 『세종실록』 58권 14년 11월 3일 무오. "上曰 [……] 高皇帝謂 元朝委事中書等官終以失御 卽以千官萬機 親自裁決 是將何術以處之乎 許稠曰 臣觀上國之事 不可則效者多矣 六部官吏 羅立庭中 皇帝高拱如天 至於刑決 絕無擬議 一言決了 不知幾人無辜受戮 是不可取法也 [……]"

5 『연산군일기』 6권 1년 6월 27일 무인; 『중종실록』 85권 32년 10월 27일 계유.

6 『성종실록』 46권 5년 8월 16일 무술. "[……] 院相洪允成對曰 人之罪犯無窮 而律令有限 自古隨情 低昻比律用之 大明律高皇帝一時之令耳 何必一一當律然後定罪 臺諫之言誠然."

명률에 없는 조목으로 관료를 처벌하려는 경우에는 양반 전체 사회의 이익을 대변하는 차원에서 법전에 없는 내용으로 처벌하는 것이 잘못임을 강조함으로써,[7] 홍무제의 대명률에 큰 권위를 부여하는 이중적 태도를 취하기도 했다. 그런데 이런 해석은 홍무제의 형벌이 매우 자의적이고 초법률적이었던 점을 은근히 감춘 것으로, 각자의 입장과 상황의 편의에 따라 해석을 달리한 자기중심적인 적용이었다.

한편, 유학자들에 대한 홍무제의 매우 고압적인 태도와 대우는 명나라뿐만 아니라 조선에서도 비난의 대상이었다. 군사력보다는 유학자들에 의한 문치가 전통적으로 우세하던 조선사회에서 이러한 평가는 매우 당연했다. 특히 성리학 지상주의가 점차 심화되던 16세기 후반에 이르면, 유학자에게 가혹했던 홍무제는 노골적으로 비난의 표적이 되었다.

주지하듯이, 홍무제는 유학의 성현인 맹자와 주희(1130~1200)를 서슴없이 비판한 인물이었다. 뿐만 아니라, 유학자들을 선비로 특별히 대우하지도 않았다. 심지어, 관직의 제수를 받고도 부름에 즉각 응하지 않고 기피하는 유학자들의 '오만한' 성향을 미워해, 관직의 제수를 고사하는 경우에는 사형에 처할 수 있는 법을 제정해 실행하기도 했다. 홍무제가 유학을 장려하고 유학자들을 중용한 적도 있었지만, 그것은 그가 진정으로 유학을 흠모해 유학자를 우대하려는 의도였다기보다는 하나의 표면적인 회유책에 지나지 않는 것이었다.[8]

바로 이런 점들 때문에, 성리학 지상주의를 외쳤던 조선의 양반엘리트

7 『명종실록』 12권 6년 12월 6일 기미. "義禁府堂上 鄭世虎 · 安玹 · 沈通源 啓曰 律者高皇帝所定 祖宗朝遵用已久 臣等非惜一書生也 特以祖宗金石之典 宜守勿替 故煩瀆更啓 上不允 世虎等又啓曰 [……]"

8 John D. Langlois, Jr., "The Hung-wu reign, 1368~1398," *The Cambridge History of China*, Vol. 7(New York: Cambridge University Press, 1988), pp. 150~152.

들은 유학자들에 대한 홍무제의 고압적인 태도를 노골적으로 비난했다. 한 예로, 16세기의 유학자 유희춘(1513~1577)은 주희를 비판한 홍무제를 일컬어 선비들을 미워한 진시황과 시기심이 많았던 수문제(r. 581~604)의 습성을 모두 갖춘 군주라고 지목하면서 노골적으로 비난했는데,[9] 조선의 왕들 중에서 이에 대해 이의를 제기한 인물은 없었다. 이런 점 또한 조선 국왕의 위상과 관련해 중요한 시사점을 던져준다. 이를테면, 조선의 국왕은 비록 세습 군주제에 의해 즉위를 하지만, 어떤 면으로는 지배양반층을 대표하는 '프레지던트'와도 유사한 면이 있었다고 할 수 있을 것이다.

그러나 다른 한편으로, 신하들은 홍무제가 전쟁을 수행하는 와중에서도 유사(儒士)를 예로써 대우했다거나, 그가 천하를 차지할 수 있었던 것은 바로 문(文)을 치국의 근본으로 삼았기 때문이라는[10] 아전인수식 해석을 내세워, 국왕으로 하여금 홍무제를 본받아 유학을 장려하고 유학자들을 대우해야 한다는 궤변을 늘어놓기도 했다. 또한 군대에 편입된 유생을 홍무제가 군역을 면제시켜 돌려보낸 일화를 자의적으로 일반화하여, 조선의 국왕도 모든 유생을 군적에서 제해줌으로써 숭문(崇文)의 의지를 보일 것을 경연에서 강조하기도 했다.[11]

심지어, 당시 명나라에서 여씨향약(呂氏鄕約) 등을 기초로 삼아 시행되고 있던 유향소(鄕約所) 제도가 마치 오로지 홍무제의 가르침에 그 뿌리를

9 『선조실록』 6권 5년 12월 19일 신미. "[……] 上曰 大明高皇帝 每排?朱子之說 其意如何(柳希春)對曰 高皇帝有秦皇惡儒之習 兼隋文猜忌之性 其妄詆朱子立言 所謂自聖而謂人莫之若也 上曰 高皇帝不取孟子 其意必有所在 [……]" 같은 내용은 『眉巖先生集』 권16 「經筵日記」 壬申 기사에서도 확인된다. 이 책에서는 한국고전번역원 온라인 공개 자료를 참조했다.

10 『중종실록』 47권 18년 2월 28일 기해.

11 『명종실록』 17권 9년 9월 12일 경술. "[……] 檢討官尹毅中曰 [……] 以業文之儒 編於行伍 豈不爲明時之大欠乎 大明高皇帝時 有一儒生 編於軍卒 有司請令赴行陣 高皇帝曰 得一儒士而失一軍卒 何害 卽令解伍 高皇帝時 去古遠矣 而尙有如此之政 此後王所當法也 [……]"

두고 있는 것처럼 해석함으로써,[12] 그 권위를 빌리고자 했다. 요컨대, 홍무제의 권위를 무조건 부정할 수 없었던 조선의 현실에서 유학의 장려와 유학자에 대한 우대를 국왕에게 강조하는 과정에서, 양반엘리트들은 자신들이 크게 미워하던 홍무제의 권위조차 십분 활용하기 위해 홍무제가 마치 재위 기간 내내 국가 차원에서 유학을 장려하고 유학자들을 우대했던 것처럼 자의적인 해석을 가했던 것이다.

이런 자의적인 해석은 홍무제의 불교정책에 대한 평가에서도 쉽게 찾아볼 수 있다. 주지하듯이, 조선을 건국한 주체세력은 불교를 비판하고 새 이념으로 유교를 택하고 유교지상주의를 천명한 자들이었다. 특히, 16세기 후반에 이르면 주자학 이외의 모든 학문과 사상을 이단으로 배격하는 사회풍조가 이미 굳어지고 있었다.[13] 조선에서 양명학이 일찌감치 이단사설로 규정된 것은 당시 조선의 사조를 알려주는 단적인 예이다. 따라서 조선사회에서 불교가 사설(邪說)로 규정된 것은 당연한 결과였다. 실제로, 조선의 양반 유학자들은 승려들을 조정에 등용했던 홍무제에 대해 기본적으로 비판적인 시각을 갖고 있었다. 중국 왕조들의 운명이 오래 가지 못한 이유를 불교의 지나친 숭상 때문으로 꼽을 정도였다.[14] 그런데 다른 한편으로는, 홍무제가 젊어서 승려 생활까지 직접 해본 적이 있음에도 불구하고, 또한 재위 후반기에는 유교보다는 불교 쪽으로 많이 기울었음에도,[15] 그가 불교에 힘써 나라를 잘 다스렸다는 말을 들어본 적이 없다고

12 『선조수정실록』 8권 7년 11월 신미.

13 Martina Deuchler, "Reject the False and Uphold the Straight: Attitudes Toward Heterodox Thought in Early Yi Korea," in Wm. Theodore de Bary and JaHyun Kim Haboush, ed., *The Rise of Neo-Confucianism in Korea*(NewYork: Columbia University Press, 1985).

14 『세종실록』 50권 12년 11월 12일 기유.

15 John D. Langlois, Jr., "The Hung-wu reign, 1368~1398," *The Cambridge History of*

했다는 한마디 말을 근거로 삼아 국왕에게 불교 배척을 역설하기도 했다.[16]

이렇듯, 다분히 이율배반적인 해석이 가능했던 것은 조선의 정치 현실에서 명나라의 중요성 및 그 건국자인 홍무제가 차지하는 비중을 무시할 수 없었기 때문이다. 조선 조정에서는 어떤 논쟁이 있을 때마다 대개 자신에게 유리한 중국의 사례를 인용함으로써 입장을 강화하는 것이 상례였는데, 그런 과정에서 홍무제의 권위가 수시로 이용되었던 것이다. 실제로, 조선의 정치무대에서 홍무제가 가졌던 권위는 대단했다. 왕조의 안위와 문화적 발달을 명나라와의 조공책봉 관계를 통해 추구하던 조선의 왕과 지배엘리트들이 바로 그 명나라를 건국한 홍무제의 권위를 인정하지 않을 수 없었기 때문이다. 특히 고려왕조 내내 왕권이 귀족들에게 크게 눌렸던 것을 익히 알고 있던 조선의 왕들은 명 황제로부터 책봉을 받은 제후임을 강조함으로써 명 황제의 후광을 등에 업고자 했다. 다른 말로, 양반들을 힘으로 누를 수 없는 형편이라면 차라리 그들의 대표자임을 받아들이되 천자라고 하는 보다 상위의 외부 권위에도 아울러 의존함으로써 왕권을 튼튼히 하고자 했던 것이다.[17]

왕실의 전통적인 의전 절차 중에서 제후로서 행해서는 안 되는 격식들

China, Vol. 7(New York: Cambridge University Press, 1988), pp. 146~148.

16 『명종실록』 13권 7년 9월 12일 신묘. "[……] 知經筵事申光漢曰 普雨之事 至爲駭愕 雖前朝之遍照 何以加此乎 以雨若無材幹 則何以脅制朝廷 使不言己罪乎 若以僧爲不足數也 則大明高皇帝 本是僧人 竟聚徒衆 北定中原 此事明在本國詔書 非虛語也 又況高皇帝曰 佛教非眞 不足爲尙 此亦明驗也 [……]"

17 비슷한 예는 중종(r. 1506~1544)이 명의 가정제(r. 506~1544)를 대하던 태도에서도 쉽게 찾아볼 수 있는데, 보다 상세한 논의는 Seung B. Kye, "Huddling under the Imperial Umbrella: A Korean Approach to Ming China in the Early 1500s", *Journal of Korean Studies*, Vol. 15, No. 1(Society for Korean Studies, 2010) 참조.

을 왕이 스스로 철폐한 사실은 그 좋은 예이다. 조선의 왕으로서는 처음으로 명 황제로부터 고명과 인신을 받았던 태종(r. 1400~1418)은 종묘의 제사 때 주요 임무를 맡는 대위(太尉) · 대상(太常) · 광록경(光祿卿) 등의 직책은 모두 천자의 의전에 따라 만들어진 벼슬이니, 제후의 제의(祭儀)에 맞도록 스스로 강등해 재조정하도록 명했다.[18] 그는 제천례는 천자만의 고유 권한이며 제후는 영토 내의 산천에 제사해야 한다는 사대의 의리를 내세워, 신료들의 요청에도 불구하고 끝내 제천의식을 행하지 않았다.[19] 태종의 이러한 태도는 이후의 왕들에게도 그대로 답습되었으며, 시간이 흐르면서 새로운 전통이자 의전으로 자리를 잡았다.

태종의 뒤를 이어 즉위한 세종(r. 1418~1450)은 한발 더 나아가 국왕이 착용하는 모자의 형식마저 같은 취지에서 바꾸었다. 고려 때부터 국왕들이 줄곧 써오던 고정립(高頂笠)을 없앤 것은 그 좋은 예이다. 고려의 전통에 따라 왕이 고정립을 그대로 써야 한다는 신료들의 주장에 대해, 세종은 고정립은 홍무제가 즐겨 착용한 탓에 일명 홍무립(洪武笠)이라고도 불리는데 조선의 왕이 어찌 옛 전통 때문에 감히 홍무립을 쓸 수 있겠는가라고 하면서 끝내 거부해 관철시켰던 것이다.[20]

결국, 조선의 지배층은 명나라와 맺은 각별한 조공책봉 관계로 인해, 그 건국자인 홍무제에 대한 평가에 있어서 일정한 제약을 갖고 있었다. 실제로는 홍무제의 전제정치나 유학자들에 대한 고압적인 자세 등을 이유로 그를 본받아서는 안 될 군주로 평가하면서도, 상황에 따라서는 그의

---

18 『태종실록』 19권 10년 4월 1일 정유.

19 『태종실록』 34권 17년 12월 4일 을유.

20 『세종실록』 62권 15년 11월 13일 임진. "上引見安崇善曰 許稠曾請毋着唐體高頂笠 從俗着高頂笠 然高頂笠 高皇帝之笠 謂之洪武笠 高皇帝子孫不用其笠 而今改之 本國敢循舊笠 而不改可乎 稠言不可取也."

권위에 힘입으려는 경향을 보였던 것이다. 아울러, 홍무제에 대한 평가가 왕과 신료들 사이에서 차이를 보인 것은 철권을 휘둘렀던 홍무제의 정치를 보는 관점에 있어서 왕과 신료들 사이에 기본적으로 항상 존재할 수밖에 없는 입장 차이를 반영해주는 당연한 결과였다. 또한 그럼에도 불구하고 대체로 왕들이 결국에는 신료들의 해석에 수긍하고 따랐던 점은 태종과 세조를 제외하고는 조선전기 국왕들의 위세가 그다지 강하지 않았음을 시사해준다고도 할 수 있다.

2. 대보단 확대 논의의 양상과 홍무제

이런 현상은 조선후기에도 그대로 이어졌다. 영조로 대표되는 국왕들이 대체로 홍무제의 사례를 들어 군신분의(君臣分義)를 강조한 반면에, 신료들은 홍무제의 사례는 오랑캐인 몽골의 풍습을 일소하기 위한 예외적인 것이었으니 후세의 상법(常法)으로 인정할 수 없다는[21] 입장을 고수하는 태도를 보였다. 이러한 입장 차이는 왕권 강화에 주도면밀하게 집착했던 영조의 재위 초기에 발생한 한원진(1682~1751)의 상소 건으로 한 차례 고비를 맞게 되었다.

대간에서 영조의 탕평책을 노골적으로 비판하는 합계를 올리자, 영조는 크게 노해 주동자인 노론계열의 두 대간을 체직시켰다. 그런데 이 과정에서 영조가 신하로서 임금 보기를 원수같이 한다는 말을 했다는 이유로 맹자를 출향(黜享) 조치한 홍무제를 찬양하고, 만일 맹자조차도 말 한마디로 출향시킨 홍무제가 여전히 용상에 있다면 지금의 신하들은 모두

21 『효종실록』 8권 3년 4월 18일 기미.

시역(弑逆)의 죄를 면치 못했을 것이라고 말한 것이[22] 빌미가 되어 문제가 확대되었다. 영조의 말을 전해들은 한원진은 장문의 상소를 올려 영조의 그 말을 나라를 망칠 말이라고 단정하고, 홍무제가 맹자와 주자 같은 유현을 경멸하고 이설(異說)을 조장했기 때문에 결과적으로 명나라가 망하게 되었다는 역사관을 피력했다. 아울러, 왕이 성현을 경시한다면 하늘도 왕을 보우하지 않을 것이라는 극언도 서슴지 않았다.[23] 이는 곧 유신(儒臣)을 대우하지 않는 왕은 왕의 자격이 없다고 왕의 면전에서 대놓고 천명한 셈이었다.

이에 대한 영조의 진노 또한 대단했다. 그러나 한원진의 이름을 경연관의 후보 명단에서 영원히 삭제하도록 명한 것이[24] 영조가 내린 유일한 조치였다. 그런데 이것은 한원진을 등용하지 않겠다는 것이었을 뿐, 형벌은 아니었다. 영조가 한원진을 처벌하지 않은 (또는 못한) 것은 당시 조선의 정치 · 사상계에서 큰 비중을 차지하던 한원진을 힘으로 누를 경우에 야기될 수 있는 양반지식인 사회의 동요를 우려했기 때문이었을 것이다.

실제로, 영조는 자신의 왕권을 노골적으로 부정한 한원진을 직접 공격

---

22 『영조실록』 29권 7년 4월 13일 을사. "[……] 上曰 有君有臣 當有賞有罰 [……] 以合啓事疏陳可也 而必以合啓張大者 其意巧密 非李光運鄭弘濟所獨辦 必有指使之人 予則以爲其心無將也 閉閤之後 敢爲此擧 眞視君若無者 明太祖以臣視君一言 黜孟子之享 剛大氣像 心常欽仰 使明祖視今日群下 則俱難免無將之罪矣 [……]"

23 『영조실록』 29권 7년 6월 27일 무오. "前主簿韓元震上疏 略曰 [……] 竊聽道路所傳 殿下於筵中 以皇明太祖欲廢孟子之從享 爲不非 遠外流聞 雖不必其眞的 或有一毫近似 則不幾於一言喪邦乎 孟子之賢 自漢以下 尊尙甚至 而太祖高皇帝 遽加非斥 因此益輕 諸儒目朱子以迂闊老儒 又親自論著 破其經說 其始之所以爲訓者如此 故終皇明之世 道術不明 異端紛起 義理日晦 習俗大壞 以儒名者 動必立異 程朱凌駕聖賢 馴致世道淪喪 禍亂乘之 其禍之酷 殆有甚於西晋之淸談 此雖非太祖之所預料 其流弊所自 則不能無百世之追歎 [……]" 이 상소문은 『南塘先生文集』 권4 「疏」, 「辭召命 兼附所懷疏」에서도 확인된다. 이 책에서는 한국고전번역원 온라인 공개 자료 참조.

24 『영조실록』 29권 7년 7월 8일 기사.

하지 못했다. 그는 맹자를 비난하는 말을 한 적이 없다는[25] 식으로 한발 물러서서 자신을 먼저 방어하는 태도를 취했다. 또한 10여 년 후 한 경연 석상에서 이때의 일을 회상하면서 영조는 한원진에 대해 자신을 무함한 것보다는 홍무제를 무함한 것이 더 큰 문제라는 식으로 논점을 바꾸어 한원진을 공격했다. 자신에 대한 비판은 감수할 수 있을지언정 홍무제를 무함함으로써 존주(尊周)의 의리를 손상시킨 행위는 묵과할 수 없다는[26] 논리를 세웠던 것이다. 요컨대, 영조는 자신이 국왕이면서도 일개 신하인 한원진을 공격하기 위해 홍무제의 권위를 빌리려 했던 것이다. 즉, 영조는 홍무제의 권위에 힘입어 자신의 권위를 세우려 했던 것이며, 홍무제의 권위가 조선에서 이처럼 막강했던 이유는 그가 바로 명나라의 건국자로서 조선의 존명의리(尊明義理), 곧 존주의리 이데올로기와도 직결되어 있었기 때문이다.

실제로, 이미 1741년(영조 17)에 대보단 제례의 각종 격식에 대해 꼬치꼬치 물음으로써[27] 깊은 관심을 표명하기 시작한 영조는 존명의리의 상징으로 이미 조선의 정치무대에 설치되어 있던 대보단의 권위에 홍무제의 권위를 더함으로써 시너지효과를 극대화하려 꾀했다. 이것이 바로 기존의 만력제에 더하여 홍무제와 숭정제를 대보단에 추향(追享)하려는 의지로 표출되었던 것이다. 그렇지만 그 과정에서 신료들의 거센 반대에 부

---

25 『영조실록』 29권 7년 6월 27일 무오. "[……] 金尙星曰 以殿下尊聖衛道之誠 豈有如元震疏中語 此傳之者誤也 然以訛傳訛 若謂以聖上不尊孔孟云爾 則關係亦不小矣 上曰 予旣無言 何關於予 而韓元震 以皇明太祖 與孟子互擧 敢作別般義理 僭妄甚矣 [……] 予之前日下敎 所以欲嚴君臣之義 非有他意 則反爲怪說 轉相流傳 助成風波 漸不可長 [……]"

26 『영조실록』 57권 19년 3월 27일 신사. "上行晝講 [……] (朴)弼周又曰 [……] 臣與韓元震 素未相識 然蓋聞粹如之人也 多年錮棄 處分過中矣 上曰 卿云元震粹如者果是矣 第多氣不沈靜人也 孟子草芥之說 似欠蘊藉 專攻予身則可矣 乃及於高皇帝 豈不傷尊周之義乎 [……]"

27 『영조실록』 53권 17년 2월 27일 임술.

뒤혔고, 그에 따른 논쟁을 통해 영조의 의도는 더욱 분명하게 드러났다.

일단, 숭정제의 배향은 신료들의 큰 반대 없이 쉽게 결정되었다. 왜냐하면 조선 조정이 남한산성에서 절체절명의 위기에 처해 있었을 때 숭정제가 조선을 구하기 위해 병력을 출동시킨 사실이 당시 조선에 갓 입수된 『명사』(明史)를 통해 새로 알려졌기 때문이다. 비록 구원병이 조선까지 이르지는 못했지만 구원병 파견을 명령한 것은 자식을 사랑하는 지극한 은혜라는 인식에 대부분의 신료들이 수긍했던 것이다.[28] 또한 숭정제는 이자성(1606~1644)의 반군이 북경에 무혈로 입성하던 날 자결했으므로, 명의 멸망을 애도하는 데에도 숭정제의 죽음이 갖는 상징성은 지대했다. 그렇기 때문에 송시열계 노론 인물들이 화양동에 세운 만동묘에 배향된 두 황제도 만력제와 숭정제였다. 따라서 숭정제의 대보단 추향은 존명의리라는 국가 이데올로기뿐만 아니라 대보(大報)의 취지에도 잘 들어맞았기에, 그의 추향은 비교적 쉽게 결정될 수 있었다.[29]

그러나 홍무제 배향에 대해서는 신료들의 의견이 분분한 가운데 반대 목소리가 압도적이었다. 반대 근거의 핵심은 ① 옛 경전에 상고할 만한 전례가 없는 점, ② 홍무제가 조선에 대해 특별한 은혜를 베푼 것이 없는데도 그를 추향한다면 대보(大報)의 실천을 목표로 삼은 대보단의 설립

---

28 『영조실록』 69권 25년 3월 14일 임술. 한편, 『명사』의 해당 기사는 『明史』 320, 列傳 208, 外國 1, 朝鮮, "[崇禎]十年正月 [……] 朝鮮告急 命總兵陳洪範調各鎭舟師赴援 三月 洪範奏官兵出海 越數日 山東巡撫顔繼祖奏屬國失守 [……] 帝以繼祖不能協圖匡救 切責之 [……]" 참조.

29 숭정제의 합향(合享)에 대한 상세한 논의로는 구와노 에이지(桑野榮治), 「조선 小中華 의식의 형성과 전개: 大報壇祭祀의 정비과정을 중심으로」, 박충석 · 와타나베 히로시 편, 『국가이념과 대외인식, 17~19세기』(아연출판부, 2002), 156~160쪽; 이근호, 「영조의 명 태조 이해와 皇壇竝祀」, 박한남 외, 『조선시대의 정치와 제도: 조선시대 양반사회와 문화 2』(집문당, 2003), 481~485쪽; 김호, 「영조의 대보단 증수와 明三皇의 享祀」, 『韓國文化』 32(서울대학교 규장각 한국학연구원, 2003), 183~186쪽 참조.

취지에 어긋나는 점, ③ 대보단을 세우던 숙종 때에도 홍무제 배향 논의는 없었던 점 등이었다. 심지어, 대보단에 홍무제를 배향한다면 그것은 전례(典禮)를 욕되게 하는 일이라는 극언이 나올 정도였다. 이런 반대론을 주도한 자들은 좌의정 조현명(1690~1752), 판돈녕부사 이기진, 호조판서 박문수(1691~1756), 교리 김선행 등을 꼽을 수 있으며, 이밖에 기사관 채제공(1720~1799), 우참찬 서종급(1688~1762), 병조판서 김상로(1702~1766), 사직 윤급(1697~1770), 응교 김상철(1712~1791), 수찬 윤동도(1707~1768), 수찬 이규채(1703~?) 등도 어전에서 반대 의사를 분명히 밝혔다.[30]

반면에, 찬성론을 이끈 대표적인 인물은 바로 영조였는데, 그의 핵심 논지는 ① 만력제가 조선에게 재조(再造)의 은혜를 베풀었다면 홍무제는 대조(大造)의 은혜, 즉 조선의 국호를 정해주는 등 창업을 승인하고 도왔으니 역시 대보의 대상이라는 점과, ② 명의 황제들을 위한 향불이 중원에서 이미 끊어졌으므로 비록 제후(조선국왕)일지라도 의리상 직접 제사할 수 있다는 점이었다. 이 논쟁에서 영조의 뜻을 따라 찬성 의견을 피력한 자는 좌참찬 원경하(1698~1761), 승지 김상신(?~?), 응교 황경원(1709~1787), 공조판서 조관빈(1691~1757) 등이었으며, 당시 승지와 사관들도 모두 찬성을 표했다. 그런가 하면, 영의정 김재로(1682~1759)와 이조판서 정우량(1692~1754)은 찬반을 분명히 하지 않은 채, 조정의 여러 의견을 들어봐야 한다는 신중론을 폈다.[31]

---

30 『영조실록』 69권 25년 3월 23일 신미.

31 『영조실록』 69권 25년 3월 23일 신미. 홍무제의 병사(竝祀)를 둘러싼 조정의 찬반양론에 대해서는 이근호, 「영조의 명 태조 이해와 皇壇竝祀」, 박한남 외, 『조선시대의 정치와 제도: 조선시대 양반사회와 문화 2』(서울: 집문당, 2003), 485~489쪽; 김호, 「영조의 대보단 증수와 明三皇의 享祀」, 『韓國文化』 32(서울대학교 규장각 한국학연구원, 2003)도 아울러 참조.

찬성론자들과 반대론자들의 정치색을 보면, 반대론의 선두주자였던 조현명 · 박문수 · 채제공 등이 모두 소론계열의 청류(淸流)였고, 나머지 반대론자들도 대개 당색을 초월해 당시 정치무대에서 영조의 탕평책에 비판적이던 이른바 청류들이라는 점이 눈에 띈다. 반면에, 원경하가 대표한 찬성론자들은 대개 영조의 탕평책에 동조했던 소위 탕평파(蕩平派) 인물이었다.[32] 요컨대, 삼황의 대보단 합향 여부 논의는 소수의 탕평파가 영조에 동조한 반면에, 다수의 청류계열 신료들이 반대하는 형국으로 전개되었던 것이다.

한편, 위에 정리한 표면적인 찬반양론의 논쟁 뒤에는 실제 이유가 따로 숨어 있었다. 영조의 단호한 의지는 그동안 영조 스스로 군신분의(君臣分義)를 누차 강조하며 홍무제의 업적을 찬양해온 사실과 밀접한 관련이 있었다. 그는 전제군주로 잘 알려진 홍무제를 대보단에 향사함으로써 왕의 권위를 상징적으로 부각시키려 했고, 영조의 속셈을 충분히 간파한 신료들 입장에서는 폭군에 가까운 홍무제를 대보단에 추가로 배향할 하등의 이유가 없었던 것이다. 조선 건국 이후 줄곧 이어져 내려온 홍무제에 대

32 숙종이 전격적인 환국을 반복함으로써 왕권 강화를 꾀한 것과는 달리, 영조는 여러 정파의 탕평론을 두루 수용해 조합하는 탕평책을 구사함으로써 양반사회의 폭넓은 지지를 얻고자 했다. 그러나 숙종 대를 거치면서 이미 감정의 골이 깊어진 정파들 중에는 영조의 탕평책에 노골적으로 반대하는 자들이 많았다. 심지어 같은 붕당 내에서도 의견이 분분해, 당색을 초월해 청류(淸流)라는 그룹으로 묶인 사람들이 대개 영조의 탕평책에 반대하는 입장을 취했다. 영조 대의 탕평책 관련 연구로는 鄭萬祚, 「英祖代 初半의 蕩平策과 蕩平派의 活動: 蕩平基盤의 成立에 이르기까지」, 『震檀學報』 56(진단학회, 1983); 朴光用, 「蕩平論과 政局의 變化」, 『韓國史論』 10(서울대학교 국사학과, 1984); 李熙煥, 「英祖代 蕩平策의 실상(上 · 下)」, 『全北史學』 16·17(전북대학교 사학회, 1993 · 1994); 李根浩, 「英祖代 蕩平派의 形成과 閥閱化」, 『朝鮮時代史學報』 21(조선시대사학회, 2002); 최성환, 「영조대 후반의 탕평정국과 노론 청론의 분화」, 『역사와 현실』 58(한국역사연구회, 2004); 김백철, 「朝鮮後期 英祖의 蕩平政治 硏究: 續大典의 編纂과 百姓의 再認識」(서울대학교 박사학위논문, 2009) 등을 참고할 수 있다.

한 상반된 평가가 이 논쟁의 배후에서 강력하게 작용했던 것이다. 그렇지만 조선의 지배엘리트들이 존명의리 이데올로기를 중시하고 강조하는 한, 바로 그 명나라의 건국자인 홍무제를 비판하는 데에는 일정한 한계가 있을 수밖에 없었다. 따라서 그의 추향 여부 문제를 놓고 왕의 뜻에 정면으로 맞서면서까지 끝까지 반대하기는 어려웠다.

실제로 영조의 의지는 매우 단호했다. 다수 신료들의 반대에 부딪히자, 영조는 회의를 잠시 물린 뒤 밤 2경쯤 집서문(集瑞門) 밖에 나와 앉아서 대신과 여러 신료들을 다시 소집했다. 그 자리에서 영조는 교리 김선행을 지목해, 숙종이 갑신년(1704)을 맞아 감회에 젖어 쓴 어제시(御製詩) 4수를 낭송하도록 명했다. 그 가운데 셋째와 넷째 시는 다음과 같다.

> 고황제[홍무제]는 우리에게 조선 국호를 하사하셨고,
> 병화가 참혹하던 임진 · 계사년(1592~1593)에 누가 [우리를] 재조해주었나.
> 제후의 법도를 삼가 지키기 300년이니,
> 하늘과 같은 성덕을 어찌 다 갚으리.
>
> 외로운 성[남한산성]에 달무리 지던 해를 어찌 차마 말하랴.
> 이로부터 다시 천자에게 조회하지 못했도다.
> 슬프다! 갑신년이 이미 돌아왔건만,
> 고국에는 향사를 받들 사람이 없도다.[33]

33 『영조실록』 69권 25년 3월 23일 신미. "高皇錫我朝鮮號 禍慘龍蛇孰再造 侯度恪謹三百年 如天聖德若何報" 및 "忍道孤城月暈年 自茲不得更朝天 痛哉申年已周六 故國無人薦豆籩."

이 시가 낭송되는 내내 영조는 바닥에 부복한 채 눈물을 흘렸는데, 이 시를 여러 신하들 앞에서 읽게 한 이유는 자명하다. 홍무제가 조선이라는 국호를 내려주었고 그것은 재조의 은혜에 버금가는 크나큰 은혜이므로 힘써 보답해야 한다는 내용이 숙종의 어제시 안에 분명하게 들어 있으니, 신료들 앞에서 그것을 권위 있는 증거로 제시하려 했던 것이다. 그렇게 함으로써, 홍무제의 은혜를 갚아야 하는 당위성을 선왕인 숙종의 권위를 끌어와 분명히 밝힌 셈이었다.

이에 더해, 영조는

> 오늘 여러 신하들이 고황제[홍무제]를 대보단에 함께 제사하는 것을 매우 온당하지 못하다고 여기는데, 300년 황조의 은혜를 망각한다면 어찌 그르지 아니한가? 나의 뜻이 벌써 정해졌으니 각자 소견을 진달하라[34]

고 하여, 자신의 의지가 이미 확고부동함을 천명하고는 이제 다시 각자의 의견을 밝히라고 다그쳤다. 이는 한편으로는 반대론에 대해 반박하는 증거를 제시하고, 다른 한편으로는 국왕인 자신이 생각을 바꿀 마음이 추호도 없음을 강력하게 드러냄으로써 반대론자들을 굴복시키겠다는 강한 의지의 표현에 다름 아니었다.

이런 분위기에서는 이제 누구도 끝까지 반대할 수 없었다. 가장 앞장서서 반대론을 이끌었던 조현명과 김선행조차도 왕의 뜻이 이미 굳어졌으므로 더 이상 할 말이 없다는 식으로 논의를 회피했다. 다른 신료들은 이

34 『영조실록』 69권 25년 3월 23일 신미. "[上曰] [……] 高皇帝神皇帝功德恩義 有所較量於筵中 思之凜然 此予不忠也 今日諸臣 以竝祀高皇於大報壇 謂甚未穩 忘却三百年皇朝之恩 豈不非乎 予意已定 各陳所見."

를 나위도 없이 영조의 뜻이 합당하다는 식으로 의견을 내었다. 결국, 이런 과정을 거쳐 영조의 뜻대로 홍무제와 숭정제를 대보단에 합향하게 되었던 것이다.

그런데 숭정제의 합향 결정(3월 14일)이 확정된 이후에 며칠 시간을 끌다가 영조가 홍무제 합향 문제를 발론하고 전격적으로 결정한(3월 23일) 것은 그의 꼼꼼한 계산에 따른 의도로 보인다. 영조가 신료들의 반발이 거의 없을 숭정제 합향을 먼저 결정한 뒤에 그 여세를 몰아 홍무제의 합향 문제를 해결하려고 꾀했을 가능성이 매우 높아 보이기 때문이다. 실제로, 숭정제 합향 결정에 따라 3월 22일에 기존의 대보단 철거작업을 시작했는데,[35] 바로 그 다음날 종일토록 밤이 깊도록 영조와 신료들이 홍무제 합향 문제로 대립하다가 끝내 영조의 의도대로 결정이 된 점을 고려하면, 대보단 개수(확장) 작업을 미리 시작해놓고 그 분위기를 몰아 홍무제의 합향 문제를 발론한 영조의 노련한 의도가 돋보인다는 것이다. 어쨌든, 이런 과정을 밟아 대보단에 새로 추향된 두 황제 중에서 핵심 인물은 어디까지나 홍무제였고, 숭정제는 홍무제를 합향하기 위해 구색을 갖춘 들러리에 가까웠다고 할 수 있다.

그런데 이러한 표면적인 찬반 논의 뒤에는 또 다른 동기가 숨어 있었으니, 영조는 명 황제에 대한 제사를 자신의 주도하에 집행하겠다는 의지를 가지고 있었다. 대보단 설치보다 앞서 송시열 등이 주축이 된 노론계열의 의리론자들은 독자적으로 만력제와 숭정제의 가묘(假廟) 건립을 계획했으며, 송시열이 죽은 뒤 그를 모신 화양동서원 근처에 실제로 가묘를 세우

35 『大報壇增修所儀軌』 時日. "舊壇撤毁始役 三月二十二日卯時 [……] 親臨望位禮 省牲省器 四月初十日 [……]" 이 책에서는 서울대학교 규장각한국학연구원, 『大報壇增修所儀軌』(민창사, 2008), 43~44쪽을 참고했다.

고 그것을 만동묘라고 이름 붙였다. 그 결과, 명 황제에 대한 제사는 대보단에서 왕이 올리는 공식적인 제사와 만동묘에서 올리는 사적인 제사로 처음부터 양분되어 있었다. 그렇다고 해서 대보단과 만동묘 사이에 어떤 마찰이 있었던 것은 아니다. 왜냐하면, 앞의 2장에서 살폈듯이, 숙종의 대보단 설치 계획을 지지하고 그 과정에서 주도적 역할을 한 인물들이 대개 만동묘 건립을 추진하던 노론계열이었기 때문이다.

영조 대에도 이런 관계에 근본적인 변화가 발생하지는 않았다. 그러나 홍무제의 추향에 반대하는 신료들과의 논쟁 중에 영조가

> 선정신(송시열)은 일개 배신의 신분으로도 두 황제에게 제사를 지냈는데, 번국의 왕이 세 황제를 제사함에 무슨 불가할 것이 있겠는가?[36]

라고 일갈한 말 속에는 명 황제를 기리는 제례의 주도권을 국왕인 자신이 확실히 장악하겠다는 의지가 분명하게 들어 있었던 것이다.

실제로, 숙종이나 영조 같은 조선후기의 국왕과 신료들은 모두 존명의리를 강조하면서도 그 표현 방식을 독점하기 위해 서로 경쟁했다. 앞서 설명했듯이 대보단의 건립을 적극 지지한 송시열 계열의 노론조차도 홍무제의 대보단 향사를 반대했음은 물론이고, 그들이 건립한 만동묘는 시종일관 만력제와 숭정제만 제사했을 뿐, 홍무제의 추향 가능성에 대해서는 논의조차 한 바 없었다. 순조(r. 1801~1834) 연간에 존명의리와 관련된 사항들을 모아 편찬한 『대의편』(大義篇)에서도 홍무제를 모신 대보단 의례에 대해서는 비교적 상세히 조목별로 기술했음에도 불구하고, 만동묘에

---

36 『영조실록』 69권 25년 3월 23일 신미. "[……] 上曰 先正以東藩一陪臣 而祀二皇 予以東藩之王 并祀三皇 有何不可."

대한 설명에서는 홍무제에 대해 단 한마디도 거론하지 않았다.[37]

결국, 대보단 확장을 통해 드러난 영조의 의지는 그동안 영조 스스로 군신분의를 누차 강조하며 홍무제의 업적을 찬양해온 사실과 밀접한 관련이 있었다. 다른 말로, 대보단의 확대 · 강화는 국제 상황에 관계없이 명에 대한 충효의 의리를 영원히 지킨다는 존명의리 이념을 실천적으로 보여주는 조치였을 뿐만 아니라, 홍무제의 권위에 힘입어 국내 정치에서 국왕의 권위를 높이겠다는 영조의 특별한 정략이 담긴 조치였던 것이다.

그런데 바로 이런 이유로 말미암아 결과적으로 대보단의 성격은 달라질 수밖에 없었다. 즉 삼황(三皇) 가운데 애초의 취지와는 달리 만력제의 위상이 상대적으로 낮아지고 홍무제가 가장 높은 지위를 가짐과 동시에 가장 중요한 인물로 자리매김하게 되었기 때문이다. 이 책의 5장에서 보다 상세히 다루겠지만, 19세기 전반의 순조 때만 되어도 이미 조정 신료들은 대보단 제사가 홍무제 중심으로 이루어지는 것을 당연하게 받아들일 정도였다. 또한 홍무제의 합향은 대보단이 단지 재조지은에 대한 보은 차원만이 아니라, 명나라의 끊어진 제사를 조선의 국왕이 이어주는, 곧 조선이 명나라의 계승국이라는 의미로 바뀐[38] 셈이기도 하다.

3. 영조의 대보단

이런 변화의 실체를 보다 구체적으로 느끼기 위해, 먼저 영조가 거행한 친행의 빈도 변화를 간단히 살펴보자. 재위 원년인 1725년부터 대보단의

---

37 『大義編』, 附集 권1 『朝鮮事大斥邪關係資料集』 4(여강출판사, 1985), pp. 619~659.
38 이욱, 「조선후기 전쟁의 기억과 대보단 제향」, 『宗教研究』 42(한국종교학회, 2006), 150쪽.

확장이 있기 직전인 1748년까지 24년 동안 영조는 3월 상순에 행하는 대보단 춘향대제를 여섯 번 거행했다. 그 가운데 마지막 세 번은 1745년, 1746년, 1748년으로, 추가 배향이 있기 직전 5년 이내의 일이었다. 이는 영조가 대보단을 확대하기 몇 년 전부터 대보단 친행에 적극성을 보였음을 알려주며, 그의 이러한 태도가 홍무제와 숭정제를 새로 향사하고 대보단의 의미를 강화한 것과 관련이 있음을 시사해준다.

실제로, 이 세 사례를 제외하면 영조는 즉위 후 20년(1725~1744) 동안 단지 세 번(15%, 1734년, 1735년, 1738년)의 친행을 했을 뿐이다. 특히 즉위 후 첫 9년 동안에는 친향을 한 번도 거행하지 않았다. 이는 숙종 말년 때의 상황과 비슷한 것으로, 집권 초기 영조의 관심이 아직 대보단에까지는 미칠 겨를이 없었음을 시사해준다. 반면에, 홍무제와 숭정제를 향사한 1749년부터 영조가 한 번 이상 친행한 햇수는 27년 가운데 23년으로 무려 85%를 웃돌아 극명한 대조를 보인다.[39]

여기서 친행이란 국왕이 대보단 제례의 일환으로 친히 행하는 의례인 친향(親享), 망위례(望位禮), 또는 망배례(望拜禮) 등을 모두 포함하는 의식을 말한다. 친향은 국왕이 백관을 거느리고 대보단에 나아가 친히 제사를 주관하는 의식이기에 대제(大祭) 또는 친제(親祭)라고도 하는데, 대개 이레 전에 행하는 재숙(齋宿)과 서계(誓戒)에서부터 시작해 복잡한 절차와 과정을 거쳐 제사 당일의 삼경에 올리는 제사를 말한다. 망위례는 국왕이 대보단까지 나아가기는 하되, 정식 제사가 아니라 국왕이 제사용품과 희생제물을 살피고 단상의 위판을 향해 절을 올리는 의식으로, 이 의식의 바로 다음 단계가 이튿날 자시에 행하는 친향이다. 따라서 망위례를 거행했다는 기록만 있는 경우에는 대개 국왕의 친행을 이 선에서 마무리했음을 의미

39 영조의 대보단 친행 여부는 「皇壇年表」, 176~186쪽에서 확인할 수 있다.

한다. 망배례는 단에 나아가는 대신 궁궐의 숭정전(崇政殿)이나 명정전(明政殿)이나 인정전(仁政殿)의 월대(月臺)에서 대보단을 향해 4배를 한 세트로 삼아 두 차례 올리는 의식을 말한다.[40]

이 셋은 각기 정성이나 격식에서 다소 차이가 나기는 하지만, 국왕이 직접 거행한다는 넓은 의미에서 보자면 모두 친행의 범주에 들어간다. 이런 까닭에, 승지를 대보단에 보내 봉심(奉審)하도록 조치하는 것으로 제사에 갈음하는 경우에 비하면, 국왕이 직접 문무백관을 거느리고 나아가 올리는 친행에 정치적 무게가 더 실렸을 것은 자명하다. 따라서 대보단을 확대한 1749년을 전후해서 친행 빈도에 보이는 극명한 대조는 영조 재위 후반기에 이르러 대보단의 의미가 크게 강화되었음을 알려주는 데에 부족함이 없다.

[표 1] 대보단 확대 이후 영조의 친행 사례

연도		재위	춘향대제 3월 상순	숭정제 3. 19	홍무제 5. 10	만력제 7. 21	비고
1749	기사	영조 25	–	–	·	·	1월 세자 대리청정 시작. 4월 삼황 합향(合享)하고 친향 거행
1750	경오	26	·	망배	·	·	1월 망위례
1751	신미	27	·	망배	망배	망배	1월 망위례. 삼황의 즉위일에도 망배토록 특명
1752	임신	28	·	·	·	망배	영조와 세자 사이 벌어지기 시작
1753	계유	29	·	망배	망배	망배	
1754	갑술	30	망배	망배	망배	망배	2월 망위례. 삼황의 즉위일에도 망배토록 특명

40 대제(大祭)를 구성하는 망위례와 친향 사이의 절차상의 관계에 대해서는 『영조실록』 99권 38년 3월 6일 기해 참조. 망배례의 형식에 대해서는 『영조실록』 120권 49년 3월 19일 무신 및 123권 50년 7월 21일 임신 참조. 아울러 「皇壇志」, 『尊周彙編』도 참조.

연도		재위	춘향대제 (3월 상순)	숭정제 (3. 19)	홍무제 (5. 10)	만력제 (7. 21)	비고
1755	을해	31	·	·	·	·	
1756	병자	32	친향	망배	망배	망배	
1757	정축	33	·	망위	·	·	1월 망위례
1758	무인	34	·	·	·	·	
1759	기묘	35	·	·	망위	망위	
1760	경진	36	친향	·	친향	망배	1월 망위례
1761	신사	37	·	·	망배	·	1월 망배례
1762	임오	38	친향	망배	망배	·	5월 삼황에 각 한 명씩 종향(從享). 5월 사도세자 사망
1763	계미	39	·	망배	·	망배	
1764	갑신	40	·	친향	망배	·	갑신년(1644) 2주갑 기념 친향을 춘향대제와 겸해 숭정제 기일에 행함
1765	을유	41	친향	망배	·	·	
1766	병술	42	·	·	·	·	
1767	정해	43	·	망배	망배	·	
1768	무자	44	·	망배	망배	망배	
1769	기축	45	·	망배	망배	망배	
1770	경인	46	·	망배	망배	망배	
1771	신묘	47	·	·	망배	망배	
1772	임진	48	·	망배	·	망배	6월 망위례
1773	계사	49	·	망배	·	·	6월 망위례
1774	갑오	50	·	·	망배	망배	
1775	을미	51	·	·	·	·	
1776	병신	52	·	–	–	–	3월 10일 영조 사망

* 「皇壇年表」를 저본으로 삼되, 『영조실록』과 『승정원일기』도 참조했다.
* 비고란에 1월 망위례가 다섯 차례, 6월 망위례가 두 차례 보이는데, 모두 「황단연표」에 기록으로는 나오지만, 무엇을 기리기 위해 이때 거행했는지에 대해서는 『영조실록』이나 『승정원일기』에도 명쾌한 기록이 없다. 아마도 1월의 망위례는 홍무제의 즉위일[1월 4일]을, 6월의 망위례는 만력제의 즉위일[6월 10일]을 기념하여 행한 것으로 보인다.
* 빈칸(·)은 자료의 해당 월일(月日)의 기사에서 대보단 친행 관련 기록을 찾을 수 없는 경우이다. 친행을 거행했음에도 기록상 누락된 경우가 일부 있을 수 있겠지만, 이 책의 논의 전개에 지장을 줄 정도로 많지는 않을 것이다.

이를 좀 더 상세히 살피기 위해, 대보단 확대 이후 영조의 친행 사례를 일일이 조사하여 [표 1]에 나타냈다. 먼저, [표 1]의 내용을 토대로 영조의 친행 비율을 보면, 앞서 밝힌 대로 영조가 한 번 이상 친행한 햇수는 27년 가운데 23년으로 85%에 달한다. 이는 숙종이 친행한 햇수의 비율(25%)과 대보단 확대 이전 영조의 친행 햇수 비율(15%)을 훨씬 웃도는 것으로, 대보단의 확대가 단순히 홍무제와 숭정제를 추향(追享)하는 것으로 그치지 않고, 영조 스스로 대보단 제례에 큰 관심을 갖고 국왕인 자신이 친행을 강력하게 실천했음을 극명하게 보여준다. 아울러, 이런 변화는 삼황의 기일마다 제례를 행하도록 한 규정에[41] 따른 것으로, 국왕의 친행이 영조 개인의 의지 차원을 넘어 조선왕조의 국가 규범으로도 자리를 잡았음을 잘 알 수 있다.

삼황의 기일에 거행한 친행을 보면, 도합 80번 찾아온 삼황의 기일 중에서 영조는 모두 46번의 친행(58%)을 거행함으로써, 숙종에 비해 대보단을 한층 더 중시했음을 쉽게 감지할 수 있다. 이를 황제별로 좀 더 세분해 살펴보면, 대보단 확대 이후 영조가 사망할 때까지 숭정제의 기일은 모두 26번 찾아왔는데 그 가운데 16번(62%)의 친행을, 27번 찾아온 홍무제의 기일에는 15번(56%)의 친행을, 역시 27번 찾아온 만력제의 기일에는 14번(52%)의 친행을 거행했다.

이런 친행 빈도는 삼황제 기일에 따라 큰 차이를 보이지 않고 비교적 고르게 나타난 것으로 풀이할 수 있다. 이는 삼황을 새로이 합향한 영조가 각 황제의 위상에 큰 차이를 두지 않으려고 제사 빈도를 의도적으로

41 『영조실록』 87권 32년 1월 14일 임오. "上召見相臣將臣 命書三皇忌辰望拜綸音 三皇卽大明高皇帝神宗毅宗也 自是凡於忌辰曉 上必齋潔 率皇朝人遺裔及丙子立節諸臣子孫 望拜於正殿陛 上歲以爲常."

조정한 것으로도 볼 수 있다. 그렇지만 비록 자주 행하지는 않았으나 삼황제의 즉위일에 행한 망위례까지 더해서 살펴보면, 영조는 다른 황제들에 비해 홍무제에게 보다 큰 의미를 부여한 것 같다. 왜냐하면 홍무제의 즉위일이 있는 정월에는 5번, 만력제의 즉위일이 있는 6월에는 2번의 망위례를 추가로 거행한 데 비해, 숭정제의 즉위일이 있는 8월에는 한 번도 거행하지 않았기 때문이다. 요컨대, 삼황제 사이에 빈도상의 차이가 비록 크다고는 할 수 없지만 홍무제 관련 제례에 좀 더 적극적으로 친행을 거행한 것으로 나타나므로, 영조가 강조했던 홍무제의 위상을 실제로 가늠할 수 있는 자료로 받아들여도 지나친 해석은 아닐 것이다.

그런가 하면, 삼황제의 합향 이후에 3월 상순에 거행하던 대보단 춘향대제가 시간이 지나면서 흐지부지 거행되지 않은 점도 확인할 수 있다. 명이 망한 갑신년(1644)이 두 번째로 돌아온 1764년 3월에 행한 친행을 마지막으로 이후로는 제대로 거행하지 않았기 때문이다. 이는 삼황의 합향을 계기로 대보단 제사가 점차 삼황의 기일에 각각 제사하는 방식으로 바뀌어갔음을 시사해준다.

그런데 여기서 흥미로운 것은 홍무제와 숭정제의 추향을 통해 대보단을 강화한 1749년이 바로 영조가 세자에게 탕평정치의 요령과 경험을 쌓아주기 위해 대리청정(代理聽政)을 시킨 해라는 점이다. 이 해 정월에 영조는 건강상의 문제를 핑계 삼아 전격적으로 세자의 대리청정을 명했으며, 이를 곧 종묘에 고하고 전국에 반포했다.[42] 이 점은 조선의 정치무대에서 대보단이 갖는 의미를 세자로 하여금 충분히 이해하고 그 의식을 몸소 익히게 하려는 영조의 의지의 발로라 할 수 있다.

이렇듯, 대보단을 확장하고 그 친행을 빈번히 거행한 영조였기에, 그는

42 『영조실록』 89권 25년 1월 27일 병자.

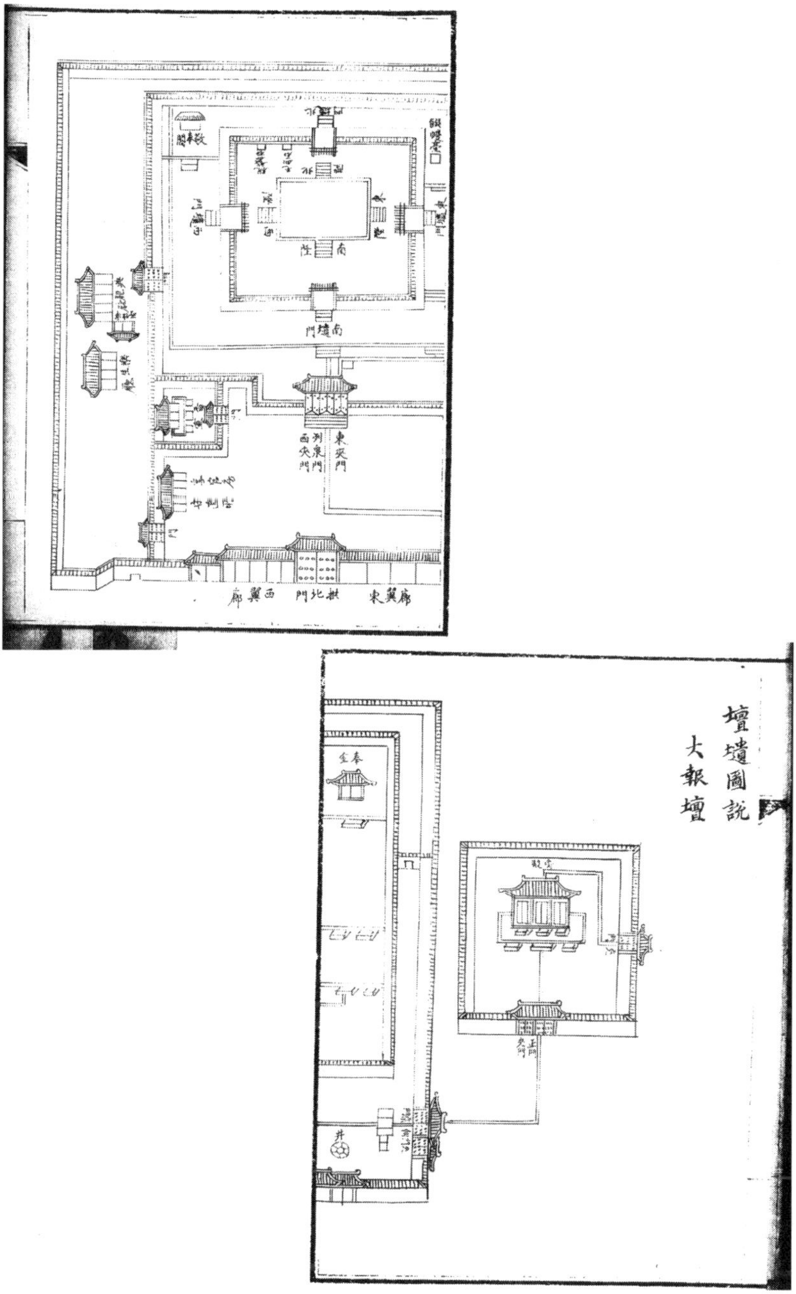

[그림 2] 대보단의 도면(출전: 「황단지」, 『존주휘편』, 규장각 奎335800)

대보단과 관련된 모든 일에도 세심한 주의를 기울였다. 그는 새로 확장하는 대보단을 자신이 직접 설계했을[43] 뿐만 아니라, 삼황의 기일에 망배례를 올리는 것을 항식으로 삼았다. 뿐만 아니라, 삼황의 즉위일에도 망배례를 거행하도록 규정으로 만들기까지 했다.[44] 단, 즉위일의 망배례는 앞서 짧게 언급했듯이 영조 재위 당시에도 대체로 뜸하게 거행되었으며, 정조 이후로도 비록 규정은 살아 있었으나 실제로는 별로 거행하지 않은 것 같다.[45] 그럴지라도, 조선왕조는 국왕이 1년에 도합 일곱 번까지 대보단 관련 친행을 할 수 있는 규정을 만들었던 것이다. 이런 빈도는 사실상 조선의 국왕과 신료들이 거의 일 년 내내 반복되는 대보단 제례를 통해 존명의리 의식을 계속해서 스스로 의식화하고 끊임없이 재생산하는 틀을 분명하게 구축했음을 여실히 보여준다.

그런가 하면, 영조는 대보단의 의미를 새롭게 고취하고자 매우 다양한 후속 조치들을 취했다. 가장 대표적인 예는 명이 망한 갑신년(1644)이 두 번째로 돌아오는 해(1764)를 2년 앞둔 1762년(영조 38) 3월 상순의 대보단 춘향대제를 맞아 영조가 삼황에 대하여 각 한 명의 신하를 종향(從享)할 것을 발론한 것이다. 신료들이 흔쾌히 동의하지 않자, 영조는 찬성하는

---

43 『영조실록』 69권 25년 3월 23일 신미. 대보단 증축에 대한 설명은 김호, 「영조의 대보단 증수와 明三皇의 享祀」, 『韓國文化』 32(서울대학교 규장각 한국학연구원, 2003), 196~209쪽; 이욱, 「조선후기 전쟁의 기억과 대보단 제향」, 『宗敎硏究』 42(한국종교학회, 2006), 150~160쪽에 상세하다.

44 즉위일의 망배례에 대해서는 구와노 에이지(桑野榮治), 「조선 小中華 의식의 형성과 전개: 大報壇祭祀의 정비과정을 중심으로」, 박충석 · 와타나베 히로시 편, 『국가이념과 대외인식, 17~19세기』(아연출판부, 2002), 169~170쪽 참조.

45 19세기 중반 철종 때 증보된 것으로 보이는 『俎豆錄』(규장각 청구번호 古4650-68)에는 삼황의 기일뿐만 아니라 즉위일에도 망배례를 행하도록 규정되어 있다. 삼황의 즉위일은 홍무제가 1월 4일, 만력제가 6월 10일, 숭정제가 8월 24일이다. 『조두록』에 대한 간단한 소개로는 鄭玉子, 「朝鮮後期 享祀關係 文獻資料의 檢討: ≪皇壇配享諸臣目錄≫을 中心으로」, 『奎章閣』 16(서울대학교 규장각, 1994) 참조.

자는 왼쪽으로, 반대하는 자는 오른쪽으로, 찬반 여부가 없는 자는 그대로 있으라는 식으로 매우 강압적인 분위기를 조성해 반대론자들에게 부담을 주어 종향을 관철시켰다. 실제로, 같은 날 홍무제에게는 서달(1332~1385)을, 만력제에게는 이여송(?~1598)을, 숭정제에게는 범경문(?~1644)을 각각 종향하도록 명했다.[46]

이 종향 결정 과정을 전하는 『황단종향의궤』(皇壇從享儀軌)는[47] 실록보다 상세한 정보를 제공하는데, 영조와 신료들의 논의를 고루 나열하는 식으로 기록하지 않고 반대론을 반박하는 영조의 논리만을 전교의 형식으로 뽑아 기록한 점이 특이하다. 따라서 반대론의 내용은 영조의 반박을 통해서만 알 수 있다. 애초 숙종 때 묘를 단으로 낮추고 격식도 간소화했는데 이제 다시 종향을 한다면 도가 지나치다는 반대 논리에 대하여 영조는 각 황제에게 한 명만 종향하면 된다는 논리로 반박했고, 조선에 도움을 준 명나라 신하를 모시는 선무사(宣武祠)가 이미 있으니 거기에 종향하면 된다는 반대 논리에 대해서는 단(壇)과 사(祠)는 그 격과 성격이 다르므로 이치에 맞지 않는다고 반박했다.[48]

---

46 『영조실록』 99권 38년 3월 2일 을미, 20일 계축. 한편, 2년 뒤 명이 망한 갑신년이 두 번째 돌아온 데 따라 성대하게 치른 대보단 친행의 의미와 그 절차에 대한 보다 상세한 논의로는 구와노 에이지(桑野營治), 「조선 小中華 의식의 형성과 전개: 大報壇祭祀의 정비과정을 중심으로」, 박충석 · 와타나베 히로시 편, 『국가이념과 대외인식, 17~19세기』(아연출판부, 2002), 174~179쪽 참조.

47 『皇壇從享儀軌』(규장각 청구번호 古5123-4). 논의 과정을 담은 내용은 "壬午三月初二日"로 시작하여 同年 5월 7일에 끝나는데, 모두 16면(1右~8左)으로 짧은 편이다.

48 『황단종향의궤』 3左~4右(규장각 소장 자료, 청구번호 古5123-4). 이 논의에 대해서는 정옥자, 「大報壇과 순조대 明 三皇에 대한 從享」, 『韓國學報』 120(일지사, 2005), 82~83쪽도 아울러 참조. 한편, 정옥자는 『황단종향의궤』의 내용을 명이 망한 갑신년이 세 번째로 돌아온 1822년(순조 22)의 일로 이해하고 논문을 썼다, 그러나 이는 자료에 대한 오해의 결과이다. 이 의궤의 종향 기사는 『영조실록』 38년(임오년, 1762년)의 관련 기사들의 내용과 거의 일치하는 데 비해, 『순조실록』 22년(임오년, 1822년)의 기사에는 전혀 보이지 않기 때문이다. 의궤의 내용을 보아도, 전(傳)의 내용이 정황으로 볼 때 모두 영조가 한 말임을 쉽게 알 수 있다.

누구를 종향할 것인가의 문제를 놓고도 영조와 신료들은 생각이 달랐다. 홍무제의 종향신으로 신료들은 유기(1311~1375)를 추천했으나, 결국에는 영조가 제시한 서달로 결정되었다. 만력제의 종향신으로는 신료들이 허국(1527~1596)을 추천했으나, 영조의 뜻대로 이여송이 채택되었다. 숭정제에 대해서는 신료들의 추천으로 물망에 오른 범경문과 손승종(1563~1638) 가운데 범경문이 뽑혔다.[49] 영조가 제시한 선택 기준은 대개 군주를 위해 공을 세우고 군신의 의리를 얼마나 완벽하게 지켰는가 여부였다.[50]

이밖에도 영조는 대보단 친행과 관련해 후에 선례가 될 수 있는 다양한 사례들을 만들었다. 그 가운데 하나는 삼황의 기일이 아님에도 대보단의 취지를 극대화하기 위한 제례를 거행한 점을 들 수 있다. 왕세손(정조)의 가례를 맞아 대보단에서 특별히 친제를 거행한다거나, 동이 트기 직전 이른 새벽에 불현듯 인정전의 월대에서 대보단을 향해 망배례를 거행한다거나, 삼전도의 항복이 있었던 정축년(1637)이 두 번째 돌아오자 인조가 출성한 그날을 맞아 망배례를 행한 것 등은[51] 그 좋은 예이다. 친행을 마친 후에 문무백관을 비롯해 의식에 참예한 모든 사람들을 입시하도록 해 놓고 유신으로 하여금 『명사』를 낭독하게 한 일도[52] 이런 예에 속한다.

뿐만 아니라, 명 황제의 조칙을 모은 책의 제목인 『풍천록』(風泉錄)을 직접 『추감황은록』(追感皇恩錄)으로 고치게 한다거나, 명의 조칙을 보관하는 흠봉각(欽奉閣)을 경봉각(敬奉閣)으로 개명하게 명한 것도[53] 비슷한 예라 할

---

49 『황단종향의궤』 4左~5右.

50 정옥자, 「大報壇과 순조대 明 三皇에 대한 從享」, 『韓國學報』 120(일지사, 2005), 84~86쪽

51 『영조실록』 99권 38년 1월 30일 갑자; 88권 32년 12월 25일 무자; 89권 33년 1월 29일 신유.

52 『영조실록』 87권 32년 3월 18일 병술; 111권 44년 7월 21일 병오; 108권 43년 3월 19일 계미.

수 있다. 특히 이후로 망배례를 행한 뒤에 왕세손을 대동하고 경봉각에 나가 예를 올리는 일은[54] 거의 규례가 되다시피 했다. 이 점은 영조가 사도세자의 죽음 이후 세손에게 대보단의 의미를 학습시키기 위한 세밀한 조치와[55] 불가분의 관계에 있었다고 할 수 있다. 후대까지 이어진 가장 대표적인 사례는 친행 후에 명나라 유민의 자손이나 병자호란 관련 충신의 자손을 직접 불러서 보고 포상하거나, 시사(試射)를 통해 등용하는 등의 조치를[56] 꼽을 수 있다.

이런 사례들 외에도 영조는 대보단 관련 행사에 임하여 스스로 지극히 세심하고 삼가는 행동을 보임으로써 대보단의 중요성을 강조하곤 했다. 삼황의 기일이므로 탕제를 들지 않고 물린다거나,[57] 대보단의 위판을 고쳐 수리할 때에 직접 그곳에 나아가 향관청(享官廳)의 재실(齋室)에서 유숙한다거나,[58] 명이 망한 갑신년(1644)의 2주갑을 맞아 애도하는 마음으로 3월 한 달 동안 길복(吉服)을 입지 않는다거나,[59] 명나라의 멸망을 애도하는 마음으로 3일간 소식을 한다거나,[60] 무신란(戊申亂, 1728) 때 공훈을 세운

53 『영조실록』 113권 45년 12월 4일 임자.

54 『영조실록』 120권, 49년 윤3월 19일 무인; 121권 49년 7월 21일 무인; 122권 50년 3월 21일 갑술.

55 『영조실록』 103권 40년 3월 13일 갑자. "上行朝講 講孟子 命王世孫侍坐 [……] 又教曰 中州文物 無地可徵 獨於我邦 有杞宋之可徵 片一乾淨 惟在皇壇 河淸之期未卜 則我國三壇 歷萬世而長存 爾亦宜知此意也 [……]"

56 『영조실록』 89권 33년 1월 29일 신유; 101권 39년 3월 19일 병자; 103권 40년 3월 17일 무진; 116권 47년 3월 19일 경신; 118권 48년 3월 19일 갑인; 120권 49년 3월 19일 무신, 20일 기유; 122권 50년 3월 21일 갑술; 122권 50년 5월 10일 임술; 123권 50년 7월 21일 임신 등 외 다수.

57 『영조실록』 99권 38년 3월 19일 임자.

58 『영조실록』 100권 38년 9월 2일 신유.

59 『영조실록』 103권 40년 3월 10일 신유.

60 『영조실록』 103권 40년 3월 16일 정묘.

자들의 훈명(勳名) 중에 들어 있는 분무(奮武) 두 글자 가운데 '분'자가 숭정제의 휘호에 쓰인 글자이니 그것을 피해 양무(揚武)로 고치라고 명한다거나,[61] 대보단 주위의 나무를 함부로 베었다는 죄목으로 수직 관원을 잡아들여 곤장을 때려 유배하도록 명하고 자신이 몸소 한데에서 부복해 황령(皇靈)에게 사죄한다거나,[62] 망배례를 행할 때에도 위판에 오래 부복하여 일어나지 않다가 신료나 동궁이 억지로 일으켜 세워야 마지못해 일어난다거나[63] 하는 등의 행위는 영조의 대보단 중시가 거의 '병적인 집착' 수준에 가까웠음을 보여준다고 할 수 있다.

뿐만 아니라, 신료들의 반대로 말미암아 대보단 확장에 걸림돌이었던 홍무제에 관련된 일에도 영조는 매우 예민하게 반응했다. 기우제를 지낸 후에 비가 내리면 영조는 그것을 홍무제가 내려주는 비라고 선언한다거나,[64] 어떤 사안이 신료들의 반대에 부딪히면 홍무제의 혼령에게 직접 청명(請命)하겠다면서 대보단의 위판에 엎드려 오래도록 내려오지 않는 행동을 보이기도 했다.[65] 또한 영조는 아들 사도세자(1735~1762)가 대리청정을 시작한 지 얼마 안 되어서부터 세자를 냉대하고 꾸짖기 시작했는데, 그것조차도 홍무제가 아들 의문태자(懿文太子)를 늘 엄히 꾸짖은 일을 인용하며 자신의 행동을 합리화했다. 의문태자는 아버지 홍무제의 심한 질책을 듣고 자살을 기도한 적도 있었는데, 영조는 그 사례를 들어 자신이 사도세자를 심하게 질책하는 태도를 정당화했던 것이다.[66] 몇 년 뒤 사도

61 『영조실록』 103권 40년 3월 20일 신미.
62 『영조실록』 124권 51년 1월 19일 정묘.
63 『영조실록』 116권 47년 3월 19일 경신.
64 『영조실록』 79권 29년 5월 10일 을축.
65 『영조실록』 75권 28년 2월 27일 기미.
66 『영조실록』 90권 33년 11월 29일 정사.

세자를 뒤주에 가두어 죽인 후에는, 홍무제가 의문태자가 죽은 뒤에 태자의 아들을 후계자로 삼은 것을 전례로 내세워, 죽은 사도세자의 아들(정조)을 후계자로 삼았다.[67] 사도세자의 아들을 그냥 세손으로 정해도 아무런 문제가 없는 일임에도, 굳이 홍무제의 사례를 끌어옴으로써 자신의 결정에 조금이라도 권위를 더하고자 했던 것이다.

요컨대, 영조는 자신의 정치행위를 정당화하기 위한 하나의 방편으로 거의 병적으로 홍무제의 권위를 등에 업으려 했다. 영조는 국가 차원의 통치에서부터 세세한 사안에 이르기까지 기회만 닿으면 홍무제의 사례들을 전례로 제시하며, 그것을 통해 자신의 행동을 합리화하고, 홍무제와 자신을 동일시하려는 태도를 보이곤 했다. 그것은 스스로 대보단에 나아가 명 황제의 신위 앞에서 신하의 예를 행함으로써 여러 신하들로 하여금 영원토록 변치 않는 군신의 의리를 알게 하겠다는 그의 말[68] 속에 잘 함축되어 있으며, 이는 앞서 살핀 종향신의 선정 기준에도 그대로 반영되었다. 백관과 유생들이 참여하는 대보단의 제례를 통해, 그는 명 황제와 조선 국왕 사이에 한 번 맺어진 군신관계는 상황에 따라 변하지 않는 절대불변의 의리임을 신하들 앞에서 스스로 실천해 보임으로써 신하들도 영조 자신을 향해 같은 실천을 하도록 압력을 넣었던 것이다.

결국, 조선 양반사회의 특성상 스스로 유교적 성군이 되어 양반 유학자들보다 학문적으로나 윤리적으로나 우위에 섬으로써 왕권을 높이려 했던

67 『영조실록』 38년 8월 1일 신묘. 한편, 사도세자의 죽음을 둘러싼 임오화변(壬午禍變)에 대해서는 崔鳳永, 「壬午禍變과 英祖末 · 正祖初의 政治勢力」, 李成茂 외, 『朝鮮後期 黨爭의 綜合的 檢討』(한국정신문화연구원, 1992); 김성윤, 「영조대 중반의 정국과 '壬午禍變'」, 『역사와 경계』 43(부산경남사학회, 2002); 김영민, 「思悼世子의 생애와 '壬午禍變'의 정치적 의의」, 『역사문화논총』 4(역사문화연구소, 2008) 등을 참조.

68 『영조실록』 40권 11년 3월 1일 신미. "上引見大臣備堂 左議政徐命均 以日寒請寢皇壇親祭 上曰 予欲行臣禮於皇壇, 使諸臣知君臣之義耳" 및 『영조실록』 99권 38년 1월 30일 갑자.

영조는[69] 다른 한편으로는 강력한 철권을 휘둘렀던 홍무제를 자신의 모델로 삼아 신료들을 상대로 엄격한 군신분의를 강조했던 것이다.[70] 즉 그는 왕도정치를 추구하되, 신료들이 제시하는 가이드라인을 따라 일방적으로 이끌리는 것이 아니라 자신이 직접 사대부들을 이끌며 주도하는 '전제적 왕도정치'를 추구했던 것이며, 그러기 위해서는 홍무제의 권위를 등에 업을 필요가 있었던 것이다. 존명의리 이데올로기가 지배하는 당시 조선사회에서 명나라의 건국 시조인 홍무제의 권위에 끝까지 반대할 수 있는 자는 아무도 없었기 때문이다. 영조의 대보단 확장 및 그 확장이 신료들의 반대를 무릅쓰면서까지 굳이 홍무제를 추향하는 행위로 나타난 이유는 바로 여기에 있다고 할 수 있다.

---

69 이러한 관점에서 영조의 정치를 고찰한 연구로는 JaHyun Kim Haboush, *The Confucian Kingship in Korea: Yŏngjo and the Policies of Sagacity*(New York: Columbia University Press, 2001) 참조.

70 『영조실록』 7년 7월 8일 기사; 14년 12월 20일 무술. 영조의 정치에 보이는 이런 성격에 대해서는 Seung B. Kye, "The Posthumous Image and Role of Ming Taizu in Korean Politics", *Ming Studies*, Vol. 50(Society for Ming Studies, 2005), pp. 116~121 참조.

제4장

정조의 대보단 강화와 그 의미

1749년에 영조가 대보단에 홍무제와 숭정제를 추가로 배향한 이후로, 제대로 이루어졌다고 보기 어려운 삼황의 즉위일 친행을 제외하더라도, 조선의 국왕이 일 년 중에 대보단에 친행할 수 있는 기회는 최소 네 번이었다. 삼황의 기일 세 번에 더하여 매년 3월 상순에 길일을 택해 거행하는 춘향대제(春享大祭)가 한 번 있었기 때문이다. 앞 장의 [표 1]에서 확인되듯이, 이 네 번의 기회 가운데 영조가 한 번 이상 친행을 거행한 햇수는 27년 가운데 23번으로 85%의 비율을 보였다. 또한 삼황의 기일에 거행한 친행 비율도 도합 80번 찾아온 기일 중에서 46번의 친행(58%)을 거행해 거의 60% 가까이 유지함으로써, 대보단 제례는 영조 재위 후반(1749~1776)에 이르러 이전에 비해 그 중요성이 크게 부각되었다.

그렇다면 세손(世孫) 때부터 영조를 따라 대보단 친행에 참예했던 정조의 친행 빈도는 영조의 친행 빈도와 같았을까, 달랐을까? 또한, 정조의 친행 비율은 대보단을 대하는 그의 태도와 관련해 어떤 특별한 의미가 있을까? 친행 빈도 외에도 정조 자신은 대보단을 어떻게 생각하고 있었을까?

18세기 후반, 이른바 정조의 시대(1776~1800)는 조선후기 역사 전개에 있어서 북학론으로 대표되는 새로운 사조가 등장해, 청나라는 이제 더 이상 이적이 아니라 이미 스스로 중화가 되었다는 인식이 양반지식인 사이에서 서서히 힘을 받아갈 즈음이었다. 그렇지만 이러한 사조는 숙종과 영조가 대보단을 설립하고 강화한 애초의 취지와는 여러 면에서 상충하는 것으로, 어떤 면으로는 북학론의 대두로 인해 대보단 제례가 시의성을 잃었다고도 할 수 있다. 따라서 이런 새로운 시대 조류에 직면하여 정조로서는 대보단과 관련해 무엇인가 조치를 강구하지 않으면 안 될 입장이었다. 앞의 2장에서 다루었듯이, 마치 북벌론이 효종과 현종의 재위 기간(1659~1674) 동안 한 시대를 크게 풍미했으나, 청나라의 위용이 중국을 완전히 아우르고 동아시아 전체에 크게 떨치던 1680년대 이후로 시의성을 상실하자 숙종이 국왕으로서 무엇인가 그 후속 대안을 찾아야 했던 것과 비슷한 상황이었던 것이다. 더욱이 국내 학계 일각에서 정조는 개혁군주 내지는 계몽절대군주로까지 평가를 받고 있으므로, 18세기 후반의 이런 새 국면을 맞아 정조가 어떤 대안을 제시하며 돌파구를 찾았는지에 대해 구체적으로 살필 필요가 있다.

정조는 자신이 처한 18세기 후반의 새로운 시대 흐름과 관련하여 대보단 정책을 어떻게 조정했을까? 선왕인 영조의 정책을 그대로 계승했을까, 아니면 대보단이 시대의 현실에 더 이상 맞지 않아 시의성을 잃었다고 판단해 그 규모를 축소하거나 유명무실하게 만들었을까? 또한 계승했던지 축소했던지 그대로 두었던지 상관없이, 정조의 선택은 당시 조선의 역사 흐름 내지는 역사의 진행 방향과 관련해 어떤 의미와 중요성을 갖는 것이었을까? 이 장에서는 이런 질문들에 답을 구해보고, 더 나아가 지금까지 거의 미화 일변도로 소개된 정조의 인물론에 대해서도 새로운 시각에서 검증하고자 한다.

1. 정조의 대보단 친행과 시대인식

정조 때에는 대보단에 새로운 황제를 더 이상 추향(追享)하지 않았다. 대보단 제례와 관련해 소소한 규정들이 적지 않게 만들어져 새롭게 시행되기는 했지만, 홍무제와 숭정제의 추향에 버금갈 정도의 결정적인 변화는 없었다. 정조는 영조가 규정한 그대로 삼황의 기일마다 제례를 거행했으며, 삼월 상순 중에 길일을 택해 올리는 춘향대제도 그대로 유지했다. 그 결과, 정조 대를 지나면서 대보단 관련 제례는 국가의 전범으로 더욱 확고하게 굳어졌다. 비록 매번 친행을 거행하지는 않았더라도, 조선왕조는 일 년에 최소한 네 번, 곧 삼황의 즉위일을 제외하더라도 삼황의 기일 각 한 번씩 세 번에다 춘향대제 한 번을 더하여 도합 네 번의 제사 일정을 보다 확고하게 갖추게 되었던 것이다.

이런 바탕 위에, 정조는 대보단과 관련된 부속 건물을 새로 세워 대보단의 취지를 고양하기도 했으며, 영조의 친행 빈도를 훨씬 웃돌 정도로 친행에 적극적이었다. 뿐만 아니라, 대보단과 관련된 제반 조치에 있어서도 영조보다 한걸음 더 나아갔다. 이는 정조가 대보단을 향한 영조의 의중과 의도를 십분 이해하고 그 취지를 계승했을 뿐만 아니라, 자기 자신의 버전으로 대보단 제례를 새롭게 해석하고 보다 강화했음을 시사해준다. 이런 점을 보다 상세히 확인하기 위해, 먼저 정조의 친행 사례를 [표 2]에 나타내었다.

먼저, [표 2]의 내용을 토대로 정조의 친행 비율을 살펴보면, 한 번 이상 친행한 햇수는 즉위년을 제외한 재위 기간 24년 가운데 23년으로 96%에 달한다. 이는 삼황을 합향(合享)함으로써 대보단을 강화한 이후 영조가 보인 85%보다도 더 높아 거의 100%라고 보아도 좋을 정도이다. 이런 빈도

[표 2] 정조 연간 대보단 친행 사례

연도		정조 재위	춘향 대제	숭정제 (3.19)	홍무제 (5.10)	만력제 (7.21)	비고
1776	병신		·	·	·	·	3월 10일: 정조 즉위
1777	정유	1	·	·	·	·	
1778	무술	2	·	·	망위	·	
1779	기해	3	친향	망배	·	망위	1월 망위례
1780	경자	4	망배	망배	망배	망배	1월 망위례
1781	신축	5	·	망위	망위	망배	
1782	임인	6	·	망배	망배	망배	
1783	계묘	7	친향	망배	망배	망배	
1784	갑진	8	·	망위	망배	망배	
1785	을사	9	·	망위	망배	망배	
1786	병오	10	망위	망배	·	·	
1787	정미	11	망위	망배	·	망위	
1788	무신	12		망위	·	망위	1월 망위례
1789	기유	13	·	망위	망위	망위	
1790	경술	14	망위	망배	망배	·	
1791	신해	15	·	망배	·	망위	
1792	임자	16	·	망위	망배	망위	
1793	계축	17	·	망위	망위	·	
1794	갑인	18	·	망위	망위	·	
1795	을묘	19	망배	망위	·	망위	
1796	병진	20	친향	망위	망위	망배	
1797	정사	21	·	망위	망배	망배	
1798	무오	22	·	망위	망배	망배	
1799	기미	23	·	·	망배	망위	2월 망위례
1800	경신	24	·	·	망배	·	6월: 정조 사망

* 「황단연표」를 저본으로 하되, 『정조실록』과 『승정원일기』도 참고해 작성했다.
* 빈칸(·)은 해당 월일 기사에서 친행 관련 기록을 찾을 수 없는 경우이다.

는 정조가 선왕인 영조의 대보단을 향한 의지와 뜻을 단순히 계승하는 차원에 머무르지 않고, 보다 더 적극적으로 대보단 제례에 임했음을 잘 보여준다.

정조는 삼황의 기일에 거행한 망배례 친행에서도 영조보다 높은 빈도를 보였다. 정조는 재위 기간 동안에 모두 24번 찾아온 숭정제의 기일 가운데 20번(83%)의 친행을 거행함으로써, 62%의 친행 빈도를 보인 영조보다 앞섰다. 25번 찾아온 홍무제의 기일에는 17번(68%)의 친행을 거행했는데, 이 또한 영조가 행한 56%의 빈도보다 높은 수치였다. 24번 찾아온 만력제의 기일에는 17번(71%)의 친행을 거행함으로써, 역시 52%에 그친 영조의 사례보다 높았다. 이를 종합하면, 정조는 자신의 재위 기간 중에 찾아온 73번의 삼황 기일 가운데 54번의 친행을 거행하여 74%의 빈도를 보였는데, 이 또한 영조가 기록한 58%를 크게 웃도는 수치였다.

다만, 홍무제의 기일에 행한 친행 비율이 숭정제나 만력제에 비해 떨어지는 점은 영조 때와는 다른 현상이다. 이는 대보단 제례를 통해 홍무제의 권위를 등에 업으려고 노력한 영조와는 달리, 정조는 존명의리 이데올로기를 체현해내기 위한 대보단의 본래 취지에도 보다 신경을 썼을 가능성을 시사해준다. 그렇지만 황제별 빈도의 차이가 두드러지는 것은 아니므로, 섣부른 해석은 피해야 할 것이다. 실제로, 삼황의 기일이 아닌 즉위일에 특별히 거행한 친행 사례를 [표 2]에서 보면, 세 번이 정월에 행한 것으로, 모두 홍무제의 즉위일을 기린 친행이었고, 숭정제나 만력제의 즉위일에는 친행을 한 번도 거행하지 않았다. 물론 홍무제의 즉위일이 우연히도 정초와 겹치는 탓에 겸사겸사해서 친행을 거행했을 수도 있겠으나, 설사 그럴지라도 홍무제에게만 집중된 즉위일 친행 사례는 정조가 선왕인 영조가 신료들의 반대를 무릅쓰고 대보단에 홍무제를 배향한 의도를 십분 이해하고 염두에 두고 있었음을 시사해준다. 어쨌든 정조가 행한 삼황의 기일별 친행 빈도를 종합하면, 정조의 친행 비율은 이전 영조에 비해 월등했고, 그것은 정조가 영조 이상으로 대보단에 관심을 갖고 있었음을 잘 보여준다.

이렇듯 대보단 친행에 적극성을 보인 정조는 그 이유에 대해 매우 명료하게 피력하곤 했다. 한 예로, 1797년(정조 21) 5월 홍무제의 기일에 망배례를 거행한 후에 정조가 신료들에게

> 병신년[1776년, 정조 즉위년] 이후 억지로 하기 어려운 상황이 아닌 한 매번 이날을 맞아 반드시 몸소 의식을 행하는 것은 비단 풍천의 감회[명나라에 대한 감회]가 마음속에 간절하기 때문만이 아니라, 선조(先朝)에서 주나라를 높인 성의를 체득해서이다. 또한 선왕의 사업을 계승하려는 뜻에서 나온 것이며, 나의 자손으로 하여금 이날에 당연히 거행해야 할 의식임을 알게 하려는 것이다[1]

라고 한 말을 꼽을 수 있다. 요컨대, 정조는 대보단 제례의 목적을 존명의리(尊明義理)의 체득, 국가의 전통 계승, 후왕들에 대한 경계 등 세 가지로 명료하게 정리했던 것이다.

정조는 이와 비슷한 취지의 발언을 여러 차례 했는데, 대보단 제례에 임하는 정조의 의도와 취지를 잘 드러낸 발언의 예를 더 들면 다음과 같다. 임진전쟁(왜란) 발발 200주년을 맞은 1792년(정조 16)에 거행한 한 망배례 후에 정조는

1 『정조실록』 46권 21년 5월 10일 기유. "[……] 上曰 丙申以後 如非難强之端 則每當此日 必躬自行禮者 非但風泉之感 益切于中也 體先朝尊周之聖意 亦出於繼述之義 而欲使我子孫 知此日應行之禮也."

> 오늘은 바로 우리 동방이 다시 지음을 받은 날이다. 아! 황제의 은혜는 잊을 수가 없다. 더구나 금년은 꼭 200년째가 된다. 사실이란 오래되면 흐릿해지기 쉽고, 인정은 멀리 있으면 [편안함을] 탐내기 쉬우니, 한 부(部)의 대일통(大一統)의 의리를 어디서 밝히겠는가? 해마다 이날이면 유문(壝門) 밖에서 공손히 절하기를 감히 그만두지 못하는 것은 비단 조금이나마 명나라의 몰락을 슬퍼하는 정성을 펼 뿐만 아니라 우리의 가법을 살펴 지키고자 함이다[2]

라고 전교했다. 세월이 가고 거리가 멀어지더라도 절대로 잊으면 안 될 존명의리를 대보단 제례를 꾸준히 거행함으로써 가시적이고도 실천적으로 보여주기 위함이라고 설명한 것이다.

그런가 하면, 1796년(정조 20) 3월 초순의 춘향대제를 앞두고 내린 유시(諭示)에서

> 생각하건대 이 단을 세운 것은 황조를 받들어 보답하여 영원히 천하 후세에 할 말이 있게 함인데, 세월이 점차 멀어짐에 따라 인심이 보통의 일로 여기게 되어 춘추의 존왕(尊王)하는 의리가 거의 강구해 밝힐 곳이 없게 되었다. 나는 이에 대해 늘 경계하고 근심하고 있다. 사대하고 교린하는 즈음에 이르러서도 더욱 이런 마음을 일으켜 한 줄기의 왕춘(王春)이 이에 힘입어 떨어지지 않게 하고자 한다. 비록 의식 절차의 말단적인 것에 있어서도 또한 그 당시를 상상하고 느끼는 단서가 될 수 있으니, 오늘의 친향은 나의 뜻이 깊다. 경들 또한 모름지기 이런 뜻을 깊이 체득하고 각기 서로 힘써 권면함이 옳을 것이다[3]

---

2 『승정원일기』 정조 16년 7월 21일 무오. "[……] 又命書傳敎曰 今日卽吾東方再造之日也 於戲 皇恩不可忘 況今年恰閱二百星霜 事實久而易晦 人情遠則易狃 一部大一統之義 於何講明 年年是日 祗拜壝門之外 無敢或曠者 不惟粗伸風泉之誠 竊欲遵守我家法也 [……]"

3 『승정원일기』 정조 20년 3월 2일 무신. "[……] 上曰 惟此建壇 崇報皇朝 永有辭於天下後世 而

라고 한다거나,

> [……] 우리 성조께서 대를 이어 은덕을 받들어 갚은 뜻은 천하 만대에 할 말이 있을 것이다. 그런데 근래에는 춘추의 큰 뜻이 미미해지고 드러나지 아니하여, 영릉[효종]께서 내정을 닦고 외적을 물리친 큰 뜻과 선정[송시열]이 성군을 만나 성대히 한 일을 사람들이 거의 알지 못하고 있으니, 이는 매우 개탄스러운 일이다. 지금 내가 친히 [대보단에서] 제사를 지내는 것도 퇴락하는 풍속을 경계해 [다시] 일으키는 방도가 되기에 족할 것이다[4]

라고 하여, 명이 망한 지 오래 되어 사람들이 춘추의 존왕양이(尊王攘夷) 의리를 잊는 것과 그런 풍조로 인한 풍속의 타락을 경계하는 데에도 대보단 제례의 목적이 있음을 분명히 밝혔다. 이런 말들을 통해 정조가 드러내고 싶었던 의도의 핵심은 춘추의리에 기초한 조선의 존명의리는 아무리 세월이 흐르더라도 절대로 잊으면 안 되는 가치이자 도리이며, 삼황을 제사하고 그 은혜를 기리는 대보단 제례가 바로 그런 도리를 지키고 마음에 새기기 위함이라는 것으로 정리할 수 있다.

실제로, 1793년(정조 17) 7월에 만력제의 기일을 맞아, 만력제의 배신(陪臣)으로서 혁혁한 공을 세운 이순신(李舜臣, 1545~1598)을 영의정에 추증하

歲月寢遠 人情易狃 春秋尊王之義 幾乎無地講明 予於此 常存警惕 至於事大交隣之際 尤欲提掇此心 使一脈王春 賴以不墜 雖儀文度數之末 亦可謂想像感發之端 今日親享 予意深矣 卿等亦須深體此意 各相勉勵 可也 [……]"

4 『弘齋全書』 권177: 1ab, 『日得錄』 17, 「訓語四」. "[……] 我聖祖所以繼世崇報之義 可以有辭於天下萬歲 而輓近以來 春秋之大義 微而不章 人幾不知寧陵修攘之大志 先正際遇之盛事 是深慨然 今予親享 亦足爲警起頹俗之道矣." 이 책에서는 『국역 홍재전서』(민족문화추진회, 1998)에 수록된 원문을 참조했다.

면서 정조는 명과 조선의 관계를 춘추의 의리에 빗대어 이르기를

> 이 의리는 우주 간에 영원히 존재하고 있어 해와 별과 함께 광채를 빛낼 것이다. 어찌 이를 강구해 밝힐 방도를 생각하지 않을 수 있겠는가? 이날이 무슨 날이란 말인가![5]

라고 한다거나, 3월의 춘향대제 절차 중 새벽에 친히 강신제 의식을 마치고 하교하면서

> 우리 동국이 우리 동국일 수 있는 까닭은 두어 척의 제단이 있기 때문이니, 아마 천하 만대에 길이 할 말이 있을 것이다. 그런데 구주(九州)가 어두워져 사해에 [오랑캐의] 누린내가 가득하니, 양양(洋洋)하신 황제의 혼령이 우리 동방에 오지 않으면 어디로 돌아가겠는가? 제물을 올리고 강신제를 지내며 [몸을] 일으키고 구부리는 사이에 눈물이 옷깃을 적시는 줄을 스스로 깨닫지 못했다[6]

라고 함으로써, 대보단의 영원불멸의 존재이유를, 더 나아가 오랑캐 만주족이 중원을 장악해 화이(華夷)가 전도된 새로운 국제상황에서 조선왕조의 존재이유를, 곧 레종데트르를 분명히 천명했다.

특히 대보단과 관련해서 정조가 강조한 춘추대의는 거의 집착 수준에 가까워, 그는 대보단의 취지를 말할 때마다 춘주의 대의를 거듭해 강조하

5 『승정원일기』 정조 17년 7월 21일 임자. "[……] 此義此理 長在宇宙間 與日星并葆光輝 烏可不思講明之方 是日何日也."

6 『홍재전서』 권177: 8b~9a, 『일득록』 17, 「訓語四」. "吾東所以爲吾東 以其有數尺壇壝也 庶可以永有辭於天下萬世 而九有昏蒙 四海腥羶 洋洋皇靈 不于吾東而將安適歸 薦祼興府之際 自不覺涕沾于襟."

는 것을 잊지 않았다. 한 예로, 재위 3년째인 1779년에 대보단 제례의 격식과 예모를 새로 조정하면서 내린 하교 가운데

> 당초 황단을 설치한 제도는 곧 우리 성조께서 처음으로 일으킨 예로써 천하 만세에 길이 할 말이 있게 되었다. 아! 오랑캐가 중화를 어지럽혀 사해가 누린내 나는 더러운 곳이 되어, 중국의 의관의 윤리가 모두 금수의 지경으로 들어가고 말았다. 오직 이 동쪽의 한 귀퉁이에서 삼황을 높여 제사 지내고 있으니 춘추대의가 이에 힘입어 끊어지지 않고 실 같이 [남게] 되었다[7]

라고 하여, 대보단 제례의 의미가 조선이 명나라에 대해 영원토록 지켜야 할 춘추대의의 가시적 실천에 있음을 분명히 밝혔던 것이다.

정조의 이런 의도를 보면, 그는 대보단과 관련해 홍무제를 특히 강조했던 영조와는 다소 다른 해석을 내리고 있었음을 간파할 수 있다. 이는 영조가 한편으로는 존명의리를 최고의 가치로 삼던 당시 시대 분위기를 대보단을 통해 적극 장려하면서도 다른 한편으로는 그런 시대 분위기를 역이용하여 신료들의 반대를 무릅쓰고 홍무제의 합향을 단행함으로써 자신의 권위를 높이려는 의도를 가졌던 것에 비해, 정조는 존주의리를 점차 잊어가는 시대 분위기의 타락 자체를 더 고민하면서 그것을 바른 길로 돌이키기 위한 국가 차원의 조치들 가운데 하나로 대보단 제례에 주목했음을 알 수 있다.

사실, 같은 18세기라고 해도 정조의 시대는 그 분위기가 이전과는 사뭇

---

7 『홍재전서』 권30 教 33ab 「大報壇禮儀增損問議教 己亥」 "[……] 當初設壇之制 卽我聖祖義起之禮 而可以永有辭於天下萬歲也 噫 夷狄亂夏 四海腥羶 中土衣冠之倫 盡入於禽獸之域 惟此東土一隅 崇祀三皇 春秋大義 賴是而不絕如線 [……]"

달랐다. 시기적으로도 명이 멸망한 지 130년이 넘게 지났으므로, 한 세대를 20~30년으로 본다면 이미 5~6세대가 지난 시점이라 존명의리가 사람들의 뇌리에 생생하게 남아 있기는 어려웠다. 특히 도저히 쇠락할 기미를 보이지 않는 청질서(淸秩序)는 너무나 튼튼해, 오히려 국내에서조차 청나라가 이미 중화의 문명을 이루었다는 인식이 새롭게 나타나는 상황이었다. 정조는 이런 시대풍조를 매우 심각한 상태로 인식해, 대보단 제례는 형식적으로 흐르고 소위 주자의 8자훈어(八字訓語)조차 잊혀져 군신의 의리마저 거의 사라질 지경이 되었다고 진단하고 있었다.[8]

실제로, 정조의 시대는 이전에는 접하기 어려웠던 새로운 풍조에 노출되어 있었다. 화이론적 의리론에 기초한 주자학의 권위는 도전을 받고 있었으며, 청나라의 패관문체(稗官文體)를 따른 새로운 문체가 지식인들 사이에도 나타났으며, 청나라로부터 문물을 배우자는 북학론이 대두하기 시작했고, 서학으로도 불린 천주교가 새로운 종교로 퍼지기 시작하면서 조선사회를 받쳐주는 근간 가운데 하나인 제사제도를 위협하고 있었다. 국내 문제만 놓고 보아도 서얼허통(庶孼許通)이나 난전(亂廛) 등의 문제로 갑론을박이 끊이지 않았으며, 영조 대에 발생한 숱한 정쟁과 탕평정치로 인한 후유증은 정조 대의 정치무대를 뜨겁게 달구고 있었다.

안팎에서 대두한 이런 문제들은 국왕인 정조 입장에서는 분명히 심각한 도전이었다. 자신이 지켜야 할 왕권에 대한 도전이자, 조선왕조가 추구해온 가치질서에 대한 도전이었던 것이다. 이런 시대 분위기에 직면해,

---

8 『정조실록』 49권 22년 7월 21일 계미. "敎曰 [……] 欲說皇恩 涕在言先 人情久而狃安 大義日益湮晦 并與朱夫子八箇字訓語 而漠然若相忘 則君君臣臣之所謂天經地義 幾乎熄矣 此尊周錄之所以編輯也 荏苒遷就 汗靑無期 令內閣知悉 知委校正諸臣 俾卽專意完篇 [……]" 주자의 '8자훈어'란 "忍痛含怨迫不得已"를 가리키는 것으로, 금나라의 침입을 받아 도읍을 상실한 송나라가 양자강 이남으로 쫓겨 내려온 일을 통탄하며 복수해야 한다는 뜻으로 말했다고 한다.

정조는 그런 새 사조에 자신과 자신의 왕조를 적응시키기 위해 노력하기보다는 그런 새 조류를 사회악으로 규정하고 억제하는 방향의 정책을 추진했다. 물론 정조 재위 이전이나 이후와 비교할 때 정조의 정책에 상대적으로 유연한 면도 없지 않았다. 또한 개혁이라고 불릴 만한 정책도 상대적으로 많았다. 그렇지만 그것이 어디까지나 전통적인 질서나 가치의 틀을 유지하는 범주 안에서 이루어진 점 또한 부인하기 어렵다.[9] 대보단에 대해 정조가 보인 각별한 태도와 발언들은 이런 맥락에서 보아야 쉽게 이해된다.

2. 정조의 대보단 관련 정책

대보단에 대한 정조의 각별한 인식과 그에 따른 철저한 실천은 대보단 친행 자체에만 국한되지 않았다. 정조는 수많은 관련 후속조치를 취했는데, 그 가운데 상당수는 국가의 전범이자 규례가 되어 후왕들에게 계승되었다. 이 소절에서는 그런 조치들을 일일이 파악하고, 그 의미를 파악하고자 한다.

먼저, 대보단과 관련해서 정조는 소소한 것에까지 세심한 배려와 관심을 보이곤 했다. 청나라의 칙서를 맞는 영칙례(迎勅禮)에 사용하는 궐자패(闕字牌)를 대보단 제례에도 사용하는 것을 알고는, 즉시 명을 내려 대보단을 위한 궐자패를 별도로 만들어 봉안하도록 함으로써,[10] 제사용품들 가

9 정조가 펼친 정책과 그에 기초한 정조 평가에 대해서는 이 장의 3절에서 별도로 다룰 것이다.

10 『정조실록』 13권 6년 6월 5일 경오. '궐자패'란 중국의 황제를 향하여 망배례를 행할 때에 모셔놓는 '궐'(闕)자를 새긴 목패를 말한다.

운데 어느 것 하나라도 오랑캐의 것과 혼용되는 것을 막고자 한 것은 그 좋은 예이다. 그런가 하면, 비가 내린다거나 왕의 건강이 안 좋으니 망배례를 취소하자는 신료들의 건의를 단호하게 물리치고 거행한다거나,[11] 망배례를 위한 의주(儀注)의 규정 조목을 잘못 해석한 예조판서와 담당 승지를 파직한 일은[12] 대보단을 향한 정조의 각별한 마음을 잘 보여준다.

대보단 제례의 취지를 더욱 살리기 위해 친행을 마친 후에 이어지는 후속 행사에도 정조는 세심한 주의를 기울였다. 가장 대표적인 것으로는 국왕과 신료들이 대보단의 취지에 맞는 시를 주고받는 절차를 들 수 있다. 정조가 먼저 시를 지어 내리면, 신료들이 그에 대해 창화(唱和)하여 시를 지어 올리는 형식으로 진행되었는데, 왕이 특별히 응제(應製)하도록 지목한 부서의 관리로서 즉시 짓지 못하는 자는 다음날까지는 반드시 지어 올려야 했다. 잠시 후에 제시할 정약용(丁若鏞, 1762~1836)의 응제시 가운데 일부가 남을 위해 대신 써준 것임을 감안하면, 이로 인해 당시에 대작이 횡횡했을 것으로 보인다.

정조가 지은 시의 주제는 대개 특정 충신을 기린다거나, 명 황제에 대한 감회를 토로한다거나, 중화의 문명을 조선이 간직한 것에 대한 안도감을 드러내는 것이었고, 응제시도 그에 부응해 지어졌다. 한 예로, 숭정제의 기일에 망배례를 행한 뒤에 정조가 병자호란 때 대간으로서 척화를 외쳤던 윤황(1572~1639)을 기려 특전을 내리면서

> 세상이 이르기를 팔송의 절개는 푸르고 푸른 고죽과 같다 하네.
>
> 삼학사와 마음을 같이했고, 만언의 상소로 의리 밝혔네.

11 『정조실록』 14권 6년 7월 18일 계축; 18권 8년 7월 21일 갑술.

12 『정조실록』 27권 13년 3월 6일 계해.

북해의 이름은 오히려 남았거니와 동창의 계획엔 서투름을 어찌하랴.

백세토록 제사를 받드는 일은 단에 배알한 때로부터 시작되었네[13]

라고 지은 시를 들 수 있다. 이 시는 오랑캐가 세운 청나라에 굴하지 않고 의리를 지킨 윤황의 의리와 절개를 높이 사는 내용으로 가득하다. 정조는 이와 유사한 풍의 시를 많이 지었다.

그런가 하면, 이렇듯 정조가 먼저 시를 지어 내리면, 대보단 제례에 참석한 거의 모든 사람들도 그에 화답하는 시를 지어 올려야 했다. 한 예로, 1796년(정조 20) 3월에 춘향대제를 성대하게 거행한 후에 정조가 지어 내린 시에 대해 갱재(賡載)하여 화답시를 지어 올린 자는 모두 1,038명으로,[14] 그 규모가 상당했다. 이때 정조는 숙종과 영조가 지은 시의 운을 따서 시를 지었는데, 그 내용을 보면

황제가 동순하심을 어렴풋이 보는 듯해라

사모하는 단목에만 왕의 봄을 붙였네

산하의 북쪽 끝까지 제하가 다 멸망하니

---

13 『정조실록』 48권 22년 3월 19일 계미. "世謂八松節 青青孤竹如 同心三學士 明義萬言書 北海名猶在 東窓計奈踈 方禋延百世 肇自拜壇餘." 이 시의 해석은 『정조실록』 국역본을 참고했으며, 주(註)의 도움을 크게 받았다. 북해는 한무제(漢武帝) 때에 소무(蘇武)가 흉노에 사신으로 갔다가 그대로 억류되어 있던 곳으로, 19년 동안이나 모진 고통을 겪으면서도 끝내 항복하지 않고 절개를 끝까지 지켰던 고사를 가리킨다. 동창(東窓)은 북송 때 진회(秦檜)가 금나라와의 화의를 은밀히 계획하면서, 금나라와의 전쟁을 주장한 것으로 유명한 악비(岳飛)를 죽인 고사를 가리킨다. 이 시는 『홍재전서』 권7: 13b에도 실려 있다.

14 『홍재전서』 권182: 34a, 『群書標記』 4, 賡載軸四十八卷, 「皇壇親享日賡載軸」. "丙辰三月 親行大享于大報壇 [……] 敬步肅宗英宗兩朝板上韻 賦七言近體一篇 俾諸臣賡之 享官四十三人 皇朝人子孫八十三人 忠良子孫七百九十九人 大臣閣臣侍衛諸臣新舊選抄啓文臣一百十三人 軸旣滿 序次之爲二卷."

우리 동방만 희생과 술의 제향을 드리도다
수십 권 춘추의리는 묵혀진 지 오래인데
삼천리 동방에서만 예의를 보전하네
재명성복(齋明盛服) 엄숙히 하고 정화수를 살피어라
선왕의 만절필동(萬折必東) 그 정성 힘써 준행하련다[15]

라고 하여, 역시 명나라를 사모 · 애도하고 춘추의 의리를 되새기는 내용으로 가득 차 있다. 이 시에 대해 화답시를 지어 올린 인원이 무려 천 명이 넘었던 것이다.

대보단 친행을 마친 후 정조가 내린 시제에 부응해 지어 올린 응제시의 한 예로는 정약용이 지은 시를 꼽을 수 있는데, 그 일부를 발췌해보면 다음과 같다.

우리 하국(下國)에는 홀로 은나라의 일월이 떠 있는데
중원에서는 누가 한나라의 의관을 보존할까?

우리 동쪽 사람들에게는 존왕양이의 춘추필법이 오히려 남아 있는데,
중국에는 지금 머리를 싸맬 망건조차 없도다.[16]

정약용으로 하여금 이런 시를 쓰게 한 정조의 시제가 무엇이었는지 정

15 『홍재전서』 권7: 2b~3a. "玉輅東巡悅見親 依依壇木寄王春 山河極北淪諸夏 牲醴吾東享肆陳 數十麟經淹日月 三千鰈域葆冠巾 齋衣肅穆監明水 萬折餘誠志事遵." 이 시의 해석은 『국역 홍재전서』 1, 324쪽 참조.

16 『茶山詩文集』 2(민족문화추진회, 1994), 331~332쪽. "下國獨懸殷日月 中原誰保漢衣冠" 및 "東人尙有尊王筆 中國今無斂髮巾."

확히 알 수는 없으나, 시의 내용으로 볼 때 청을 이적시하고 중화의 문명을 간직한 조선의 현실에 안도하는 소중화 의식과 어떤 식으로든 관련이 있었음은 분명하며, 정조와 정약용 모두 그런 의식에 깊이 심취해 있었음을 잘 보여준다. 또한 그런 의식이 대보단 제례를 마칠 때마다 문무백관들이 한데 모인 가운데 정기적으로 재확인되고 있었음도 알 수 있다.

아울러, 당시 조선사회에서 변발 여부와 복식 스타일이 중화와 이적을 구분하는 분명하고도 현실적인 기준으로 매우 강력하게 작동하고 있었음도 잘 보여준다. 이는 앞에 제시한 정약용의 시뿐만 아니라, 정조 스스로도

> 지금 천하는 모두 좌임(左衽)을 하고 있으나, 우리 동국에서만은 중화의 풍속과 문장을 가지고 있다[17]

라고 말한 데에서 쉽게 알 수 있다. 어쨌든, 대보단 친행에 바로 뒤이어 진행된 이런 후속 절차의 성격 또한 대보단의 취지와 직결됨은 이를 나위도 없다.

친행 후에 행한 주요 후속 조치로는 참예한 신료들이나 유생, 또는 여타 무인들을 상대로 시험을 치르게 하여 합격자를 포상하거나 관리로 임용한 일도 꼽을 수 있다. 문신이나 유생을 상대로는 제술(製述) 시험을, 무사들을 상대로는 활쏘기 시험을 베풀었다.[18] 망배례에 참여한 유생들을 대상으로 실시한 제술시험의 제목으로는 '재조번방'(再造藩邦)처럼 대보단

---

17 『홍재전서』 권177: 1ab, 『일득록』 17, 「訓語四」. "[……] 今天下皆左衽 惟我東有中華之儀章 [……]"

18 『정조실록』 35권 16년 7월 21일 무오; 40권 18년 5월 10일 병신; 52권 23년 7월 21일 정축.

의 취지에 부합하는 주제가 늘 선정되었다.[19] 경우에 따라서는 망배례에 참예한 자들 가운데 충신의 후손이나 명나라 유민들을 별도로 불러들여 시험을 베풀기도 했다.[20]

시험을 치르게 하는 방식이 아니더라도, 충신이나 명나라 유민의 후손을 위한 우대정책은 다양하게 시행되었다. 명나라 유민의 자손이나 충신의 자손을 제례에 참여케 하고, 제례를 마친 후에 직접 불러 접견을 한다거나,[21] 사우(祠宇) 수리비를 국가에서 지급한다거나,[22] 관직을 주어 등용한다거나 하는 조치들이 이어졌다. 직함만 주는 경우도 있었지만, 실직을 주어 등용한 경우도 적지 않았다. 대표적인 사례로는 삼학사(三學士)의 자손,[23] 이순신(1545~1598)과 임경업(1594~1646)의 자손,[24] 김응하(1580~1619)의 자손[25] 등을 꼽을 수 있으며, 한인(漢人)으로는 이여송(1549~1598)의 자손이[26] 조정에서 가장 빈번하게 논의되곤 했다. 이런 후속 조치들은 영조 때에도 일부 시행한 바 있으나,[27] 그것들이 간헐적인 특별 조치로 그치지 않고 반드시 시행해야 할 규례처럼 굳어진 데에는 역

19 『정조실록』 47권 21년 7월 21일 무자.

20 『정조실록』 23권 11년 3월 7일 을해; 44권 20년 5월 10일 갑인; 48권 22년 3월 19일 계미.

21 『정조실록』 7권 3년 3월 5일 기축; 15권 7년 5월 10일 경자; 17권 8년 5월 10일 갑자; 20권 9년 7월 21일 무진; 26권 12년 7월 19일 기묘; 23권 11년 3월 19일 정해.

22 『정조실록』 35권 16년 7월 21일 무오.

23 『정조실록』 23권 11년 3월 19일 정해; 27권 13년 윤 5월 10일 을미; 35권 16년 7월 21일 무오.

24 『정조실록』 35권 16년 7월 25일 임술.

25 『정조실록』 23권 11년 3월 19일 정해. 김응하는 선천군수로 재임 중이던 1619년(광해군 11) 초에 명의 요구에 따라 강홍립(1560~1627)이 이끈 조선군에 포함되어 후금 원정에 나섰다가 장렬하게 전사한 인물이다.

26 『정조실록』 12권 5년 7월 12일 임자, 13일 계축.

27 앞서 열거한 사례들 외에도, 친행을 마친 후 유신(儒臣)으로 하여금 『명사』를 낭독하게 한 일도(『정조실록』 7권 3년 3월 5일 기축) 영조 때의 선례를 따른 것으로 보인다.

시 정조의 의지력과 실천력이 결정적이었다고 할 수 있다.

대보단 제례의 취지를 한껏 고양하기 위한 조치들은 여기서 끝나지 않았다. 정조는 제례행위뿐만 아니라 편찬사업을 통해서도 그 취지를 드러내고자 했으니, 대보단의 취지이자 존재이유인 존명의리의 가치를 책으로도 정리해 길이 남기고자 했다. 어명으로 이루어진 『존주휘편』(尊周彙編)의 편찬은 그 대표적인 예이다. 편찬 취지에 대하여 정조는

> 어제 황단에 망배하니 풍천의 느낌이 더욱 절절하다. 이제 책 하나를 편찬하여 존주의 뜻을 붙이고자 한다. 맨 첫머리에 열성조의 윤음과 어제 시문 중에서 춘추대의를 나타낸 것을 게재하고, 그 다음에는 그 당시 충신과 지사의 의리를 천명한 작품으로 소장(疏章)이나 시문을 막론하고 아울러 편입하며, 충절로 정표를 입은 자에 이르러서는 사원(祠院)의 소재와 사적의 본말을 하나하나 갖추어 실을 것이다. 이 책이 완성되면 거의 천하에 대의를 밝힐 수가 있을 것이다. [……][28]

라고 하거나, 또는

> 황제의 은혜를 말하려고 하니 말하기 전에 눈물이 앞을 가린다. [그런데] 인정은 [세월이] 오래되어 안일함을 탐닉하고, 큰 의리는 날이 갈수록 자취가 사라지고 있다. 그리하여 주부자(주희)가 훈계한 여덟 글자마저도 까마득히 망각하고 있고 보면, 임금은 임금의 도리를 다하고 신하는 신하의 도리를 다해야 한다는 이른

---

28 『승정원일기』 정조 20년 3월 20일 병인. "[……] 上曰 昨日望拜皇壇 益切風泉之感 今欲編摩一書 以寓尊周之意 而首揭列聖朝絲綸 及御製詩文中 表章春秋大義者 次以一時忠臣志士闡明義理之作 無論疏章與詩文 竝爲編入 至於以忠節被旌者 祠院所在及事蹟本末 一一具載 此書若成 庶可以昭大義於天下矣 [……]"

> 바 천지의 떳떳한 의리가 거의 사라지게 되었다. 이것이 존주록을 편집하는 까닭이다. [그런데 편집을 담당한 자들이] 시일만 끌고 지체하여 책으로 만들어질 기약이 없으니, 내각으로 하여금 이를 모두 잘 알아서 교정하는 신하들에게 알리고, 즉시 이 일에 전념해 책을 완성하라[29]

고 명을 내림으로써, 『존주휘편』의 편찬을 재촉하는 이유를 분명하게 드러냈다. 한마디로 요약하면, 세월이 흘러 해이해진 존명의리 의식을 다시금 바로 세우기 위한 취지였던 것이다.[30] 그런가 하면, 정조는 자신이 즉위한 이래 자신이 존주(尊周)의 뜻으로 전교한 것과 어제(御製)한 것들을 특별히 따로 모아 간행하라는 명을 내리기도 했는데, 이 또한 춘추의 대의를 밝히려는 의지의 발로였다.[31]

대보단에 배향된 여러 신하들의 기록을 모은 『황단제신배향목록』(皇壇諸臣配享目錄)을[32] 왕명으로 편찬한 것도 마찬가지 맥락에서 이해할 수 있다. 이 책의 내용 및 규장각 한국학연구원에서 온라인상으로 공개해 제공하는 해제에 따르면, 정조 말년에 편찬된 것으로 보이는 이 책에는 대보단에 배향된 여러 인물들의 사적이 간략히 정리되어 있다. 배향된 이들의

29 『승정원일기』 정조 22년 7월 21일 계미. "[……] 欲說皇恩 涕在言先 人情久而狃安 大義日益湮晦 竝與朱夫子八箇字訓語 而漠然若相忘 則君君臣臣之所謂天經地義 幾乎熄矣 此尊周錄之所以編輯也 荏苒遷就 汗青無期 令內閣 知委校正諸臣 俾卽專意完篇 [……]"

30 『존주휘편』의 편찬 경위에 대해서는 鄭玉子, 「正祖代 對明義理論의 整理作業: 尊周彙編을 중심으로」, 『韓國學報』 69(일지사, 1992)도 아울러 참조. 단, 정옥자는 정조가 존주의리로 대표되는 한 시대를 정리하고 마무리하려는 의미에서 편찬했다고 보았으나, '마무리'의 의미가 모호하다. 이 장에서 지금까지 다룬 자료들의 내용을 보면, 그것은 구시대의 마무리라기보다는 오히려 구질서 내지는 그 가치를 계속 연장하고 공고히 하려는 의도가 분명하게 드러나기 때문이다.

31 『정조실록』 51권 23년 2월 30일 무오. "[……] 敎曰此日行禮予心感慨 尤倍前時 凡係卽阼以後 爲尊周事有傳敎 與御製者 閣臣與承旨同爲考出 入梓揭板 表予明春秋之苦心."

32 『皇壇諸臣配享目錄』(규장각 청구번호 奎1325).

면면은 대체로 호란 중에 충절을 지켜 순국하거나 순절한 사람들이며, 임진전쟁(왜란) 때 활약한 인물도 몇몇 포함되었다.

수록된 내용을 좀 더 구체적으로 보면, 충렬사향제신(忠烈祠享諸臣) 김상용(1561~1637) 등 14명, 현절사철향제신(顯節祠輟享諸臣) 김상헌(1570~1652) 등 5명, 충렬사의열사포충사향(忠烈祠義烈祠褒忠祠享) 김응하(1580~1619), 충민사향제신(忠愍祠享諸臣) 남이흥(1576~1627) 등 16명, 의열사충렬사교향(義烈祠忠烈祠膠享) 홍명구(1596~1637), 현충사교향제신(顯忠祠膠享諸臣) 황일호 등 6명, 충절사향(忠節祠享) 이사룡(1612~1640), 특교참반제가(特教參班諸家) 이순신(1545~1598)·임경업(1594~1646) 등 7가(家), 순절제신(殉節諸臣) 오직 등 43명, 척화제신(斥和諸臣) 윤문거(1606~1672) 등 26명, 병의제신(秉義諸臣) 정봉수(1572~1645)·신익성(1588~1644) 등 18명 순으로 되어 있다.[33] 심지어 양대 전란과 직접 관련이 없는 송시열의 경우에도 그의 명나라에 대한 충성을 기려, 그 후손들로 하여금 망배례의 반열에 참석하도록 특명을 내리기도 했다.[34] 이를 보면, 이 모두가 충절과 의리를 기리기 위한 작업의 일환이며, 그 바탕에 존명의리라는 가치와 함께 청나라는 오랑캐이자 부모(명)의 원수라는 인식이 공통적으로 깔려 있음을 쉽게 알 수 있다.

---

33 단, 이 책의 실제 내용은 이들이 모두 대보단에 배향된 것이 아니라, 이들의 후손들로 하여금 대보단 제사에 참반(參班)하도록 조치한 것이었다. 겉표지의 제목과는 달리 속표지의 제목에는 배향제신(配享諸臣)이 아니라 배향제신(陪享諸臣)으로 되어 있기 때문이다. 전자는 제사를 받는 주신(主神)과 함께 제사를 받는 대상을 가리키지만, 후자는 제사에 참여하는 신료들을 가리킨다. 따라서 이 책이 담고 있는 인물들의 목록은 그들의 후손들로 하여금 대보단 제사에 당연히 참여하도록 조치한 것으로 보아야 한다. 이에 대한 상세한 논의로는 이욱, 「조선후기 전쟁의 기억과 대보단 제향」, 『宗教研究』 42(한국종교학회, 2006), 158쪽 참조.

34 『홍재전서』 32권 教31b~32a 「先正宋時烈後孫參皇壇望拜禮教」 및 36권 教18b~19a 「收錄三學士宋文正子孫 訪問曹文忠祠版寄寓處 仍命改建敬奉閣教」.

이런 중요한 취지를 지닌 대보단이었기에 그 제례를 대하는 정조의 태도는 매우 각별했다. 존명의리 가치가 시들해지는 당시 시대 조류를 보고 그것을 큰 위기로 진단한 정조로서는 당연한 반응이기도 했다. 이런 태도는 지금까지 살핀 다양한 후속 행사 외에도 대보단 제례와 관련된 제반 절차나 형식 등을 세밀한 부분까지 직접 간섭하여 나라의 규정으로 삼는 것으로도 나타났다.

먼저, 제례의 격식에 대해 정조는 3월 초순의 춘향대제와 삼황의 기일 등 모두 네 차례에 달하는 대보단 연례행사 가운데, 삼황의 기일에는 친향을 행하지 않고 망배례를 행하는 것을 정식(定式)으로 삼도록 조치했다.[35] 이는 그동안 일정한 형식 없이 그때그때 결정되던 친행의 양식을 규범화시킨 조치로, 대보단 제례의 격식을 국왕의 개인적인 취향에 따라 그때그때 바꾸기보다는 국가의 전범으로 확실하게 굳힌 의미를 갖는다.[36]

망배례의 장소도 영조 때에는 상황에 따라 숭정전(崇政殿)·명정전(明政殿)·인정전(仁政殿)의 월대(月臺)를 옮겨가며 거행했는데, 정조는 인조 때 북원(北苑)에서 명 황제가 있는 북경을 향해 망배례를 거행한 사례를 전례로 삼아, 삼황의 기일에 행하는 망배례 또한 모두 대보단이 있는 북원까지 직접 행차하여 거행하도록 규정을 만들었다.[37] 친행과 섭행(攝行) 사이에도 차별을 두어, 섭행 때의 서계(誓戒) 의식은 공북문(拱北門)에서 행하도록 조치했다.[38] 이런 조치들 또한 마찬가지 취지로 이해할 수 있다.

---

35 『정조실록』 5권 2년 3월 19일 기묘.

36 철종 때 편찬된 것으로 보이는 『俎豆錄』에는 삼황의 즉위일에도 망배례를 하도록 규정되어 있다. 그렇지만 실제로는 정월 초에 있는 홍무제의 즉위일에만 이따금씩 지냈을 뿐이고, 규정대로 지켜진 것 같지는 않다. 이에 대해서는 이 책의 3장에 상세하다.

37 『정조실록』 7권 3년 2월 17일 임신. "教曰 [……] 此後勿論親行攝行 皇壇祭享誓戒肄儀望拜禮 皆行於北苑 著爲式 昔在仁祖朝 行望拜禮於北苑 則尤豈非可徵之一端乎."

38 『정조실록』 7권 3년 2월 25일 경진. "禮曹判書權導 以皇壇享祀親行及攝行時 誓戒肄儀處所 啓稟 教曰 親享誓戒及常時望拜禮 行於春塘臺 肄儀及攝行誓戒 行於拱北門."

[그림 3] 대보단(모형)(서울대학교 규장각에 전시된 창덕궁 모형물을 저자가 촬영한 것임)

그런가 하면, 서울에 거주하는 유생이나 무인들도 모두 망배례에 참석하도록 의무화했다. 이런 조치는 어느 망배례 때에 비가 내린 탓에 참석자 수가 불과 100여 명에 지나지 않자, 정조가 진노하여 불참자들에게 내린 처벌조치를 통해 확인할 수 있다. 1795년(정조 19) 3월 초순의 망배례 날에 비가 내렸고, 그 때문인지는 확실하지 않아도 마침 그날 참석 인원은 평소 때보다 현저하게 적었다. 이에 정조는 그날 망배례에 참석하지 않은 유생과 무인들에게는 한시적으로 과거시험 응시 자격을 박탈하는 정거의 벌을 내렸으며, 관직에 있는 자들은 잡아와 치죄하도록 조치했다. 여기서 특히 흥미로운 점은 앞으로 무단 불참자를 방지하기 위해, 한성부(漢城府) 소속 각 집안의 최고 어른들로 하여금 집안 구성원들의 단자(單子)를 한성부에 제출하도록 하고, 그것을 기준으로 삼아 출석 여부를 점검하도록 조치한 점이다. 부득이한 사정으로 불참이 허용된 경우는 외직에 나가 있거나 중병을 앓고 있음이 증빙될 경우뿐이며, 그 밖의 불참에 대해서는 집안의 어른에게도 연대책임을 묻도록 했다. 또한 실제로 제례 반열에 참석한 자들의 명단을 별도로 확보하고, 그것을 매년 3월 초순의 춘향대제 때마다 정기적으로 수정하도록 명했다.[39]

이렇듯, 지나치다 싶을 정도로 대보단 제례의 참석을 강조한 것은 마침 그날 참석 인원이 저조했기 때문이기도 하지만, 존명의리 가치를 구현하기 위한 취지로 행하는 대보단 제례에 국왕인 정조 자신이 얼마나 신경을 쓰면서 깊은 의미를 부여하고 있는지 확실하게 강조하여 널리 알리기 위함이기도 했다.[40] 이런 점들을 감안하면, 정조가 행한 대보단 친행 행사

---

39 『정조실록』 42권 19년 3월 6일 정사.

40 『정조실록』 42권 19년 3월 6일 정사. "[……] 敎曰 晴則多多爭趍 雨則占便不來 至於今番參班 而該然甚矣 朝官儒武 不過百餘人云 揆以人情 寧有是乎 若念乃先之心 雨暘何擇 不參班儒武 一併限今秋停擧 朝官拿處 [……] 查出各家門長 先從有職者 施以令該府拿勘之典 俾知幰我寤歎於匪風下泉之思 [……]"

에는 상당한 수의 인원이 참석했을 것임을 어렵지 않게 짐작할 수 있다. 이를 통해서도 대보단 제례를 향한 정조의 꼼꼼하면서도 단호한 의지를 읽을 수 있다.

또한 정조는 대보단의 취지를 더욱 고양하기 위한 부속 건물로 대보단 옆에 경봉각(敬奉閣)을 건립했다. 1769년(영조 45)에 영조는 명 황제로부터 받은 조칙들을 비롯해 명나라와 관련된 국가 소유 물품들을 청나라 관련 물품들과 뒤섞이지 않게 별도로 보관하도록 조치한 바 있는데, 그에 따라 경희궁에 경봉각을, 창경궁에 흠봉각(欽奉閣)을 세웠다. 이들은 모두 승문원의 부속 건물로서 지어졌다. 그 뒤 1799년(정조 23)에 정조는 대보단의 왼쪽에 새로 건물을 지어 경봉각을 그곳으로 이전했다. 정조는 새 경봉각의 공사를 직접 지켜보았으며, 선왕들이 명 황제로부터 받은 고칙(誥勅)을 새 경봉각에 봉안하는 모든 행사를 직접 주관했다.[41] 또한, 이후로는 대보단 제례를 행한 뒤에 경봉각을 봉심(奉審)하도록 정식 절차로 만들어 규정으로 삼았다.[42]

경봉각을 향한 정조의 마음은

> 아침에 열천문 밖에 나가서 의식을 거행하고 아울러 경봉각의 새 터를 살펴보았다. 비록 베껴서 찍어낸 대본이긴 하지만, 황조의 고칙을 황단의 곁에 보관해둔다면, 구름무늬 책장이 찬란히 빛나 지난날 중화의 성대함을 접하는 것 같을 것이니, 그 주변을 맴돌고 섬돌을 오르내릴 때의 심경이 과연 어떻겠는가![43]

41 『敬奉閣形止案』(규장각 청구번호 奎11584). 경봉각의 연혁과 봉안된 물품에 대한 상세한 논의는 김문식, 「조선후기 敬奉閣에 대하여」, 『書誌學報』 28(한국서지학회, 2004) 참조.

42 『정조실록』 52권 23년 7월 23일 기묘.

43 『승정원일기』 정조 23년 7월 24일 경진. "朝詣洌泉門外行禮 仍審敬奉閣新址 雖是謄鏤之本而皇朝誥勅 藏于皇壇之傍 縫雲青簡 若接昔日皇華之盛 周旋登降 當作何懷 [……]"

라고 한 그의 말속에 잘 녹아 있다. 대보단의 섬돌을 오르내릴 때마다 과거 명나라와의 특수한 관계와 그 문화를 회상하고자 대보단 바로 서쪽에 경봉각을 건립하고, 명 황제로부터 받았던 조칙들을 등사하여 그 안에 봉안했던 것이다.

이를 종합해보면, 대보단 강화를 통해 드러난 정조의 의도는 구질서의 강화 및 그 연장에 있었다고 볼 수밖에 없다. 일국의 왕으로서 정조는 퇴색해가는 존명의리 의식을 새롭게 환기시킴으로써 그 이념의 영원한 재생산을 꾀했던 것이다. 18세기에 국가 차원에서 재정비한 각종 제례는 거의 다 존명의리와 관련이 있었는데,[44] 정조의 대보단 정책은 그 두드러진 사례라 할 수 있다.

요컨대, 정조와 그의 왕조 조선은 현실적으로는 비록 '청질서' 하에서 살고 있었지만, 정신적으로는 여전히 '명질서' 하에서 살고자 했던 것이다. 이런 태도는 주나라 왕실의 쇠퇴를 한탄하면서 과거를, 곧 전설상의 삼대(三代)를 회상하며 그 과거의 질서를 현실에 재현함으로써 질서와 예를 회복하고자 했던 공자와 맹자나, 여진족이 주도하던 현실을 그대로 받아들이지 않고 관념세계에서나마 한족중화(漢族中華)의 정체성을 유지하고자 했던 주희(1130~1200)의 태도와 그 맥을 같이한다고 볼 수 있다. 실제로, 만주족이 주도하던 17~18세기 동아시아 질서 하의 조선의 현실은 만주족의 조상이라 할 수 있는 여진족이 주도하던 12세기 남송의 현실과 매우 유사했다. 따라서 남송의 신유학을 신봉한 조선의 지배엘리트들이 여진족의 주도하에서 주희가 택했던 타개책을 그대로 계승·답습한 것은 매우 당연한 일이라고도 할 수 있다.[45] 그렇지만 존명의리를 고양하기 위

44 李迎春, 「朝鮮後期 祀典의 再編과 國家祭祀」, 『韓國史硏究』 118(한국사연구회, 2002).

한 대보단 제례는 조보(朝報)에도 실을 수 없었으니,[46] 이는 정조가 심혈을 기울인 대보단 정책이 국내에서만 은밀하게 통할 수 있는, 지극히 대내적인 성격을 지니고 있었음을 간과하면 안 될 것이다.

3. 정조론(正祖論) 재고

그렇다면 지금까지 살핀 정조의 대보단 정책은 정조가 추진한 다른 주요 정책들과 어떤 맥락에서 연관성을 가질까? 이런 질문이 의미 있는 이유는 대보단을 대하는 정조의 태도는 지금까지 학계 일각에서 정조를 개혁군주 내지는 조선의 르네상스를 이룩한 군주라거나 심지어 계몽절대군주로 부각해 그려낸 이미지와 크게 상충하는 면이 있기 때문이다. 우선 '개혁'이니 '르네상스'니 '계몽'이니 하는 용어의 정확한 개념에 대한 합의부터 국내 한국사학계에서 이루어져야 하겠지만, 일단 그런 용어의 일반적인 의미로만 보아도, 과거의 기억으로부터 벗어나기는커녕 오히려 그것을 계속해서 확대재생산한 산물인 대보단 관련 정책을 개혁이나 르네상스나 계몽이라는 말로 설명할 길은 거의 없어 보이기 때문이다.

물론, 어떤 인물이, 특히 그가 한 나라의 군주라면, 개혁과 보수 가운데 어느 한쪽에 치우치기보다는 그 양자를 겸하는 것이 동서고금의 인류 역사에서 두루 접할 수 있는 보편적인 경향이요, 인지상정일 것이다. 그렇

---

45 이런 해석에 대해서는 鄭杜熙, 『朝鮮時代 人物의 再發見』(일조각, 1997), 90~117쪽; Seung B. Kye, "Confucian Perspectives on Egalitarian Thought in Traditional Korea", *International Journal of Korean History*, Vol. 12(Korea University Center for Korean History, 2008) 참조.

46 『정조실록』 7권 3년 2월 17일 임신.

다면 정조도 그런 인물이었을까? 아니면, 혹시라도 정조에 대한 기존의 평가에 어떤 문제가 있는 것은 아닐까? 이 소절은 바로 이 문제에 대한 답을 구하기 위해 마련했다.

18세기 후반을 설명하는 시대론 가운데 정조론을 빼놓을 수 없다. 정조론이 단순히 인물론 차원을 넘어 시대론이 되는 까닭은 그를 '유교적 계몽절대군주'로, 즉 한 시대를 뛰어넘어 새로운 시대로의 전진을 꾀한 역사적 인물로 평가하기 때문이다.[47] 특히 북학을 근대 지향의 진보적 사상으로 해석하는 경향과 짝을 이루면서 정조에 대한 평가는 지금까지 큰 시너지효과를 만들어냈다. '근대 지향의 북학론'과 '근대 지향의 계몽절대군주'라는 해설은 절묘하게 들어맞는 면이 있었기 때문이다. 그러나 역사용어로서의 계몽절대군주를 정조에게 그대로 적용하는 데에는 문제가 많다.

사실, 계몽절대군주는 유럽사에서 등장한 학술전문용어이다. 계몽(enlightenment)이라는 말도 역사 서술에서는 그 사용에 매우 신중을 기해야 하는 전문용어이다. 물론 지나치게 엄정한 정의를 내릴 필요는 없지만, 그래도 기본적인 개념 정리 없이 그런 말을 지나치게 폭넓게 일반보통명사처럼 사용한다면 적지 않은 혼란을 초래할 것이다. 마치 자본주의(capitalism)나 민족주의(nationalism)라는 용어가 서구 학계에서는 정의가 분명한 전문용어로 쓰이는 데에 비해, 국내 학계에서는 일반보통명사로

47 대표적인 것으로는 李泰鎭, 「正祖: 儒教的 계몽절대군주」, 『한국사시민강좌』 13(일조각, 1993) 참조. 이 논문은 이태진, 『왕조의 유산: 외규장각도서를 찾아서』(지식산업사, 1994), 181~212쪽에도 실렸다. 학계에서는 소수 견해에 지나지 않지만, 대중에게는 「KBS 역사스페셜」을 통해 널리 알려졌다. 한편 정조와 르네상스를 유비하는 이해 또한 구체적인 논증이 없음에도 적지 않게 받아들여지고 있는데, 이런 통념을 받아들인 한 예로는 성균관대학교 동아시아학술원 편, 『정조의 어찰첩』(성균관대학교 출판부, 2009), 「간행사」 참조.

다소 모호하게 쓰이는 데에서 오는 오해와 편차의 문제가 발생한다는 것이다. 그러면 먼저 사상 조류로서의 계몽주의사상을 살펴보고 나서 계몽절대군주의 뜻을 정리한 후에, 그것을 기준으로 삼아 정조의 정책들을 살핌으로써 이 문제에 접근해보자.

유럽의 계몽주의사상에도 시기적으로 공간적으로 다양한 버전이 존재했지만, 주지하듯이 계몽사상이라면 대체로 신으로 대표되는 중세사회의 가치와 질서에 반기를 들고 인간의 이성과 합리적인 사고를 강조한 르네상스 시기를 거치면서 축적된 지성사의 바탕 위에 17~18세기 서유럽에서 꽃을 피운 일단의 사조를 말한다. 로크(1632~1704), 몽테스키외(1689~1755), 루소(1712~1778), 볼테르(1694~1788), 칸트(1724~1804) 같은 사상가들이 바로 계몽사상을 주도한 인물이었고, 고대사회에서 이미 등장한 바 있는 자연법 · 천부인권론 · 인간평등 등과 같은 인식뿐만 아니라 삼권분립이나 사회계약론 같은 새로운 가치들을 망라한 것이 바로 그 주요 개념이었다. 즉 기존 전통의 권위로부터 벗어나 새로운 가치체계를 수립하려는 사상적 움직임이었던 것이다.

그러면 일견 모순처럼 보이는 '계몽'과 '절대'라는 두 상반적인 성격을 겸비한 '계몽절대군주'란 어떤 군주를 말하는가? 역사용어로서 계몽절대군주라면, 상기한 18세기 유럽의 그런 계몽사상을 섭취하고 군주로서의 자기 권력을 내세워 일련의 변화를 추진하되, 자국의 현실과 자기의 이해관계에 따라 적절히 변용하여 정책에 반영하고자 한 군주를 칭한다.[48] 그런데 계몽절대군주라는 역사용어는 세계사에서 17~18세기에 동유럽에

48 계몽절대주의와 그것을 실천에 옮기고자 한 계몽절대군주에 대해서는 Hamish M. Scott, *Enlightened Absolutism: Reform and Reformers in Later Eighteenth-Century Europe*(London: Macmillan, 1990)을 참조.

서만 나타난 현상이었다. 왜냐하면 프랑스의 루이 14세(r. 1643~1715)나 영국 스튜어트 왕가의 국왕들로 대표되는 서유럽의 절대군주제가 자본주의의 발달에 이은 시민혁명이나 명예혁명으로 종말을 고한 데 비해, 동유럽의 절대군주제는 비록 계몽주의사상이라는 외피를 입기는 했으나 실제로는 군주의 절대권력을 계속 유지하는 방향으로 나아갔기 때문이다. 가장 대표적인 계몽절대군주로 꼽히는 프로이센의 프리드리히 2세(r. 1740~1786), 러시아의 예카테리나 2세(r. 1762~1796), 오스트리아의 요제프 2세(r. 1765~1790)와 같은 군주들이 모두 동유럽에서 등장한 것은 바로 이런 이유로 볼 수 있다.

서유럽에 비해 산업적 · 경제적으로 낙후되어 있던 동유럽에서 계몽절대주의를 이끈 이들 군주들은 경제적으로는 대개 중농주의정책을 펼쳤으며, 비록 귀족의 기득권 철폐에는 실패했지만 그래도 정치적으로 조세제도 개편, 관세 철폐, 길드 폐지 등 일련의 변화를 꾀했으며, 사회적으로는 시민계급과 농민의 지위 향상에 일정 부분 기여했다. 이를 거시적 · 역사적으로 보면, 계몽절대주의는 서유럽의 경우라면 중상주의에 기초한 봉건적 절대주의가 자유주의에 토대를 둔 자본주의로 진화하는 과도기에 나타난 현상으로 볼 수도 있겠지만, 동유럽에서는 절대군주제 자체가 19세기에도 줄곧 이어져, 제1차 세계대전을 계기로 해서야 종말을 고하게 되었다. 이런 이유도 한몫하여, 계몽절대군주의 정책들에 대해 서양 학계 일각에서는 비록 개혁적이라는 평을 하기도 하지만, 마르크스주의자들을 비롯해 대부분의 학자들은 계몽절대군주를 반동적이라 하여 부정적으로 보는 것이 대세이다. 단순히 부정적으로만 인식하는 데 그치지 않고 계몽절대군주라고 하면 오히려 개혁군주니, 성군이니, 현군이니 하는 개념과 정면으로 충돌하는 반대 개념으로 보는 경향이 지배적이다.[49]

요컨대, 서유럽에서 발흥한 계몽주의사상의 근간은 기존 권위와 가치체계로부터의 이탈이자 도전이었으며, 그것을 수입해서 십분 이용한 동유럽의 정치적 주체가 바로 계몽절대군주였던 것이다. 전자가 보편적 신에 의한 신정(神政)을 부정하고 인간의 합리적 이성과 합의된 법에 의한 정치를 지향하겠다는 사상적 흐름이었다면, 후자의 경우는 그것을 일부 섭취한 국왕이 스스로 철인 행세를 하면서 국내의 봉건영주들을 누르고, 국왕이 주민들을 직접 편제하여 제도적 변화를 추진하고, 자국의 이익을 위한 부국강병을 추진한 군주들을 가리킨다. 비록 그들의 행보는 계몽사상의 본연의 취지와 반대 방향으로 나아갔지만, 그들이 상기한 일련의 정책을 추구하는 데에 외부적 요인으로 계몽주의 풍조가 일정 부분 작용한 것은 부정할 수 없는 사실이다.

어쨌든, 이런 개념을 같은 시기(18세기) 조선에 대입한다면, 유럽에서 나타난 교회 중심의 중세적 질서로부터의 이탈 현상과 교회의 자국적(自國的) 세속화 현상은 공자 · 맹자 · 주희로 이어지는 유교 권위의 부정을 상당 부분 필요로 할 것이다. 특히 화이관에 기초한 중국 중심의 세계관 탈피가 그 골자가 되어야 할 것이다. 유럽식의 봉건영주는 조선이라면 지역적 · 혈연적 기반이 강한 당파와 그 영수들을 떠올릴 수 있을 것이다. 조선의 국왕이 주민들을 직접 편제하고 제도적 변화를 추진한다면, 아마도 중국의 시스템에 기초한 전통적 조세제도 · 토지제도 · 군역제도 · 관리임용제도 · 신분제도 등의 전반적인 개혁을 말할 것이다. 부국강병이라면, 해외무역 권장, 중농정책, 국가 상비군의 확대, 양반의 병역의무 부활, 상공업 장려, 무기와 전술 개발, 장교(무반) 우대, 군관학교 신설 등 일련의 조치를 필요로 할 것이다.

49 이 소절에서 정리한 서양사에서 말하는 계몽절대군주에 대한 이해는 최성철 선생(서강대)과의 토론에 힘입은 바 크다. 이에 지면을 통해 감사의 뜻을 표한다.

그런데 정조의 가치관이나 정책에서 그런 면을 찾기는 쉽지 않다. 왜냐하면 정조는 주자학적 유교질서의 타파가 아니라 그 회복 내지는 강화를 추진한 왕이었기 때문이다. 정조가 재위 기간 내내 심혈을 기울인 각종 편찬사업의 목적과 성격을[50] 보면, 이를 잘 알 수 있다. 탈중화(脫中華) 여부 문제만 놓고 보아도, 정조의 조선은 정신적으로는 존명의리와 춘추대의로 대표되는 한족중화(漢族中華)에, 정치적으로는 청질서에 강력하게 묶여 있었으며, 그런 현실로부터 벗어나려는 움직임조차 거의 보이지 않았다.[51] 뿐만 아니라, '유교적 계몽절대군주'라는 말도 이상하기는 마찬가지다. '유교적'이라는 수식어는 오히려 계몽절대군주와 병립하기 어렵기 때문이다. 왜냐하면 조선후기 사회에서 '유교적'이라는 말은 어디까지나 중세적 가치를 지향한 데에 비해, 계몽주의사상 내지는 계몽절대주의는 중세적 가치를 뛰어넘는 데에서 출발했기 때문이다.

실제로, 정조의 사상과 시대인식은 『정조실록』, 『일성록』, 『홍재전서』 등에서 어렵지 않게 찾아볼 수 있다. 이 장에서도 이미 분명히 확인했듯이, 그는 자신의 시대를 법과 질서가 땅에 떨어지고 이단사설과 퇴폐풍조가 판치는 시대로 규정하고, 늘 그것을 한탄하곤 했다. 여기서 법과 질서라 함은 당연히 조선왕조가 전통적으로 강조한 유교적 예법과 질서를 말

50 이에 대해서는 김문식, 『정조의 경학과 주자학』(문헌과해석사, 2000); 김문식, 『정조의 제왕학』(태학사, 2007) 참조. 특히 『정조의 제왕학』은 군사(君師)로서 정조가 취한 태도와 추구한 정책들이 대개 유교 전통 및 그 가치의 복원과 실현에 있었음을 잘 보여준다. 아울러, 정조가 수많은 서책을 섭렵하고 쓴 서평 모음집이라 할 수 있는 『군서표기』에 나오는 서책 목록과 각 서책에 대한 정조의 코멘트를 일견하면, 정조의 최대 관심이 삼대(三代)에 뿌리를 두고 성리학에 기초한 왕조의 지배체제를 확고하게 재건하는 데 있었음을 어렵지 않게 간파할 수 있다.

51 조선후기의 탈중화 여부 문제를 이런 시각에서 정리한 연구로는 계승범, 「조선 속의 명나라: 大報壇을 통해서 본 조선지배층의 중화 인식」, 『明清史研究』 35(명청사학회, 2011) 참조.

한다. 그러므로 국왕으로서 그가 펼칠 정책의 기본 틀이 어떤 의도와 방향으로 나아갈 것인지는 어렵지 않게 예측할 수 있다. 한 예로, 서양사의 계몽절대군주정이 근대 국민국가(nation-state)가 형성되는 데 중요한 디딤돌 역할을 한 데 비해, 정조의 정치는 조선왕조의 건국 당시에 이미 천명된 두 개의 가치, 곧 사대와 유교, 다른 말로 대명사대(對明事大)와 유교적 질서라는 기존의 보편적 가치를 회복하여 더욱 공고히 하는 것과 직결된 점에서 분명한 차이를 드러낸다.

그렇다면 정조는 개혁군주이기는 했을까? 정조를 계몽절대군주로 보는 데에 반대하는 사람들도 개혁군주로 보는 데에는 많이 동의하는 추세이므로, 정조의 인물론과 관련해 이 문제도 짚어볼 필요가 있다. 다만, 이에 대한 답을 찾기 위해서는 정조가 추진한 주요 정책들을 일일이 분석하고 해석해야 하는데, 그것은 이 책의 주제 범위를 벗어나므로 여기서는 '개혁'이란 무엇인가에 대해 원론적인 언급을 하는 것으로써 정조를 개혁군주로 보는 견해에 대해 재론의 여지가 있음을 제시하는 정도에 그치고자 한다.

우선, "A는 B이다"라는 명제를 증명하기 위해서는 B의 범위와 그 기준을 분명히 정의해야 한다. 마찬가지로, "정조는 개혁군주였다"는 명제를 논증하기 위해서는 개혁군주에 대한 정의나 개념에 대한 합의가 선행되어야 한다. 그 다음에 정조의 정책들을 하나하나 분석하여, 개혁군주의 정의 개념에 부합하는지 여부를 따져보는 것이 논리적 절차일 것이다. 그런데 이런 검증 절차를 밟은 후에 정조를 개혁군주로 평가한 연구는 거의 찾아볼 수 없다.

그렇다면 개혁군주란 어떤 사람을 가리키는가? 개혁군주는 간단히 말해 개혁을 추진한 군주를 이를 것이다. 그렇다면 개혁이란 무엇인가? 개혁의 일반적 · 사전적 의미는 문제가 되고 있는 어떤 제도나 현상을 개선

하는 조치까지 포함한다. 그러나 역사용어로서 개혁이 갖는 의미를 좀 더 구체적으로 보면, 단순한 개선 차원을 넘어 미래의 비전을 제시하는 역사적 방향성을 갖추고 있어야 개혁이라 말할 수 있다.

예를 들어, 어떤 왕이나 대통령이 관리들의 고질적인 불법 비리와 부정부패를 일소하기 위해 노력했다고 치자. 그러면 그것은 개혁일까, 아닐까? 그것은 당연히 해야 할 일이며 원칙(법)의 재확립이지, 개혁은 아니다. 그것은 이미 있는 법대로 일을 처리하는 것일 뿐이며, 당연히 그렇게 집행해야 하는 것이고, 따라서 그렇게 집행하지 않는 것이 오히려 직무유기이자 불법이다. 따라서 부정부패 척결 노력을 역사적 시각에서 개혁이라고 부르는 것은 곤란하다.

특히 역사학에서 사용하는 개혁이라는 용어는 특권계층의 기득권을 급격한 혁명이 아닌 다른 방법으로 제도적으로 서서히 포기시키는 것을 말한다. 프랑스가 혁명을 통해 그것을 이루었다면, 영국은 장기간에 걸친 아래로부터의 동력을 받은 개혁을 통해, 독일은 위로부터 추진된 개혁에 의해 이루었던 것이다. 이런 의미에서 볼 때 정조의 정책들 가운데 역사적 방향성을 지닌 개혁이라 볼 수 있는 것은 신해통공(辛亥通共, 1791) 외에는 두드러지는 것이 거의 없었다고 해도 과언이 아니다.[52]

---

52 이른바 금난전권(禁難廛權)의 폐지로 대표되는 신해통공조차도 그것은 정조가 어떤 새로운 사상 조류의 영향을 받아 능동적으로 추진한 결과라기보다는 이미 18세기 전반부터 대두한 비시전(非市廛) 상업세력의 존재를 인정할 수밖에 없는 상황에 처하여 조정에서 오랜 시행착오를 거쳐 공식적으로 추인한 것에 가까웠다. 뿐만 아니라, 18세기 정치 현상의 거의 모든 분야가 그랬듯이, 신해통공 과정에도 정파 간의 이해관계가 깊숙이 개입되어 있었다. 정조대 조정의 상업정책이 갖는 이런 성격과 그 한계를 잘 정리한 연구로는 李旭, 「18세기말 서울 商業界의 변화와 政府의 對策」, 『歷史學報』 142(역사학회, 1994); 卞光錫, 「18세기 亂廛·都賈에 대한 정부의 상업정책」, 『지역과 역사』 1(부산경남역사연구소, 1996) 등을 참조. 요컨대, 신해통공 과정에 정조가 섭취한 어떤 새로운 사상철학이 독립변수(x변수)로 강력하게 작용했다는 증거는 거의 없다는 것이다.

사실, 이 책의 주제인 대보단과 관련해 보아도, 정조의 최대 관심은 구질서의 회복이자 고수였다. 그는 청나라가 현실에서 주도하는 새 국제질서를 결코 바람직한 것으로 보지 않았으며, 오히려 비정상적인 상태로 보았다. 세상이 이미 청나라 천지가 된 지 100년도 더 지난 18세기 후반에 이르자, 사람들 사이에서 명나라에 대한 의리의식도 시들해지고, 문체도 청나라 식으로 바뀌고, 오히려 청나라로부터 문물을 배우자는 북학론이 대두하고, 천주교가 들어오는 등, 정조가 보기에는 결코 정상적인 시대가 아니었다. 이런 새로운 사조가 정조에게는 미래지향적인 발전을 위한 새로운 요인이자 동력으로 다가온 것이 아니라, 오히려 기존 체제에 대한 심각한 도전으로 받아들여졌던 것이다. 그러했기에, 비록 관념세계에서나 가능했을지라도 과거 명나라가 주도하던 중화질서로의 회귀를 꿈꾸었던 것이다. 이 장에서 지금까지 상세히 살폈듯이, 정조가 대보단을 매우 강조한 이유는 바로 그의 이런 시대인식과 밀접한 관련이 있었으며, 바로 그 시대인식에 따라 필연적으로 나온 산물이었던 것이다.

제5장

19세기 전반기 대보단 운용과 그 특징

존명의리 이데올로기를 체현하기 위한 장치로 18세기 벽두에 등장한 대보단은 이른바 영조와 정조의 시대로 유명한 18세기가 무르익도록 조선의 정치무대에서 매우 중요한 의식으로 자리를 굳혔다. 앞장에서 지금까지 확인했듯이, 숙종은 대보단을 창설해 그 기초를 놓았고, 영조는 그 제례를 확대·강화하여 확실한 궤도에 올렸으며, 정조는 그것을 거의 완벽에 가깝게 실천에 옮겨 국가 전범으로 튼튼하게 자리를 굳혔다.

그러고 보면, 조선의 부흥기라고 하는 18세기 내내 조선을 이끈 세 왕이 모두 대보단과 관련해 굵직한 업적을 남긴 점이 흥미를 돋운다. 대보단이 이미 망해 사라져버린 명나라를 조선의 현실 정치무대로 호명하여 불러내 존명의리 이데올로기를 영원히 재생산함으로써 조선왕조의 레종데트르를 내면화하기 위한 주요 장치였던 점에서 더욱 그렇다. 따라서 흔히 일컬어지는 '부흥'이라는 단어에 대해서도 그것을 막연히 사용할 것이 아니라, 그 의미가 정확히 무엇이며, 어떤 기준에 따른 부흥인지 역사적 시각에서 조망해볼 필요가 있다. 예를 들어, 대보단의 경우를 놓고 판단해볼 때, 조선의 18세기를 정녕 부흥의 시기로 보아야 한다면 그것은 미래지향적인 새 시대의 비전을 제시하고 그런 방향성을 뚜렷이 보여준 의미의 부흥이라기보다는 과거의 전통과 가치를 되살려 일으키려는, 곧 과거지향적인 의미의 부흥이 될 것이기 때문이다.

이런 문제를 조선왕조의 전체 역사에서 통시적으로, 거시적으로 이해하기 위해서는 18세기를 풍미한 대보단 제례가 이른바 조선왕조의 쇠퇴기로 이해되는 19세기에 들어서 어떻게 진행되었는지에 대해서도 살필 필요가 있다. 비록 대보단이 창설되고 확대 · 강화된 시기가 18세기일지라도 대보단은 19세기에도 내내 국가의 전범으로 존재했으므로, 대보단의 의미를 역사적 맥락에서 보다 정확하게 파악하기 위해서는 18세기의 사례들뿐만 아니라 19세기의 사례들도 함께 살펴야 보다 정확한 이해가 가능하다는 뜻이다.

그렇다면, 정조 사후 19세기에는 대보단의 중요성이나 친행의 빈도 등에 있어서 어떤 변화가 있었을까? 만약 변화가 있었다면 그것은 대보단 제사가 더 강화되는 방향으로 바뀌었을까, 아니면 약화되는 경향을 보였을까? 친행 빈도에 있어서 삼황의 비중은 서로 비슷하였을까, 차이가 있었을까? 만일 있었다면, 그 차이의 실체는 무엇이고 그 의미는 또한 무엇일까? 19세기 왕들은 영조와 정조가 대보단을 강화한 의도를 충분히 숙지하고 있었을까, 아니면 단지 선래의 전통 정도로 여겨 매너리즘과도 같은 태도를 보였을까?

이 장에서는 조선왕조가 새 국제질서에 접어드는 개항(1876) 이전의 19세기 대보단 제례가 어떤 형태로 전개되었는지 순조(r. 1800~1834), 헌종(r. 1834~1849), 철종(r. 1849~1863) 연간의 상황에 초점을 두어 살핌으로써 이에 대한 답을 찾고자 한다.

1. 순조의 대보단 친행

정조의 급작스런 죽음에 따라 11세의 나이로 1800년 7월 4일에 즉위한 순조는 1834년까지 34년간 재위했다. 어린 나이에 즉위한 탓에 처음 4년 동안은 정순왕후(1745~1805)의[1] 수렴첨정을 받았으나, 15세가 되면서 공식적으로 친정을 시작했다. 그러나 장인 김조순(1765~1832)을 주축으로 한 안동김씨 노론시파의 척족세도 하에서 순조의 움직임은 제한될 수밖에 없었다. 그래도 재위 7년째 되던 1807년부터 순조는 국정 장악을 시도하면서 친정체제 굳히기에 들어갔다. 요직 인사권을 직접 행사하고, 국가 운영 실무의 요체를 쉽게 파악하기 위한 취지에서 『만기요람』(萬機要覽)을 편찬하고, 민정의 직접 파악을 추진하고, 소대(召對)를 보다 자주 행하고, 규장각을 강화하고, 안동김씨를 견제하고, 군영제의 변화를 꾀하는 등 능동적으로 손수 국정을 관장하기 시작했다.[2]

그런데 순조가 보여준 친정 의지가 대보단 친행을 충실히 거행하는 모습으로도 나타난 점이 흥미롭다. [표 3]에 따르면, 순조 즉위 후 처음으로 친정체제를 유지하던 1807년부터 1811년까지 5년 동안 15번의 삼황 기일 가운데 순조는 14번 친행하는 적극성을 보였다. 이는 국정을 주관하고자 했던 순조가 문무백관을 거느리고 행하는 대보단 친행의 정치적 의미

1 정순왕후는 1759년(영조 35) 16세의 나이에 66세의 영조와 혼인해 계비가 되었다. 영조와의 사이에 자식은 없었으며, 정치색은 벽파 · 공서파에 속한다.

2 오수창, 「정국의 추이」, 『조선정치사(1800~1863)』 상(청년사, 1990), 73~106쪽; 裵祐晟, 「純祖 前半期의 政局과 軍營政策의 推移」, 『奎章閣』 14(서울대학교 규장각, 1991); 金明淑, 「19世紀 反外戚勢力의 政治動向: 純祖朝 孝明世子의 代理聽政 例를 중심으로」, 『朝鮮時代史學報』 3(조선시대사학회, 1997).

[표 3] 순조~철종 연간 대보단 친행 사례

연도		재위	숭정제 (3.19)	홍무제 (5.10)	만력제 (7.21)	비고
1800	경신		·	·	·	7월 순조 즉위
1801	신유	순조 1	·	·	·	
1802	임술	2	·	·	·	
1803	계해	3	친행	친행	친행	
1804	갑자	4	친행	친행	친행	
1805	을축	5	·	·	·	정순왕후 사망
1806	병인	6	·	·	·	
1807	정묘	7	친행	친행	·	순조의 친정 본격화
1808	무진	8	친행	친행	친행	
1809	기사	9	친행	친행	친행	
1810	경오	10	친행	친행	친행	
1811	신미	11	친행	친행	친행	12월 홍경래란 발발
1812	임신	12	·	·	·	4월 홍경래란 종결
1813	계유	13	·	친행	친행	
1814	갑술	14	·	·	·	
1815	을해	15	·	·	·	
1816	병자	16	·	·	·	
1817	정축	17	·	·	·	
1818	무인	18	친행	친행	·	
1819	기묘	19	·	·	·	3월 세자 관례 준비
1820	경진	20	·	친행	·	
1821	신사	21	·	·	·	
1822	임오	22	·	·	·	
1823	계미	23	·	·	·	
1824	갑신	24	친행	친행	·	세자 배참(陪參) 시작, 명 멸망 3주갑
1825	을유	25	친행	친행	친행	
1826	병술	26	친행	친행	친행	
1827	정해	27	친행	친행	·	
1828	무자	28	·	세자	세자	
1829	기축	29	세자	세자	세자	
1830	경인	30	세자	·	·	7월 세자 죽음
1831	신묘	31	·	·	·	
1832	임진	32	친행	·	친행	
1833	계사	33	친행	친행	친행	

연도		재위	숭정제 (3.19)	홍무제 (5.10)	만력제 (7.21)	비고
1834	갑오	34	친행	·	·	11월 순조 사망, 헌종 즉위
1835	을미	헌종 1	·	·	·	
1836	병신	2	·	·	·	
1837	정유	3	·	·	·	
1838	무술	4	·	·	·	
1839	기해	5	친행	·	·	11월 아편전쟁 발발
1840	경자	6	친행	친행	·	
1841	신축	7	친행	친행	친행	8월 난징조약 체결로 아편전쟁 종결
1842	임인	8	·	친행	친행	
1843	계묘	9	·	·	·	
1844	갑진	10	친행	·	·	7월 경봉각에 『황명실록』 봉안
1845	을사	11	·	·	·	
1846	병오	12	친행	·	친행	
1847	정미	13	친행	·	친행	
1848	무신	14	·	친행	·	무신년(명이 건국한 해)
1849	기유	15	·	정식	·	6월 헌종 사망, 철종 즉위
1850	경술	철종 1	·	·	·	
1851	신해	2	·	·	·	
1852	임자	3	친행	·	친행	
1853	계축	4	친행	·	친행	
1854	갑인	5	친행	·	·	
1855	을묘	6	친행	·	친행	
1856	병진	7	·	친행	·	
1857	정사	8	친행	·	·	
1858	무오	9	·	·	·	
1859	기미	10	·	·	·	
1860	경신	11	·	·	친행	
1861	신유	12	·	·	·	
1862	임술	13	친행	·	·	
1863	계해	14	·	·	·	12월 철종 사망

* 『조선왕조실록』, 『일성록』, 『승정원일기』의 해당 날짜 및 전후 기사들을 종합하여 작성하였다.
* 친행 = 왕의 친행이 기록으로 확인되는 경우로, 친향 · 망위례 · 망배례 등을 망라한다.
* 세자 = 효명세자가 주관한 제례를 가리킨다.
* 빈칸은 해당 날짜에 친행 관련 기사가 없거나 기록 자체가 결락된 경우이다.
* 황제별 친행 비율에 중점을 두었으므로, 3월 초순의 춘향대제는 포함하지 않았다.

를 나름대로 숙지하고 있었음을 시사해준다. 또한 이러한 적극성은 대보단 친행을 거의 거르지 않았던 정조와도 닮아 보인다.

그런데 [표 3]을 보면, 1811년을 마지막으로 이후의 대보단 친행 빈도는 현격하게 떨어진다. 친행을 다시 규칙적으로 재개하는 1824년까지 12년 동안 36번의 삼황 기일 가운데 단지 5번만(14%) 친행을 거행했고, 나머지는 특별한 친행 없이 단지 승지를 대보단에 보내 봉심(奉審)하도록 조치했다. 이런 극명한 차이를 보이는 이유에 대해서는 구체적인 사료가 없으므로 정확히 알 수 없다. 다만, 1811년 12월에 발생해 이듬해 4월에 종결된 홍경래 난의 충격이 순조에게 어떤 영향을 주지 않았을까 추론해볼 수 있다. 이를테면, 김조순이 주도한 세도정치가 홍경래 난을 계기로 본격화한 것과도[3] 어떤 함수관계가 있을 가능성이 있다는 것이다. 정조와는 달리, 친위세력 구축에 그다지 성공적이지 못했던 순조로서는 척족세력의 높은 벽에 부딪히자 그만 정치에 대한 애초의 흥미를 잃고, 차선책으로 척족의 보호막 안에서 현상유지에 만족하는 쪽으로 돌아섰을 가능성이 높다.

어쨌든 [표 3]에 보이는 순조의 친행 빈도가 그가 보인 정치적 관심의 고저와 놀라우리만치 시기적으로 일치하는 점은 19세기에 들어와서도 대보단 친행 여부가 조선의 정치무대에서 어떤 식으로든 왕권의 강약을 보여주는 하나의 표상으로서 작동하고 있었음을 강하게 시사해준다.

흥미롭게도, 이러한 매너리즘에서 순조가 깨어난 시기는 명이 망한 갑신년(1644)이 세 번째로 돌아온 1824년이었다. [표 3]에 따르면, 1824년 3월의 숭정제 기일로부터 시작하여 효명세자(1809~1830)의 대리청정(代理

3 김용흠, 「19세기 전반 勢道政治의 형성과 政治運營」, 오영교 편, 『세도정권기 조선사회와 대전회통』(혜안, 2007), 97쪽.

聽政)이 시작된 1828년까지 4년 동안 순조는 기록 자체가 누락된 두 번을 제외하고는 단 한 번도 거르지 않고 삼황의 기일에 맞추어 문무백관을 거느리고 북원에 거동해 친행을 거행했다. 특히 이 시기에 거행된 친행에는 항상 세자를 배참(配參)시킨 점이 흥미로운데, 거기에는 어떤 정치적 의미가 담겨 있었을 것이 분명하다. 이를테면, 건강 문제와 정치적 의욕의 상실로 인해 국정에 전념하기 힘들던 순조가 세자를 훈련시켜 대리청정의 형태로 국정을 전담케 하려는 계획이 대보단 제례를 통해서도 분명히 드러났다고 할 수 있기 때문이다. 순조의 이러한 태도 변화는 이제 40대의 나이에 접어든 순조가 왕실과 자신의 권위를 내세우기 위한 방책 가운데 하나로 선왕인 영조와 정조처럼 대보단 친행을 강조했다는 좋은 증거가 될 수 있다. 이런 극명한 차이를 고려할 때, 순조가 친정체제의 재구축과 관련하여 대보단 제례에 다시 열성을 보이게 된 계기가 명이 망한 지 삼주갑(三週甲)이 되었기 때문임은 두 말할 나위도 없다. 즉 순조는 명나라가 망한 갑신년(1644)이 세 번째 돌아온 1824년을 좋은 구실이자 적절한 타이밍으로 삼아 세자를 정치의 전면에 내세웠던 것이다.

다만 효명세자의 대보단 참배가 어느 정도 궤도에 오르자, 바로 세자로 하여금 대리청정(1828~1830)에 임하도록 하고 자기는 뒤로 물러선 점은 순조가 대보단 제례가 담고 있는 정치적 의미를 잘 인지하면서도 그것을 실천하는 끈기와 추진력은 선왕들에 비해 약했음을 시사해준다. 순조의 이런 태도는 효명세자가 갑자기 죽은 후에도 여실히 나타났다. 효명세자의 죽음은 곧이어 세자의 측근들에 대한 숙청으로 이어졌는데, 세자의 대리청정을 지지하던 순조는 이런 정국의 반전을 거의 방치하다시피 했다. 그것이 세자를 상실한 이후 순조가 선택한 정치적 타협의 결과로 볼 수도 있겠지만, 순조의 정치력 내지는 의지력 부족에 기인한 측면이 훨씬 더 컸을 것으로 보인다.

실제로, 순조 재위 24년 동안의 친행 횟수와 그 내용을 살펴보면, 대보단 친행에 임하는 순조의 심리에 깃든 이런 면을 감지할 수 있다. [표 4]를 [표 3]과 함께 살펴보면, 순조는 즉위한 직후인 1800년 7월 21의 만력제 기일부터 죽기 4개월 전인 1834년의 만력제 기일까지 모두 103회의 삼황 기일을 맞았는데, 그 가운데 43회의 친행을 거행했다. 이는 41%의 비율로, 75%에 달했던 정조의 친행 비율에 비하면 현격하게 낮아진 수치이다. 물론 순조가 어린 나이에 즉위한 탓에 친행을 주관하기가 사실상 어려웠던 재위 초기 상황을 고려해야 하겠지만, 그래도 대보단 친행이 갖는 정치적 의미를 순조가 숙지하고 있었음에도 불구하고 정작 그것을 현실의 정치무대에서 과단성 있게 지속적으로 추진할 의지력이 선왕들에 비해 부족했음은 분명해 보인다.

[표 4] 순조~철종 연간 삼황 기일 친행 비율과 황제별 추이

구분	전체	황제별		
	친행/기일 (친행비율)	숭정제 (친행비율)	홍무제 (친행비율)	만력제 (친행비율)
순조 (1800~1834)	43 / 103 (41%)	15 / 34 (44%)	16 / 34 (47%)	12 / 35 (34%)
헌종 (1834~1849)	14 / 44 (31%)	6 / 15 (40%)	4 / 15 (26%)	4 / 14 (28%)
철종 (1849~1863)	11 / 43 (25%)	6 / 14 (42%)	1 / 14 (7%)	4 / 15 (26%)

그런가 하면, [표 4]에서 순조의 친행을 황제별로 보면, 홍무제 기일 친행이 16회, 숭정제가 15회, 만력제가 12회의 분포를 보인다. 황제별 차이가 두드러지지 않으므로, 이러한 통계에 큰 의미를 부여하기는 어렵다. 그래도 홍무제 기일 친행이 가장 빈번한 점은 순조가 비록 대보단 친행을

규칙적으로 거행하지는 않았지만, 영조가 삼황제 가운데서도 홍무제에게 특별히 부여한 위상의 의미를 순조가 비교적 잘 이해하고 따른 것으로 보아야 할 것이다. 실제로, 대보단 제사는 순조 당시에 이미 고황제(高皇帝, 홍무제) 위주로 행해지는 것이 관례처럼 되어 있었으므로,[4] [표 4]에 보이는 순조가 행한 황제별 친행 비율은 충분히 근거가 있다.

결국, 순조의 대보단 제사에 대해서는 다음과 같은 양면성을 지적할 수 있겠다. 먼저, 순조는 대보단 제례가 갖는 정치적 의미를 비교적 잘 숙지하고 있었던 것으로 보이며, 그에 따라 자신이 국정을 장악할 필요를 느낄 때면 예외 없이 대보단 친행을 비교적 정기적으로 거행하는 모습을 보였다. 이점은 홍무제를 대보단에 배향함으로써 대보단의 정치적 의미를 강화했던 영조의 정책 및 그것을 충실히 계승한 정조의 선례를 순조도 잘 따른 것으로 풀이할 수 있다.

반면에, 되도록 친행을 만류하려는 신료들의 태도를 보여주는 자료가 없는데도 순조의 친행 빈도가 선왕인 정조에 비해 괄목할 만하게 떨어진 이유는 대보단 친행에 임하는 순조의 의지력과 지구력이 그다지 강하지 않았을 뿐만 아니라, 정국의 동향도 예전과 같지 않았음을 시사해준다. 다른 말로, 순조의 국정 장악 의지에 비해 그의 능력이 제대로 미치지 못했음을 상징적으로 보여준다고 할 수 있다.

요컨대, 영조와 정조를 거치면서 매우 중요한 국가의례로 굳어진 대보단 제례가 순조 대에 와서는 국왕 자신의 적극적 의지의 표출이라는 측면이 여전히 살아 있으면서도, 다른 한편으로는 국가 전통의 계승 차원에서

4 『순조실록』 7권 5년 윤6월 18일 기해. "禮曹啓言 [……] 英廟朝甲申 用毅宗皇帝殉社之日 合饗於皇壇 伊時大臣 起疑於忌辰用樂 稟旨博詢於禮儒臣 則皆以爲 皇壇之祀 以高皇爲主 雖值以下忌辰 不當去樂以爲享 夫一壇之上 以其壓尊之故 [……]"

형식적으로 시행되는 측면이 서서히 강해지고 있었다고 볼 수 있다. 즉 순조의 대보단 친행 비율은 그의 왕권이 실제로 어느 정도였는지 가늠할 수 있는 좋은 척도로도 볼 수 있다는 것이다. 순조의 여타 행차의 규모가 이전 정조 때와는 비교가 안 될 정도로 크게 축소된[5] 사실만 보아도 순조가 실제로 누렸을 왕권의 정도와 실상을 쉽게 짐작할 수 있다. 다음 소절에서 다루겠지만, 순조의 뒤를 이은 헌종과 철종의 대보단 친행 경향을 참고할 때 이 점은 더욱 선명하게 드러난다.

2. 헌종과 철종의 대보단 친행

헌종은 효명세자의 아들로, 할아버지 순조가 45세의 나이로 죽자, 8살의 나이로 즉위했다. 이에 순조의 왕비이자 효명세자의 친모인 순원왕후(1789~1857)의 수렴청정이 7년간 지속되었다.[6] 이후 헌종이 적극적으로 국정을 주관한 것은 그가 19세의 어엿한 청년으로 성장한 1845년부터였다. 헌종의 친정 개시와 병행하여 이루어진 대표적인 사업으로는 정조·순조·익종(翼宗, 효명세자의 추증 묘호)의 정치에서 요체를 뽑아 정리한 『삼조보감』(三朝寶鑑)의 편찬, 정조가 시작했던 규장각 초계문신(抄啓文臣) 제도의 부활, 군영제 개혁 시도, 영건(營建), 지방행정에 대한 관심 등을 꼽을 수 있다.[7] 이런 정책들은 모두 헌종이 왕실의 권위와 국정 장악력을 높

5 이왕무, 「조선후기 순조의 擧動과 幸行에 대한 연구」, 『淸溪史學』 18(청계사학회, 2003).

6 이 당시의 정국에 대해서는 임혜련, 「조선후기 憲宗代 純元王后의 垂簾聽政」, 『韓國人物史研究』 3(한국인물사연구소, 2005) 참조. 이 연구에 따르면, 순원왕후는 권력을 독단적으로 사용하기보다는 주로 중재자의 역할을 했다고 한다.

7 헌종의 왕권 관련 정책 및 헌종 대 정국의 변화에 대해서는 오종록, 「중앙군영의 변동과 정치

이기 위한 시도라는 공통점을 갖고 있다.

그런데 헌종의 이러한 노력이 대보단 친행을 보다 자주 거행하는 것으로도 나타난 사실이 역시 흥미롭다. [표 3]에 따르면, 헌종은 즉위 후 몇 년간 친행을 전혀 거행하지 않았다. 이는 아직 어린 나이였기 때문일 것으로 보인다. 그러다가 14세가 되던 1839년 3월에 처음 친행을 거행했고, 이듬해부터는 비교적 자주 행했다. 그 뒤에 다시 주춤하다가 친정을 본격화한 1846년부터 다시 친행이 증가하는 현상이 나타난다. 즉 순조 때와 마찬가지로 헌종 때에도 무엇인가 국왕의 정국 장악 노력이 두드러지던 시기에 대보단 친행도 함께 증가하는 현상이 공통적으로 나타남을 알 수 있다.

헌종은 비록 삼황의 모든 기일에 친행을 거행하지는 않았지만, 그래도 1846년부터는 적어도 일 년에 한 번은 친행을 거행했다. 특히 재위 14년째인 1848년에는 홍무제가 명을 건국한 무신년(1368)이 돌아왔다는 구실을 내세워, 전례에도 드물게 정초에 백관을 거느리고 행하는 대보단 친제를 시도했다.[8] 특히 정월 4일은 홍무제의 즉위일이었으므로, 명나라 건국의 시조인 홍무제 즉위일과 정초라는 시기적인 특성을 고려해 겸사겸사 정초 친행을 거행했을 것으로 보인다.

다만 이와 관련된 어명만 기록에 보일 뿐 정작 친행 관련 세부 내용을 전하는 기사가 보이지 않으므로, 친행을 실제로 거행했는지 여부는 확인

적 기능」, 『조선정치사』 하(청년사, 1990); 오수창, 「세도정치의 전개」 『한국사 32: 조선후기의 정치』(국사편찬위원회, 1993); 鄭萬祚, 「19세기 전반기 조선의 정치개혁 움직임과 근대화」, 『韓國學論叢』 21(국민대학교 한국학연구소, 1999); 이민아, 「孝明世子 · 憲宗代 宮闕 營建의 政治史的 의의」, 『韓國史論』 54(서울대학교 국사학과, 2008) 등을 참조.

8 『헌종실록』 15권 14년 1월 4일 기묘. "敎曰 是年是月 卽皇明太祖高皇帝建有天下之舊甲也 風泉之感 曷有其已 十二日 當詣奉室行禮矣 該房知悉."

할 수 없다. 그렇지만 명이 건국한 무신년과 명이 멸망한 갑신년이 60년마다 어김없이 돌아올 때면, 그것이 조선 국왕의 존명의리 의지를 신료들 앞에서 과시하는 행위로 반복되어 나타난 현상은 매우 흥미롭다. 존명의리라는 이데올로기가 19세기 전반 조선의 정치무대에서 여전히 매우 중요하게 작동하고 있었음을 보여주는 바로미터가 되기 때문이다. 어쩌면 20여 년과 40여 년의 터울을 두고 반복하여 돌아오는 무신년과 갑신년은 조선이 명나라와 맺었던 과거의 기억으로부터 영원히 벗어날 수 없는 일종의 '시지포스의 신화'와도 같지 않았을까?

한편, [표 4]의 친행 비율과 황제별 친행 비율을 감안할 때, 헌종도 순조와 마찬가지로 자신이 중요하다고 생각하는 어떤 일을 과단성 있게 추진하는 성격의 왕은 아니었던 것 같다. 헌종의 친행 비율을 보면, 전체 44번의 기일 가운데 친행을 거행한 횟수는 14회(31%)로, 순조 때의 41%보다도 더 낮아졌다. 물론 즉위 첫 4년 동안은 어린 나이 탓에 친행을 주관하기 어려웠겠지만, 그래도 이러한 비교 수치는 헌종이 실제로 행사했을 왕권의 실상과 관련해 시사해주는 바가 크다. [표 4]를 통해 황제별 친행 비율을 보아도, 숭정제 기일의 친행 비율(40%)보다 홍무제 기일의 친행 비율(26%)이 크게 떨어짐으로써, 이전 순조 때와 비교해볼 때 상황이 확연히 역전되었음을 알 수 있다.

요컨대, 비록 어린 나이 탓이라고는 하지만, 그래도 헌종의 국정 장악 능력은 그다지 돋보이지 않는다. 특히 14세의 어린 나이에 즉위했음에도 즉위하자마자 국정을 자세히 파악하고 사실상 장악했던 숙종의 모습과는 좋은 대조를 보여준다. 영조와 정조가 닦아놓았던 왕의 권위는 19세기에 들어 여러 가지 요인들이 복합적으로 작용해 점차 쇠락했는데, [표 4]에 보이는 대보단 친행 비율의 하락세는 이러한 추세를 매우 상징적이고도 사실적으로 보여준다. 이는 대보단 제례가 조선의 정치무대에서 갖는 의미, 곧 왕권의 성쇠와 일정한 함수관계에 있었음을 강력히 시사해준다.

이런 점은 뒤이어 즉위한 철종 때의 사례들을 보면 더욱 분명해진다. 대보단 친행 비율은 정조 때 최고 정점을[9] 찍은 이후, 순조와 헌종을 거치면서 드라마틱하게 격감하는데, 이는 대보단 제례가 19세기에 들어서면서 점차 국가의 의례로 그 형식만 남았을 뿐, 영조와 정조가 심혈을 기울여 구축했던 존명의리와 왕권의 표상으로서의 본래 기능이 서서히 퇴화하고 있었음을 시사해준다. 우선, 철종이 보유한 정치적 식견의 수준은 차치하고라도, 대보단 친행 비율과 그 추이만 보아도 이점을 분명히 알 수 있다.

[표 4]에 따르면, 철종은 재위 기간 중에 찾아온 도합 43번의 삼황 기일 가운데 친행을 11번(25%) 거행함으로써, 정조의 75%, 순조의 41%, 헌종의 31%로 이어지는 일정한 하향세를 더욱 뚜렷하게 보여준다. 여기서 더욱 주목할 것은 특히 홍무제에 대한 친행 빈도가 다른 두 황제에 대한 친행 빈도에 비해 현격하게 낮아진 점이다. 재위 기간에 철종이 홍무제의 기일에 맞추어 친행을 거행할 기회는 모두 14번 찾아왔는데, 이 가운데 단 한 번(7%)만 망배례를 거행했다. 반면에 숭정제와 만력제에 대해서는 각각 42%와 26%의 친행 비율을 보임으로써, 앞서 헌종 때의 비율과 별다른 차이를 보이지 않는다. 그런데 유독 홍무제에 대한 친행만 감소한 것이다. 실제로, [표 4]에서 홍무제의 친행 비율만 놓고 보면, 순조 때의 47%, 헌종 때의 26%, 철종 때 7%로, 홍무제에 대한 친행 비율이 사실상 가장 현격하게 떨어진 사실을 쉽게 간파할 수 있다.

철종의 정치력 부재는 이미 널리 알려져 있으며, 사실상 그는 조선에서

9 앞의 4장에서 밝혔듯이, 정조가 삼황 기일 친행을 거행한 비율은 75%, 한 번 이상 친행을 행한 햇수의 비율은 96%였다.

가장 대표적인 허수아비 왕이었다. 순조와 헌종은 비록 이렇다 할 성과는 얻지 못했어도 나름대로 국정을 장악하기 위한 노력을 경주한 바 있었다. 그러나 철종은 재위 14년 동안 그러한 노력조차 제대로 드러내 보이지 못했다. 따라서 국가의 주요 제례 가운데 하나인 대보단 제향의 경우에도, 선왕들처럼 철종 자신이 스스로 필요성을 느껴 추진했다기보다는 신료들의 건의에 그대로 따랐을 가능성이 크다.

그런데 앞의 3장에서 다루었듯이, 애초 영조가 홍무제를 대보단에 추가로 배향하고자 했을 때 신료들은 심하게 반대했었다. 그 이유는 홍무제가 유신(儒臣)들을 가혹하게 처벌하는 등 철권통치로 악명 높았기 때문인데, 영조는 역으로 바로 홍무제의 그런 점을 내세워 조정신료들에게 엄격한 군신분의(君臣分義)를 강조하곤 했었다. 따라서 그런 홍무제에 대한 친행 비율이 19세기에 들어와서 뚜렷한 하향세를 보이다가 철종 대에 이르러 급전직하로 추락한 사실로 미루어볼 때, 군주가 될 준비가 전혀 안 된 상태에서 갑자기 왕위에 앉혀진 철종은 어쩌면 대보단 제사가 조선의 정치무대에서 어떤 의미를 갖는지조차 제대로 몰랐을 수도 있다. 홍무제에 대한 친행 비율이 거의 제로에 가깝게 급락한 배경에는 이런 점도 작용했을 것이다.

혹시 친행이 날씨, 특히 계절의 영향을 받았을 가능성도 있다. 그러나 숭정제의 음력 3월 19일(봄, 현대의 양력으로는 대략 4월 하순이나 5월 초순), 홍무제의 5월 19일(초여름, 6월 하순이나 7월 초순), 만력제의 7월 21일(늦여름, 8월 하순이나 9월 초순)은 한겨울과 한여름을 피한 때이다. 또한 한반도의 기후로 볼 때 완연한 장마철도 아니다. 따라서 망배례 여부가 대개 삼황의 기일 사나흘 전에 결정된 점을 감안할 때, 당일의 갑작스런 궂은 날씨로 인해 부득이 취소된 경우가 있을 수는 있겠으나, 계절별 기후는 황제별 친행 비율에 따른 정치적 해석에 걸림돌은 되지 않는다고 보아야 할 것이다.

3. 19세기 전반 대보단 제사의 추이와 그 의미

영조가 홍무제를 대보단에 배향한 1749년 이후 대보단의 최고 주인공은 만력제에서 홍무제로 바뀌었다. 영조는 홍무제를 전제군주의 상징으로 대보단에 배향했으나, 정조 대를 거치면서 홍무제는 단순히 전제왕권의 상징으로서만이 아니라, 존명의리의 대상인 명나라를 건국한 시조이자 조선의 충성을 받을 최고 상징으로서, 곧 명나라의 화신으로서 그 위치가 더욱 공고해졌다. 이런 추세는 조선왕조의 관례가 되어, 이미 순조 대에 이르면 모든 조정 신료들은 의례히 대보단 제사가 홍무제의 기일을 중심으로 이루어지는 것을 당연한 일로 알고 있을 정도였다.

이렇게 된 데에는 역시 영조의 홍무제 배향 의도에 깃든 왕권 문제가 크게 작용했다고 봐야 할 것이다. 이는 대보단 제사 자체가 임진전쟁(왜란) 때 누란지세의 조선을 구해준 만력제 개인의 재조지은을 기리는 것으로부터 명나라 전체를 대표하는 황제로서의 건국 시조를 기리는 것으로 바뀌었음을 잘 보여준다. 그런데 철종 대에 이르러 유독 홍무제에 대한 친행만이 그 빈도가 격감하여 사실상 거의 사라지다시피 뜸해진 점은 철종이 누렸을 미약한 왕권의 실상을 웅변적으로 말해준다. 영조가 홍무제에게 맞추어놓았고, 정조도 그 취지를 충실히 따랐던 대보단 제례의 정치적 의미가 순조와 헌종을 거치면서 서서히 퇴색되어가다가, 철종 때에 이르면 거의 형해화되었던 것이다.

이러한 현상은 19세기에 들어서며 존명의리 이데올로기가 다소 약화되고, 경화사족(京華士族) 사이에서 대두한 청나라에 대한 인식의 변화와도 일정 부분 관련이 있었을 것으로 보인다. 북학론이 비록 당시 지성사회의 주류를 형성하지는 못했지만, 따라서 19세기 전반에 청나라로부터 수입했다는 문물도 고증학풍 정도를 제외하면 특기할 만한 것이 별로 없었지만, 또한 청을 바라보는 조선지식인들의 시각이 존명의리 이념에 아직도 상당부분 붙들려 있었고 청의 문물을 도입하자는 논의의 목적도 중화의 문물로써 청을 경계하려는 것이었지만,[10] 그래도 조선인의 청나라 인식이 이전에 비해 조금은 유연한 방향으로 바뀌고 있었던 것 또한 사실이다. 특히, 제1차 아편전쟁(1839~1842) 당시 비록 미흡한 정보와 국제정세에 대한 무지 탓이기는 했지만 조선 조정이 보인 청나라의 국력에 대한 믿음은[11] 19세기 전반 조선인의 청나라 인식의 일면을 잘 보여준다고 할 수 있다. 이런 추세가 마침 조선 국내에서 진행되던 왕권의 약화 현상과 맞물려 대보단 제례의 시행에 일정한 영향을 주었을 가능성이 있다.

그러나 그럼에도 불구하고 존명의리는 여전히 조선왕조의 국가 지배이데올로기로 남아 있었으며, 그랬기에 비록 친행의 빈도는 감소했으나 대보단 제례는 여전히 국가의 주요 행사로 작동할 수 있었다. 특히 다음 장에서 상세히 다룰 것이지만, 1863년에 철종의 뒤를 이어 고종이 즉위하면서 대보단 제례가 다시금 강화된 사실은 근대의 문턱에 처한 조선왕조의 역사에서 매우 중요한 의미를 지닌다.

---

10 김문식, 『조선후기 지식인의 대외인식』(새문사, 2009), 79~133쪽.

11 河政植, 「歐美列强의 中國侵略과 朝鮮의 反應」, 『東洋學』 28(단국대학교 동양학연구소, 1998).

제6장

개항기 고종의 대보단 정책과 그 한계

조선의 정치무대에서 지배이데올로기의 한 장치로 작동한 대보단 제례는 고종(r. 1863~1907) 대에도 여전히 거행되었다. 12세의 어린 나이로 즉위한 고종은 즉위 초에는 한동안 친행을 거행하지 않았지만, 재위 4년째 되던 해에 처음 친행을 거행한 이후로 거의 매년 적어도 한 번 이상 친행하였다. 이런 추세는 개항(1876) 이후는 물론이고, 1880년대에 조선이 서양 국가들과 두루 외교관계를 수립한 후에도 계속 이어져, 대보단 제례는 19세기가 거의 다 저물도록 차질 없이 거행되었다.

특히, 조선이 청의 내정간섭을 심하게 받으면서 동시에 여러 서양 국가들과 연이어 수교를 맺던 1882~1886 연간에는 대보단 친행 빈도가 오히려 괄목할 정도로 증가하는 현상을 보인 점이 매우 특이하여 흥미를 돋운다. 이런 대보단 제사는 1894년 6월에 일본군이 서울을 무단 점령한 상태에서 추진된 갑오개혁(1894~1895)에 의해 비로소 중단되었지만, 이후에도 법규상으로는 국가 차원에서 거행하는 각종 제례들 가운데 가장 중요한 등급인 대사(大祀)의 하나로 분류되어 존속했다.

그렇다면 고종 대의 대보단 제례는 국가의 오랜 규정이기에 단순히 형식적으로 거행되었을까, 아니면 예전 영조나 정조처럼 고종도 대보단에 어떤 특별한 의미를 부여하고 강조했을까? 만일 전자의 경우가 사실에 더 가깝다면, 고종 대의 대보단은 19세기 전반의 대보단처럼 계속해서 형해화의 길을 밟고 있었을까? 만일 후자의 경우가 사실에 더 가깝다면, 개항 이후 만국공법(萬國公法) 시대로 들어선 19세기 후반이 무르익도록, 다른 말로 이른바 근대의 물결이 조선에 밀려들어오는데도 불구하고 고종은 왜 명나라의 삼황(三皇)을 기리는 대보단 제사를 훌훌 털어 내려놓지 못하고 그것을 계속 중시했을까? 또한 고종 대 조정 신료들은 대보단 제례에 대해 어떤 태도를 취했을까?

이런 문제의식에 기초해, 이 장에서는 먼저 고종의 대보단 친행의 모습과 그 절차를 구체적으로 살핌으로써 개항 이후 이른바 근대의 시기에 서울의 한복판에서 시행되던 전통 의례의 모습을 오버랩해볼 것이다. 다음으로는 고종의 대보단 친행에 나타나는 경향을 읽어내고 그것을 이전의 친행 경향과 비교함으로써 고종의 대보단 정책을 파악하고자 한다. 특히 개항 이전과 이후를 모두 아우르는 19세기 후반 고종 대 조선왕조에서 대보단 제례가 갖는 의미를 고종 재위 연간 조선 지배층의 의식구조와 관련해 통시적이고도 거시적으로 분석하고, 개항 이후 만국공법의 시대로 들어선 조선의 정치무대에서 계속 작동한 대보단의 함의를 살필 것이다.

1. 고종의 대보단 친행 모습

조선을 둘러싼 동아시아의 전통적 국제질서를 새로운 국면으로 전환시킨 강화도조약(1876) 이후, 더 나아가 조선이 미국을 필두로 서양 국가들과도 연이어 수교를 맺은 1880년대 이후에도 대보단 친행은 규례대로 거행되었다. 이른바 전근대와 근대가 뒤엉킨 19세기 후반에도 대보단은 근대의 물결과는 상관없이, 또는 그것을 초월해 조선의 정치무대에서 계속 작동했던 것이다. 그러면 개항 이후에도 삼황의 기일에 고종이 문무백관과 유생 및 무인들을 거느리고 거행하던 친행은 어떤 모습이었으며, 어떤 장관을 연출했을까? 앞서 살폈듯이, 친행에는 3월 상순에 거행하는 춘향대제와 삼황의 기일에 행하는 망배례 두 가지가 있었는데, 이 소절에서는 1884년(고종 21)에 명나라가 망한 갑신년의 4주갑을 기리기 위해 고종이 특별히 문무백관을 거느리고 3월 20일에 거행한 춘향대제의 절차와 풍경을 『승정원일기』의 기사를 토대로 그려보고자 한다.

주지하듯이, 1884년이라면 조선왕조의 역사에서 매우 파란만장하던 해였다. 이 해에 발생한 가장 큰 사건이라면 일본식 근대화를 꿈꾸던 개화당 일파가 주도한 갑신정변을 꼽을 수 있으며, 청나라의 간섭을 배제하고 조선이 러시아와 수교한 일도 그에 못지않게 중요한 사건이었다. 뿐만 아니라, 청나라 군대는 임오군란(1882)을 계기로 서울에 들어온 이래 2년이 넘도록 서울에 주둔하고 있었으며, 일본군 또한 비록 200여 명의 소규모 병력이었을지언정 자국 공사관의 보호를 구실로 서울에 주둔하고 있던 상태였다. 요컨대, 조선이 외세의 간섭과 압력을 직접적으로 받으면서 나라의 운명이 풍전등화와도 같던 때였다. 바로 이런 급박한 와중에 이미 240년 전에 망해 없어진 명나라를 기리는 취지로 성대하게 거행된 대보단 제례의 모습을 재현해보는 것은 '근대'라는 소용돌이의 한복판에서 진행된 어떤 '전통'의 풍광을 오버랩해 느껴볼 수 있는 좋은 기회가 될 것이다.

춘향대제는 대개 3월 초순 중에 길일을 택해 거행하도록 규정이 되어 있었는데, 1884년에는 명나라가 멸망한 갑신년이 다시 돌아옴에 따라 매우 의미 있는 친향을 준비했다. 특히 명나라의 마지막 황제로 자결로써

극적인 죽음을 맞은 숭정제의 기일이 곧 명나라 황실이 공식적으로 끊어진 날이기에, 대개 3월 초순에 거행하던 춘향대제를 특별히 숭정제의 기일인 3월 19일 무렵까지 연기해 성대히 치르는 것으로 결정되었다. 춘향대제 두 달 전에 이미 고종은 3월 대제에 대해 상세한 지침을 하달했으며,[1] 그에 따라 차질 없이 대제 준비 절차가 진행되었다.

3월 1일에는 고종이 친히 대보단의 봉실(奉室)에 나아가 망배례를 거행했다. 이때 도승지를 비롯해 신료들이 차례로 시립하여 국왕을 기다리며 대기했다. 시간이 되어 통례(通禮)가 꿇어앉아 외판(外辦)을 계청하자, 고종은 익선관에 곤룡포를 입은 채 국왕의 가마를 타고 협양문(協陽門)을 나섰고, 거기서 약방제조와 부제조로부터 문안인사를 받았다. 고종이 계속 행차하여 조종문(朝宗門) 밖에 이르자, 통례가 꿇어앉아 가마에서 내리도록 계청했다. 고종은 통례의 인도를 받아 도보로 열천문(冽泉門)을 거쳐 대보단의 판위(版位)에 나아갔다. 이어서 국궁(鞠躬)·사배(四拜)·흥(興)·평신(平身) 등의 순서로 예가 진행되었다. 예가 끝나자 고종은 소차(小次)에 들어갔다. 이 모든 절차에 왕세자도 참석했다.[2]

3월 12일에는 다시 대보단에 나아가 제향을 지내고 대제를 준비하는 마음으로 서계(誓戒)를 받았다.[3] 16일에는 대보단이 있는 북원(北苑)의 춘당대(春塘臺)에 나아가 이의(肄儀), 곧 사전 예행연습을 실시했는데, 이때에도 세자가 참석했다.[4] 17일에는 고종이 영화당(暎花堂)에 나아가 재숙(齋

1 『고종실록』 21권 21년 1월 20일 병신.

2 『승정원일기』 고종 21년 3월 1일 병자. 한편, 보통의 망배례 때에는 국왕의 4배(拜)가 전후 두 차례로 나뉘어 거행되었다. 따라서 이 경우에도 그렇게 진행되었을 텐데, 다만 『승정원일기』에서는 그것을 약술한 것으로 생각된다. 망배례의 절차를 보다 상세히 전하는 기록으로는 『승정원일기』 고종 6년 5월 10일 신사; 고종 12년 3월 19일 병진; 고종 19년 5월 10일 을미 등 많은 기사들을 참고할 수 있다.

3 『승정원일기』 고종 21년 3월 12일 정해.

宿)함으로써 본격적인 친향 절차가 시작되었으며, 다음날도 영화당에서 재숙하면서 제문을 친히 검토하고 결재했다.[5] 대제 하루 전이자 숭정제의 기일인 19일에는 절차에 따라 망배례를 다시 한 번 더 거행했으며, 바로 이어서 고종이 직접 희생제물과 제사용품들을 살피는 의식을 거행했다.[6]

드디어 3월 20일 자시에 고종이 왕세자와 함께 대보단에 나아가 친향을 거행했다. 그 절차를 순서대로 정리하면 다음과 같다. 승지와 사관들이 시립해 때를 기다리면서 대기했다. 때가 되어 통례가 꿇어앉아 막차(幕次)에서 나오기를 계청하자, 고종은 면류관과 참포(黲袍)를 갖추고 재숙하던 곳에서 나왔다. 통례가 꿇어앉아 가마에 오르기를 계청하자, 고종은 가마에 올랐다. 약방제조와 부제조의 문안을 받은 뒤, 계속 진행하여 조종문 밖에 이르렀다. 통례가 꿇어앉아 가마에서 내리기를 계청하자, 고종은 가마에서 내려 열천문으로 들어가 판위로 나아가 북쪽을 향해 섰다.

예의사(禮儀使, 예조판서가 맡음)가 행사 시작하기를 계청하고 악공이 축(柷)을 치니, 헌가(軒架)가 경안지악(景安之樂)을 연주하기 시작하고 열문지무(烈文之舞)가 시작되었다. 음악이 팔성(八成)하고 예의사가 4배례를 행하기를 계청하니, 고종이 4배례를 거행했다. 왕세자도 4배례를 행했으며, 자리에 참석한 문무백관도 모두 따라서 4배례를 거행했다. 예의사의 인도를 따라 고종은 관세위(盥洗位)로 나아가 손을 씻었고, 그 뒤에 바로 제1위의 준소(尊所)에 가서 북향하여 섰다. 집준자(執尊者)가 멱(冪)을 벗기자 진폐찬작관(進幣瓚爵官)이 울창주(鬱鬯酒)를 따르고 도승지가 옥잔으로 울창주를 받았다. 이어, 예의사의 인도를 따라 고종은 제2위와 제3위의 준

4 『승정원일기』 고종 21년 3월 16일 신묘.
5 『승정원일기』 고종 21년 3월 17일 임진, 18일 계사.
6 『승정원일기』 고종 21년 3월 19일 갑오.

소에 가서 모두 같은 의식을 반복해 거행했다.

그 뒤, 고종은 다시 예의사의 인도를 따라 남쪽 계단을 거쳐 단에 올라간 다음 제1위의 신좌(神座) 앞에 나아가 북쪽을 향해 꿇어앉았다. 도승지가 향을 받들고 승지가 향로를 받드니, 고종이 세 번 향을 올렸다. 진폐찬작관이 옥잔을 받들고 꿇어앉아 바치니, 고종이 옥잔을 잡아 땅에 붓고 나서 옥잔을 전폐찬작관(奠幣瓚爵官)에게 내어주었다. 예의사가 폐백 잡기를 계청하고 진폐찬작관이 폐백을 바치니, 고종이 폐백을 잡아 전폐찬작관에게 주고 전폐찬작관이 꿇어앉아 받아서 안상(案上)에 올렸다. 예의사가 부복하고 일어나 평신하기를 계청하자, 고종이 부복하고 일어나 평신을 취했다. 이어서 제2위와 제3위의 신좌 앞에 가서 향을 올리고 울창주를 땅에 붓고 폐백을 올렸는데, 모두 앞서와 같은 방식으로 반복해 거행했다.

예를 마치고 나서 다시 예의사의 인도를 따라 고종은 동쪽 계단을 거쳐 내려와 판위로 돌아왔다. 집례(執禮)가 여창(臚唱)하기를, "진찬(進饌)하시오"라고 하니, 축사(祝史)가 모혈반(毛血盤)을 거두어 재랑(齋郎)에게 주어 내어갔다. 전사관(典祀官)이 찬(饌)을 받들고 정문을 거쳐 들어가고 봉조관(捧組官)이 각각 생갑(牲匣)을 바치니, 천조관(薦組官, 호조판서가 맡았음)이 차례로 각위(各位)에 받들어 올렸다.

이 예가 끝나자, 예의사가 초헌례(初獻禮)를 행하기를 계청하자, 고종은 다시 그의 인도를 따라 제1위의 준소에 나아가 서쪽을 향해 섰고, 그러자 음악 연주가 시작되었다. 집준자가 고종의 멱을 벗기고 진폐찬작관이 예주(醴酒)를 따르니, 전폐찬작관이 작(爵)으로 술을 받았다. 인도를 따라 고종은 제2위와 제3위의 준소에 나아가서 술을 따르기를 같은 의식대로 반복해서 거행했다.

그 뒤 고종은 다시 예의사의 인도를 따라 제1위의 신좌 앞에 가서 북쪽

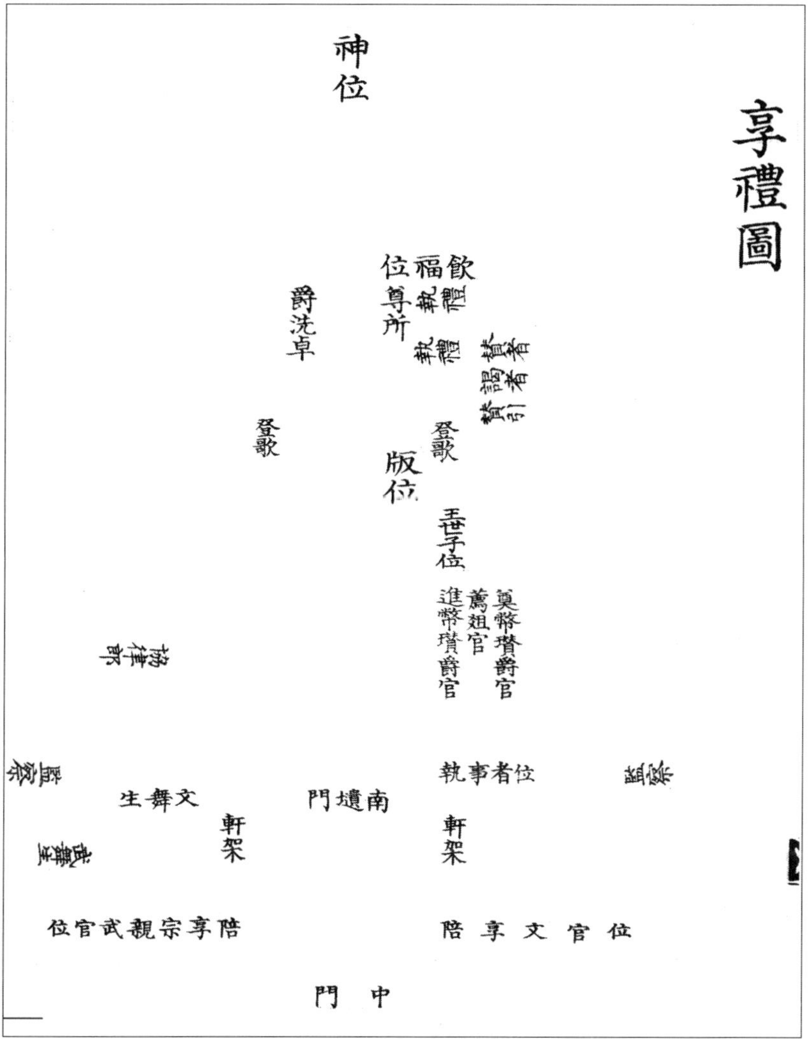

[그림 4] 향례도(출전: 『황단의』, 규장각 奎14308)

을 향해 꿇어앉았다. 도승지가 작을 진폐찬작관에게 주고 진폐찬작관이 작을 받들고 꿇어앉아 바치니, 고종이 작을 받아 전폐찬작관에게 주고 전폐찬작관이 꿇어앉아 받아서 신좌 앞에 올렸다. 예의사가 부복하고 일어나 조금 물러나기를 계청하니, 고종이 부복하고 일어나 조금 물러나 꿇어앉았고, 그러자 음악이 그쳤다. 대축(大祝)이 신좌의 오른쪽에 나아가 축문을 읽고 나니, 음악이 다시 시작되었다. 예의사가 부복하고 일어나 평신하기를 계청하니, 고종이 부복하고 일어나 평신을 취했다. 이어서 제2위와 제3위의 신좌 앞에 나아가 잔을 올리고 축문을 읽기를 같은 의식대로 반복했다. 예의사가 내려가 판위로 돌아가기를 계청하니, 고종이 내려와 판위로 돌아왔다.

아헌례(亞獻禮)와 종헌례(終獻禮)를 모두 의식대로 하고 나서, 고종은 다시 인도를 따라 음복위(飮福位)에 나아가 서쪽을 향해 섰다. 대축이 제1위의 준소에 가서 작으로 상준(上尊)의 복주(福酒)를 받아서 바치고, 또 제2위의 조육(俎肉)을 덜어서 조(俎)에 놓아 바치니, 고종이 작을 받고 이어서 조를 받았다. 예의사의 인도를 따라 고종은 동쪽 계단을 거쳐 내려와 판위로 돌아갔다.

이어서 예의사가 4배례를 행하기를 계청하니, 고종이 4배례를 거행했다. 이어 왕세자도 4배례를 행했고, 참석한 문무백관도 모두 4배례를 올렸다. 집례가 여창하기를, “변두(籩豆)를 거두시오”라고 하니, 변두를 거두었다. 고종은 다시 예의사의 인도를 따라 망료위(望燎位)에 나아가 망료하였다. 이를 마치자, 예의사가 꿇어앉아 예가 끝났음을 아뢰었다.

이에 고종은 동유문(東壝門)과 열천문을 거쳐 조종문 밖으로 나가 가마를 타고 재숙하던 재전(齋殿)으로 돌아왔다. 잠시 후에 통례가 꿇어앉아 막차에서 나오기를 계청하니, 고종이 원유관(遠遊冠)과 강사포(降紗袍)로 바꾸어 입고 재전에서 나와 곧 연(輦)을 타고 의춘문(宜春門)으로 들어갔다.

승지가 표신을 내어 계엄을 풀기를 청하였다. 상이 대내로 돌아가자 신하들도 차례로 물러나왔다.[7]

이런 형식의 춘향대제와 그보다는 간소한 망배례 같은 공식 절차는 곧 다양한 후속조치로 이어졌다. 이를테면, 제례에 참여한 유생과 무인들에게 시험을 치르게 해 우수한 자를 포상하거나 등용케 한다거나,[8] 충신의 자손을 찾아 포상하고 관직을 수여하는[9] 등의 행사가 계속 이어졌다. 이런 후속조치들은 모두 영조와 정조 때의 규정과 전통을 그대로 따른 것이었다.

특히 시험에 출제된 시제(詩題)나 부제(賦題)를 보면, "대명천지차중수"(大明天地此中輸)라거나 "강한조종우해"(江漢祖宗于海) 같은 것으로[10] 한결같이 존명의리와 관계되는 것이었다. 이는 영조와 정조 이후의 전통이 19세기 전반기를 거쳐 고종 대에도 여전히 그대로 지켜지고 있었음을 보여주는 좋은 증거라 할 수 있다. 그런가 하면, 대보단 친행 반열에 불참한 자들을 징계조치 하는 것도[11] 모두 그런 전통을 따른 것으로 볼 수 있다. 삼황의 기일과 겹칠 경우에 빈청(賓廳)의 소집이나 군사훈련 일정을 모두 취소하는 규정도[12] 마찬가지 맥락에서 이해할 수 있다.

어쨌든, 이를 통해 보면, 대보단 대제는 그 절차에만도 최소한 꼬박 사

---

7 『승정원일기』 고종 21년 3월 20일 을미.

8 『승정원일기』 고종 5년 5월 10일 병술; 고종 6년 5월 10일 신사; 고종 12년 3월 19일 병진; 고종 19년 5월 10일 을미; 고종 29년 7월 21일 병오 외에도 매우 많다.

9 『승정원일기』 고종 4년 3월 5일 기미; 고종 8년 3월 9일 기해; 고종 20년 3월 2일 임오; 고종 29년 7월 21일 병오; 고종 30년 3월 6일 무자 외에도 매우 많다.

10 『승정원일기』 고종 5년 5월 10일 병술; 고종 19년 5월 10일 을미.

11 『승정원일기』 고종 7년 7월 20일 갑신; 고종 19년 5월 10일 을미; 고종 20년 5월 9일 무자 외.

12 『승정원일기』 고종 11년 3월 19일 신유; 고종 13년 3월 18일 경술; 고종 14년 7월 20일 계유 외.

흘이 걸리는 큰 국가 행사였을 뿐만 아니라, 그 이전의 준비 절차까지 감안하면 적어도 열흘 이상의 기간 동안 국왕의 생각과 행동이 대보단 제례로 인해 크게 제약을 받을 정도로 매우 중요한 의식이었음을 알 수 있다. 다음 소절에서 살필 [표 5]에 따르면 이런 춘향대제를 고종은 재위 기간 중에 적어도 다섯 번 거행했고, 다른 한 번은 세자로 하여금 대신 주관하도록 했다. 또한 춘향대제에만큼은 그 규모가 미치지 못했지만, 삼황의 기일에 행하는 망배례의 경우에도 국왕이 의식의 거행과 그 준비 절차 등으로 인해 적어도 사흘 정도는 다른 정무를 보기가 쉽지 않을 정도로 망배례 관련 일에 묶이는 것이 보통이었다.

고종이 춘향대제를 마지막으로 거행한 것은 1893년 3월로, 갑오농민봉기(1894)와 청일전쟁(1894~1895)이 발발하기 불과 일 년 전의 일이었다.[13] 또한 고종이 삼황 기일의 망배례를 마지막으로 거행한 것은 1894년 5월 홍무제의 기일에 행한 것으로, 일본군이 무단으로 경복궁을 점령하기 불과 한 달여 전이었다. 이 1893년과 1894년은 이미 1882년 가을부터 시작된 청나라의 거센 압력과 간섭은 말할 것도 없고, 일본의 침탈과 서구 열강들의 각축으로 인해 조선 전체가 크나큰 위기에 봉착해 있을 즈음이었다. 그런 시국에 고종은 문무백관을 거느리고 옛 명나라 황제를 기리는 대보단에 나아가 정성으로 친행을 거행했던 것이다. 그렇다면 대보단을 향한 고종의 마음과 정책은 무엇이었으며, 고종은 왜 그렇게 대보단 제례를 중시했을까? 이 문제에 접근하기 위해, 다음 소절에서는 먼저 고종의 대보단 친행 경향을 파악하고자 한다.

---

13 이때 고종이 춘향대제를 친향으로 결정한 동기는 1893년이 임진전쟁(왜란) 때 의주로 피난했던 선조가 다시 서울로 돌아온 계사년이 다시 돌아왔을 뿐만 아니라, 정확히 300주년이 되는 해였기 때문이다. 『승정원일기』 고종 30년 3월 6일 무자; 『고종실록』 30권 30년 3월 6일 무자 참조.

2. 고종의 대보단 친행에 보이는 경향

대보단 제례는 대원군의 섭정 기간에도 꼬박꼬박 시행되었다. 고종이 즉위한 초기에는 삼황의 기일에 직접 망배례를 행하지는 않았지만, 각 기일에 맞춰 예방승지를 대보단에 보내 봉심(奉審)하도록 명하는 일을 빠뜨리지는 않았다. 이해를 돕기 위해 고종 대 대보단 친행 사례를 [표 5]에 나타내었다.

먼저, [표 5]에서 한눈에 두드러지는 것은 1894년 6월에 일본군이 경복궁을 무단으로 점령한 사건을 계기로, 그 이후로는 대보단 제례를 거행한 기록이 전혀 나타나지 않는다는 점이다. 이는 대보단 제례가 18세기 벽두(1705)에 시작된 이래 꾸준히 거행되어오다가 일본군의 서울 점령 한 달여 전에 거행한 홍무제 기일의 망배례를 마지막으로 사실상 종식되었음을 뜻한다. [표 5]가 다루는 시기가 고종의 재위 기간(1864~1907) 전체이면서도 1895년 이후로 표에 추가할 내용이 없는 이유는 바로 이 때문이다.

[표 5]에 따르면, 대보단 제례가 종식되기 전까지 31년(1864~1894)의 재위 기간 동안 고종이 한 번 이상 대보단 친행을 거행한 햇수는 24년으로 77%에 달한다. 이 수치는 대보단이 삼황의 합향(合享) 체제로 자리를 잡은 1749년 이후 영조가 보인 85%와 정조가 보인 96%의 친행 빈도보다는 낮지만, 순조의 59%, 헌종의 60%, 철종의 57%보다는 월등하게 높은 수치다. 이는 고종이 19세기 전반의 추세를 그대로 답습했다기보다는 대보단에 대해 무엇인가 새로운 자세로 임했음을 시사해준다. 실제로, 아직 성년이 아닌 어린 나이였기에 친행을 거행하지 못한 즉위 초의 3년간을 제외하고 보면, 고종은 성년의 나이가 된 15세 이후로는 28년 가운데 한 번 이상 친행을 거행한 햇수가 24년으로, 86%에 달하는 수치를 보인다.

[표 5] 고종 대 대보단 친행 현황, 1864~1907

연도		재위	춘향 (春享)	숭정제 (3.19)	홍무제 (5.10)	만력제 (7.21)	비고
1864	갑자	1	·	·	·	·	
1865	을축	2	·	·	·	·	3월 만동묘 혁파
1866	병인	3	·	·	·	·	
1867	정묘	4	·	친행	·	·	
1868	무진	5	·	·	친행	·	
1869	기사	6	·	·	친행	·	
1870	경오	7	·	·	·	친행	
1871	신미	8	친행	·	·	·	
1872	임신	9	친행	·	친행	·	
1873	계유	10	·	·	친행	·	11월 고종의 친정 시작, 대원군 하야
1874	갑술	11	·	·	친행	·	2월 만동묘 복원 결정
1875	을해	12	·	친행	·	·	
1876	병자	13	·	친행	친행	·	2월 강화도조약, 일본과 수교
1877	정축	14	·	친행	·	·	
1878	무인	15	·	·	친행	·	
1879	기묘	16	·	·	·	·	
1880	경진	17	·	·	·	·	
1881	신사	18	·	친행	·	·	
1882	임오	19	·	·	친행	·	5월 미국과 수교 8월 임오군란; 청의 내정 간섭 노골화
1883	계미	20	친행	친행	친행	·	
1884	갑신	21	친행	친행	친행	친행	7월 러시아와 수교, 12월 갑신정변
1885	을유	22	·	친행	친행	친행	3월 거문도사건
1886	병술	23	·	친행	·	·	
1887	정해	24	·	·	친행	·	
1888	무자	25	·	·	친행	·	
1889	기축	26	·	·	친행	·	
1890	경인	27	·	·	·	·	
1891	신묘	28	·	·	·	·	
1892	임진	29	세자	·	·	친행	
1893	계사	30	친행	·	·	·	
1894	갑오	31	·	·	친행		6월 일본군의 서울 점령, 7월 청일전쟁

* 『승정원일기』와 『고종실록』을 참조했다.
* '세자'는 세자가 섭행(攝行)한 경우이다.
* 빈칸(·)은 친행 관련 기사는 없이, 단지 승지를 대보단에 보내 봉심하게 했다는 기사만 있는 경우이다.

이는 영조의 85%와 거의 같은 것으로, 대보단을 향한 고종의 마음이 19세기 전반의 순조 · 헌종 · 철종보다는 오히려 18세기의 영조 · 정조와 유사했음을 쉽게 짐작할 수 있다.

이런 점은 고종의 대보단 친행을 황제별로 나누어 살펴볼 때 더욱 두드러지게 나타난다. 먼저 도합 31번 찾아온 숭정제의 기일에 고종은 9번의 친행을 거행함으로써 29%의 빈도를, 역시 31번 찾아온 홍무제의 기일에는 15번 친행함으로써 48%의 빈도를, 30번 찾아온 만력제의 기일에는 4번의 친행을 거행함으로써 13%의 빈도를 보였다. 이런 친행 비율을 통시적으로도 비교하기 위해 [표 6]을 만들었다.

[표 6] 역대 국왕들의 황제별 친행 비율

구분	한 번 이상 친행한 햇수 비율	황제별 친행 비율		
		숭정제	홍무제	만력제
영조 (1749~1776)	85%	62%	56%	52%
정조 (1776~1800)	96%	83%	68%	71%
순조 (1800~1834)	59%	44%	47%	34%
헌종 (1834~1849)	60%	40%	26%	28%
철종 (1849~1863)	57%	42%	7%	26%
고종 (1863~1894)	77%	29%	48%	13%

이를 보면, 고종의 홍무제 기일의 친행 빈도가 상대적으로 두드러짐을 쉽게 간파할 수 있다. 특히 19세기에 들어와 순조 · 헌종 · 철종을 거치면

서 홍무제 기일의 친행 빈도가 일정한 경향성을 보이며 뚜렷하게 감소했는데, 고종 대에 이르러 다시 반등했음을 알 수 있다. 이 반등은 매우 중요한데, 왜냐하면 숭정제 기일의 친행 비율과 만력제 기일의 친행 비율이 정조 이후 일정하게 감소하는 추세를 보임에도 불구하고, 유독 홍무제 기일의 친행 비율만 고종 대에 들어와 괄목할 만한 반등을 보이기 때문이다. 이는 영조가 신료들의 거센 반대를 무릅쓰고 홍무제를 대보단에 추향(追享)한 이후로 대보단 제례의 성격이 홍무제 중심으로 탈바꿈했다가, 19세기에 들어와 홍무제의 중요성이 왕권의 약화와 함께 덜해지는 추세를 보였지만, 고종이 이를 반전시켜 다시 홍무제를 중시했음을 시사해준다.

영조의 홍무제 강조가 분명하게 왕권과 연관된 조치임을 감안하면, 고종도 자신의 왕권을 강화하고 정국을 주도하려는 취지에서 삼황 가운데 홍무제 기일에 보다 빈번한 친행을 거행했을 것으로 생각된다. 특히, 당시 고종이 처해 있던 국내외 정세를 고려할 때, 조선의 정치무대에서 홍무제가 가지고 있던 두 가지 위상, 곧 신료들을 윽박지른 강력한 군주이자 이적(몽골)을 몰아내고 중화를 회복시킨 천자로서의 이미지는 대보단의 삼황 중에서 최고의 지위를 누리기에 충분했을 것으로 보인다. 요컨대, 개항 이후 조선이 처했던 정세를 고려할 때, 왕실의 위상을 높이고 이적들(외세)을 물리치려는 고종의 의도와 적절히 맞아떨어졌던 것이다.

반면에, 애초 대보단 건립의 유일한 목적이자 대상이었던 만력제의 위상은 시간이 지나면서 계속 낮아짐으로써 홍무제와는 단적인 대조를 보여 흥미롭다. 대보단의 본래 목적대로라면 비록 삼황을 합향한 이후에라도 만력제 기일의 친행 빈도가 다른 두 황제 기일의 친행 빈도보다 높게 나타나거나, 적어도 비슷하게 나타났어야 한다. 그러나 고종의 황제별 친행 빈도를 보면, 도합 30번 찾아온 만력제 기일 중에서 고작 4번만 친행이 이루어짐으로써, 오히려 숭정제보다도 훨씬 더 주목을 받지 못했음을 알 수 있다. 고종의 이런 태도는 정조 이후부터 내려오던 일관된 추세가 그대로 이어진 것이기도 했다.

실제로, [표 6]에 따르면, 만력제 기일의 친행 빈도는 정조 때 71%로 정점을 찍은 이후로 34%(순조) → 28%(헌종) → 26%(철종)와 같이 일정한 경향을 보이며 꾸준히 하락하다가 고종 대에 이르러 급기야 13%로 떨어졌다. 이는 이미 영조 때부터 대보단의 본래 의미가 뒤바뀌어, 만력제의 재조지은(再造之恩)에 대한 감사의 표현이 명나라의 건국자인 홍무제에 대한 충성의 표현으로 지속적으로 꾸준히 환치되어왔음을 의미한다.

한편, [표 5]에 따르면, 고종의 대보단 친행은 황제별뿐만 아니라 시기별로도 특기할 만한 점을 뚜렷하게 보여준다. 그것은 바로 1883년부터 1885년까지 3년 동안에 매우 빈번하게 친행이 거행된 점이다. 삼황의 기일에 거행하는 망배례 세 번에 더해 3월 초순에 거행하는 춘향대제까지 합쳐 일 년에 모두 네 번 행하도록 되어 있는 대보단 제례에서, 고종은 1883년에는 만력제의 기일을 제외하고는 나머지 세 번을 모두 친행으로 거행했으며, 1885년에는 춘향대제를 제외하고는 삼황의 기일에 모두 친행을 거행했다. 특히 1884년에는 네 차례의 제례를 모두 친행으로 거행했다. 그렇다면 고종은 왜 유독 이 3년 동안에 대보단 친행에 특히 적극적이었을까? 이를 설명해주는 구체적인 자료는 없으나, 당시의 정국 동향을 통해 유추해볼 수 있다.

이 시기는 조선이 새 국제질서에 본격적으로 노출되던 시기였다. 조선의 개항은 이미 강화도조약(1876)으로 시작되었지만, 조선 전체가 그 변화를 피부로 느낄 정도는 아직 아니었다. 일본과의 수교는 이전부터 조선이 도쿠가와 막부와 맺었던 관계의 연장으로 인식되었으며, 청나라와의 관계도 예전과 크게 달라지지 않았다. 강화도조약의 체결 여부를 북경에 문의하여 그 지침에 따라 조약을 체결할 정도로 조선은 여전히 전통적인 청질서 안에서 사고하고 행동했다. 그런데 1882년 8월에 임오군란(壬午軍亂)이 발생했고 그 진압을 위해 서울에 들어온 청나라 병력이 사건 종료 이후에도 계속 서울에 주둔하며 조선의 내정을 심각하게 간섭하기 시작하면서 상황은 급변했다. 이는 기존의 조공책봉 관계에서 벗어난 새로운 관계로, 청나라는 사실상 조선에 대해 제국주의적 간섭을 본격화하고 있었기 때문이다.[14] 따라서 조선으로서도 청의 간섭을 벗어날 길을 모색하지 않을 수 없던 시기였다.

1883년 3월의 춘향대제 때부터 갑자기 두드러지게 높아진 대보단 친행 사례는 이런 분위기와 어떤 식으로든 관련이 있었을 것으로 보인다. 비록 조선 국왕이 청 황제에게 조공을 바치고 책봉을 받기는 했지만, 마음속으로는 여전히 명나라에 대한 의리를 더욱 소중히 여기고 있었다. 그나마 청나라와의 관계가 전통적인 조공책봉 관계에 머물러 있을 때에는 괜찮았지만, 1882년 하반기부터 청나라가 마치 병자호란 직후 때와 유사할 정도로 강력하게 조선의 내정을 간섭해오자, 고종은 청나라의 간섭에 따른 고충과 스트레스를 명나라를 그리워하는 대보단 제례를 통해 심리적으로, 상징적으로 해소하기를 원했을 가능성이 크다.

---

14 Key-Huik Kim, *The Last Phase of the East Asian World Order: Korea, Japan, and the Chinese Empire, 1860~1882*(Berkeley: University of California Press, 1980); 具仙姬, 『韓國近代 對淸政策史 硏究』(혜안, 1999); Kirk W. Larsen, *Tradition, Treaties, and Trade: Qing Imperialism and Chosŏn Korea, 1850~1910*(Cambridge: Harvard University Press, 2008). 특히, 라센(Larsen)은 청의 대조선정책의 성격을 "informal imperialism"으로 개념화했다. 한편, 1882년 이후 청나라가 조선에 대해 취한 간섭의 성격을 기존의 조공책봉 관계의 연장으로 볼 것인지, 서양식 제국주의의 일환으로 볼 것인지, 아니면 제3의 현상으로 볼 것인지 등에 대한 국내외 학계의 연구사 정리로는 구선희, 「근대 한중관계사의 연구경향과 쟁점 분석」, 동북아역사재단 편, 『한중일 학계의 한중관계사 연구와 쟁점』(동북아역사재단, 2009); 박상수, 「중국학계의 근현대 한중관계사 인식: 한중수교 이후의 연구시각」, 동북아역사재단 편, 『한중일 학계의 한중관계사 연구와 쟁점』(동북아역사재단, 2009) 참조.

그런가 하면, 이 3년이라는 기간은 1882년 미국과의 수교를 필두로 이후 1886년까지 조선이 여러 서양 국가들과 연이어 수교를 맺던 시기이도 했다. 이 가운데 1884년의 러시아와의 수교는 청나라의 간섭을 거부하고 조선이 독자적으로 조약을 체결했지만, 미국을 비롯해 거의 모든 국가들과의 수교 과정에는 청나라의 중재와 간섭이 항상 배후에서 작용했다. 실제로 서양 국가들은 조약 체결에 앞서 항상 청나라와 조선의 관계에 의문을 제기하곤 했다. 이미 만국공법에 의해 움직이는 국제사회의 특성을 인지한 조선의 국왕과 신료들도 조선이 청나라의 속방(屬邦)으로 묶여 있는 한 국제무대에서 완전한 독립국으로 인정받기 어렵다는 사실을 잘 알고 있었다. 1880년대 중반의 조선은 바로 이런 문제에 봉착해 있었다.

국내외적으로 청나라의 간섭이 도를 넘던 바로 이 시기에 집중적으로 나타난 대보단 친행 빈도의 급증 현상은 이런 시대 분위기와 불가분의 관계에 있었을 것으로 보인다. 즉, 이런 상황에 처해, 그동안 조선왕조의 레종데트르로 뿌리를 내려온 정신적인 중심축, 곧 화이관에 기초한 존명의리 정신을 다시금 되새김해 강조하고 예전의 명나라(중화국)를 회상하고픈 심리에 따른 현상이었을 가능성이 높다는 것이다.

고종의 대보단 친행 경향을 파악하는 데에 있어서, 1894년 6월에 일본군이 서울을 무단 점령한 이후로 대보단 제례 관련 기록이 모두 사라진 점에도 주목할 필요가 있다. 이전에는 삼황의 기일을 맞아 비록 친행을 거행하지 않을 때라도, 승지를 대보단에 보내 봉심(奉審)하도록 명했다는 상투적인 짧은 기사가 『승정원일기』에 거의 빠짐없이 기록되었다. 그런데 일본군의 서울 점령 이후로는 국왕의 친행은 말할 것도 없고, 그런 상투적인 기사조차도 완전히 사라진다. 이는 대보단 제례가 사실상 종식되었음을 말하는 것으로, 친일본 성향의 개화파들이 주도한 갑오개혁의 취지에 비추어볼 때, 어쩌면 지극히 당연한 일이라 할 수 있다. 이렇듯, 대보단은 조선이 열강들의 각축장으로 전락한 19세기 말까지도 조선의 정치무대에서 예전의 기능을 수행하다가, 결국에는 일본의 무력 개입을 계기로 막을 내렸던 것이다.

3. 고종의 대보단 정책과 그 정치적 함의

고종이 즉위한 후 성년의 나이인 15세가 되기 전, 그러니까 고종이 아직 대보단 친행을 한 번도 거행하지 않은 시점에도 대보단은 조선의 정치무대에서 매우 중요한 쟁점이 된 바 있었다. 그것은 바로 숙종이 대보단을 건립하던 1704년에 화양동에 노론계열이 세운 만동묘(萬東廟)를 흥선대원군(1820~1898. 이하 '대원군'으로 약칭)이 집권하면서 철폐한 조치였다. 이는 형식적으로는 조대비(1808~1890)의[15] 수렴청정 기간 중에 이루어진 조치였지만, 주지하듯이 그것은 대원군의 의지에 따른 조치였다. 비록 고종은 이에 대해 자신의 뜻을 분명히 개진할 나이가 아직 아니었지만, 만동묘의 전격 철폐는 그동안 조선의 정치무대에서 대보단과 만동묘 사이에 형성되어 있던 미묘한 긴장관계를 잘 보여준다.

만동묘 제사를 철폐하라는 조정의 지시는 1865년(고종 2년) 초에 전격적으로 하달되었다. 대왕대비의 전교는 대보단 제사가 갖는 의미를 먼저 충

15 조대비는 풍양조씨 조만영(1776~1846)의 딸이자, 순조(r. 1800~1834)의 아들로 왕위에 오르기 전에 죽은 효명세자(1809~1830)의 빈이다. 후에 아들 헌종(r. 1834~1849)이 왕위에 올라 아버지인 효명세자를 익종으로 추존함에 따라 대비가 되었고, 신정왕후(神貞王后)라는 시호를 받았다. 철종(r. 1849~1863)이 후사 없이 죽었을 당시에 조선 왕실의 최고 어른으로서 고종을 새 왕으로 지목하는 데에 기여했다. 19세기 후반의 정치무대에서는 정식 시호보다는 조대비(趙大妃)로 널리 알려졌다.

분히 설명한 바로 뒤를 이어

> 만일 선정(송시열)이 지금까지 살아 있어 이런 성대한 광경을 본다면, 통분한 원한이 조금이나마 위로될 수 있었을 것이며 굳이 깊은 산골에서 사사로운 제사를 겹쳐 지내지는 않았을 것이다. 제단(대보단)에서 제사를 지내기 시작한 다음부터는 예의상 마땅히 화양동의 제사를 폐지해 공경하고 근엄히 하는 실상을 밝혔어야 했는데 경황없이 그럭저럭 미루어온 지 이미 오래되었다. 옛날의 어진 분의 유풍이 점점 멀어질수록 묘의 모양도 점점 더 황폐해지고 있다. 그러니 지금 불가불 이를 분명히 밝혀 더없이 중대하고 더없이 엄숙해야 할 이 예법이 들쑥날쑥하게 된다는 탄식이 나오지 않게 해야 하겠다.[16]

라고 명시함으로써, 만동묘의 철폐는 대보단의 강화와 불가분의 관련이 있었음을 알려준다. 즉, 중앙에서 이미 대보단 제례가 성대히 치러지고 있으므로 굳이 궁벽한 시골에 별도의 묘를 만들어 이중으로 제사할 필요가 없다는 명분을 겉으로 내세웠지만, 실제로는 그동안 중앙에서 공적으로, 지방에서 사적으로 거행되어오던 명나라 황제를 위한 제사를 이제부터는 중앙으로 일원화하겠다는 강력한 의지의 표현이었던 것이다. 실제로, 위 인용문에 바로 이어지는 전교의 내용에 따르면, 만동묘 제사는 폐지하지만, 그 관련 제사용품들은 물론이고 만동묘에 보관되어 있던 명나라 관련 서적들조차 모두 수합해서 서울로 가지고 와 대보단 옆의 경봉각(敬奉閣)에 보관하도록 명령했다. 특히 만동묘의 편액(扁額)은 즉각 경봉각

16 『고종실록』 2권 2년 3월 29일 갑자. "[……] 若使先正尙存而及見盛擧 則忍痛含冤之心 庶可少慰 而必不至疊設私祭於荒山窮谷之中矣 自夫壇享旣擧之後 禮宜停撤華陽之祀 以明致敬 致嚴之實 而因循不遑 亦旣久矣 昔賢之遺風寢遠 廟貌之荒涼日甚 此不可不及今修明 使莫重莫嚴之禮 不至有參差之歎矣 [……]"

에 내어 걸도록 조치했다.[17]

따라서 대원군의 이런 조치가 결코 만동묘에 배향된 만력제와 숭정제의 권위를 부정하는 행위는 아니었다. 그것은 오히려 그 권위를 더 등에 업기 위한 절차였다. 대원군이 집권 내내 왕실과 조정의 권위 강화에 주력했음을 고려할 때, 만동묘의 혁파는 그동안 사적 집단이 세운 만동묘로 인해 분산되어 있던 존명의리 이데올로기의 체현 현장을 중앙으로 철저하게 일원화함으로써 그 이데올로기를 표출하는 장치와 그 권위를 중앙의 공적 집단(국가)의 최고 수장인 국왕이 전적으로 장악하겠다는 취지였던 것이다.[18] 만동묘 철폐 전교가 내린 이후 경향의 수많은 유생들이 그 철회를 요구하는 상소를 올린[19] 사실과 대원군 하야 직후에 만동묘가 바로 복원된[20] 사실은 당시 대보단이 갖고 있던 이런 정치적 의미의 실상을 여실히 보여주며, 더 나아가 대보단과 만동묘 사이에 오래도록 형성되어 있던 은근한 긴장관계를 현실적으로 입증해준다. 요컨대, 대원군의 개혁조차도 그 배후에는 명나라의 권위가 숨어 있었던 것이다. 비교적 주체적 정책을 폈다는 대원군조차도 만동묘의 대보단 귀속과 대보단의 강화에 심혈을 기울인 점은 자신의 개혁정책을 추진하는 데에 있어서 삼황의 권위를 필요로 했음을 시사해준다.

그렇다면 대원군은 왜 명나라의 권위를 빌려야 했을까? 또는 적어도

---

17 『고종실록』 2권 2년 3월 29일 갑자. "[……] 萬東廟祭享 從今停撤 紙榜位及扁額 遣大臣 禮判陪奉以來 藏于皇壇敬奉閣 而扁額仍揭于敬奉閣 其皇朝舊蹟 一一奉來 竝爲擇日擧行 勿出朝報 [……]"

18 대원군의 만동묘 정책에 대한 대강은 James B. Palais, *Politics and Policy in Traditional Korea*(Cambridge: Harvard University Press, 1975). pp. 118~124; 金明昊, 「大院君政權과 朴珪壽」, 『震檀學報』 21(진단학회, 2001) 참조.

19 『고종실록』 2권 2년 윤5월 2일 을축; 2권 2년 11월 26일 정해, 28일 기축.

20 『고종실록』 11권 11년 9월 17일 병진.

그것에 거스를 수 없었을까? 그것은 전체 양반사회 대다수가 명에 대한 의리와 그 중화문명에 대한 수호를 여전히 국시처럼 여기고 있었기 때문이다. 결국, 대원군에 의한 만동묘의 혁파는 존명의리 이데올로기를 실천하는 주도권을 지방의 사적 집단인 특정 양반집단에게 내주지 않고 중앙 조정의 국왕이 독점하겠다는 것으로, 이 점은 대원군의 개혁 정치가 추구하고자 했던 목표가 왕실의 권위와 전통질서의 회복이었던 점과 잘 부합한다.

이렇듯, 중앙과 지방의 주도권 알력에 있어서 쌍방 모두 자신들의 권위와 정통성을 강화하기 위한 한 방편으로 삼황의 권위를 빌리는 데에 주저하지 않았다. 왜냐하면 1860년대 당시까지만 해도 조선에서 춘추대의와 존명의리라는 이념적 가치를 공개적으로 부정할 사람은 거의 없었기 때문이다. 흔히 북학파 사상을 계승하고 개화를 주창해 당시 사회에서 진보적 지식인으로 분류되는 박규수(1807~1877)조차도 존명의리 이데올로기를 깊이 신봉하고 있었으니,[21] 당시 지식인사회의 절대 다수를 점하던 위정척사(爲政斥邪) 계열 학자들의 성향은 더 이를 나위도 없을 것이다.

이런 분위기였기에, 당시 대원군은 중앙(국가)의 권위 강화를 꾀하되, 존명의리 이데올로기를 최대한 독점하려는 방식의 정책을 펼 수밖에 없었고, 그것이 바로 만동묘의 철폐로, 엄밀히 말하면 대보단에 의한 만동묘의 흡수라는 모습으로 나타났던 것이다. 따라서 대원군에 의한 만동묘의 혁파가 존명의리라는 전통을 끊은 것으로 이해한다면 큰 오판이 된다. 만동묘의 혁파는 존명의리를 실천하는 주도권을 사적 집단의 손에 그대로 방치하지 않겠다는 공적 집단(국가)의 단호한 의지의 표현이었기 때문이다.

---

21 김명호, 『환재 박규수 연구』(창작과비평사, 2008), 112~113쪽 및 169~172쪽.

대원군이 주도한 이런 대보단 정책은 고종에게도 많은 영향을 주었을 것으로 생각된다. 이를테면, 만동묘의 혁파가 중앙과 왕실의 권위를 회복하기 위한 것이었다면, [표 5]를 통해 확인했듯이 고종의 삼황별 친행 비율에서 유독 홍무제에 대한 친행 빈도가 이전과는 달리 반등을 보이면서 두드러지게 증가한 현상은 바로 그런 의지가 대보단 제례를 통해 분명하게 실천되고 있었음을 시사해주기 때문이다. 19세기에 들어와 척족에 의한 세도정치가 지속되면서 상대적으로 크게 약화된 왕실의 권위를 세우기 위한 조치에 매진하던 대원군과 고종이 삼황 가운데에서도 특히 홍무제에 대한 친행에 깊은 관심을 보이고 그대로 실행에 옮긴 것은 결코 우연일 수 없으며, 예전 영조의 의도와 마찬가지로 홍무제의 강력한 통치방식을 계속해서 강조하려는 심리가 강하게 작용한 결과일 수밖에 없는 것이다.

그렇기 때문에, 대원군이 10년 만에 하야하자마자 만동묘는 바로 화양동 본래의 장소에 복구되었지만, 그 주도권만큼은 이제 더 이상 사적 집단의 손에 내버려두지 않았다. 비록 장소는 예전 그대로 궁벽한 지방이었지만, 만동묘의 복구와 제사 과정 일체를 중앙조정의 직접 지휘관할 아래 두었기 때문이다. 비록 유생들 사이에서 비등하는 만동묘 복원 여론으로 인해 복구를 허락했지만,[22] 제사용품은 예전 만동묘의 규례를 그대로 따르되 축식(祝式)은 대보단의 규정을 따르게 했으며, 헌관(獻官)은 해당 지역의 목사로 차정(差定)하고, 집사들은 영문(營門)에서 도내의 수령으로 차임하도록 조치했으며, 관련 의식절차를 모두 예조에서 만들어 정하도록 조

---

22 대원군이 하야한 1873년(고종10) 11월 이후 12월과 이듬해 2월까지 만동묘의 복구를 요청하는 상소는 헤아리기 어려울 정도로 폭주했다. 『고종실록』의 해당 연월(年月)의 기사들 참조.

치했던 것이다. 또한 제향 횟수도 이전에는 일 년에 봄과 가을 두 차례였으나, 이제는 봄에는 중앙에서 대보단 춘향대제를 거행하니 만동묘에서는 이와 겹치는 것을 피하기 위해 봄철 제사는 폐지하고 가을에만 한 차례 지내도록 새로 규정을 만들었다.[23] 지방 유림의 마음을 위로하기 위해 만동묘를 복구하도록 허락했지만, 복구 과정에서부터 시작해 모든 제의 절차에 이르기까지 만동묘는 이제 더 이상 사적 집단의 소관이 아니었던 것이다.

이런 의미의 만동묘였기에 만동묘는 국가의 각종 제례에 대한 규정들 가운데 지방 도(道)의 제사규정에 당당히 포함될 수 있었던 것이다.[24] 또한 그러했기에, 국상(國喪)의 졸곡(卒哭) 전에는 모든 국가 제사를 정지하되, 오직 사직제(社稷祭)와 대보단제(大報壇祭)만 예외를 두어 국상에도 불구하고 규례대로 설행하고 음악도 사용할 수 있었는데, 이제 만동묘 제례도 그와 같은 급으로 대우를 받게 되었던 것이다.[25] 따라서 만동묘의 복구를 지방의 사적 집단이 중앙을 상대로 다시금 승리를 거둔 것으로 단순히 이해하는 것은 사실과 맞지 않는다. 요컨대, 복구된 만동묘가 지닌 이런 새로운 위상은 대보단과 관련해 고종이 대원군의 의도를 충분히 이해하고 그대로 계승했음을 잘 보여준다고 할 수 있다.

한편, 고종의 대보단 정책과 관련해서 주목해야 할 또 다른 점은 앞 소절에서 확인했듯이 고종의 친행 빈도가 1883년부터 1885년까지 3년 동안에 두드러지게 높아진 점과 대보단 제례가 일본군의 서울 점령을 계기

23 『고종실록』 11권 11년 2월 13일 병술; 11년 9월 17일 병진.

24 『고종실록』 34권 33년(건양 1) 8월 14일. 고종 33년(1896년)이후의 월일(月日)은 양력이다.

25 『고종실록』 15권 15년 8월 7일 갑신. "禮曹啓 國恤卒哭前 竝停大中小祀 惟祭社稷事 已爲啓下 而取考謄錄 則大報壇祭享 雖在卒哭前 依例設行 亦爲用樂矣 今此萬東廟祭享 宜無異同 依例設行 而不敢擅便 請上裁 敎曰 依例設行."

로 사실상 종식된 점이다. 따라서 이번에는 이와 관련해 고종 대 대보단이 갖는 정치적 함의를 살피도록 하자.

주지하듯이, 1883년과 1884년은 조선이 국제정세의 파고에 그대로 노출되면서 내우외환을 심하게 겪던 시기였다. 일본의 침탈은 이미 가시화된 상태였으며, 그에 대해 전통적인 조공책봉 관계를 만국공법 식으로 자의적으로 해석한 청나라의 내정간섭 또한 극심해질 때였다. 뿐만 아니라, 내부에서는 일본식 근대화에 비판적인 군인들이 군란을 일으켜 궁궐에 침입했고, 2년 후에는 일본을 좇아 전면적인 개화를 추구하는 급진개화파 인물들이 일본군과 함께 정변을 일으켜 또다시 궁궐에 침입하는 등, 고종의 위상과 권위는 형편없이 땅에 떨어진 상태였다.

그런가 하면, 청나라 군대와 일본 군대가 모두 서울에 주둔함으로써 서울 거리에는 늘 불안한 긴장이 감돌았고, 임오군란과 갑신정변의 뒤처리 과정에서 조선이 청나라 및 일본과 맺은 각종 조약들은 조선을 약육강식의 전쟁터에 빈손으로 내몬 격이 되었다. 이런 상황에서 조선은 일본의 무력시위로부터 벗어나는 것도 급선무였지만, 조선을 서양식 개념의 속방(vassal state)으로 취급하여 국제무대에서 조선의 독립주권을 인정하지 않으려는 청나라로부터 벗어나는 것도 급선무였다. 그러나 조선 스스로 그럴 힘을 갖추지 못한 탓에 고종은 제3의 세력이라 할 수 있는 러시아에 의지하는 모습을 보였고, 조선의 이런 태도는 급기야 영국의 개입을 초래하여 영국의 거문도 무단 점령 사태(거문도 사건, 1885~1887)에 직면하기도 했다.

고종이 대보단의 춘향대제와 삼황의 기일에 거의 빠지지 않고 꼬박꼬박 친행을 거행한 기간(1993~1885)이 바로 이런 시기와 완벽하게 겹치는 것은 결코 우연일 수 없다. 조선의 국왕들이 그동안 대보단을 통해 예전의 명나라와의 관계를 그리워하며 존명의리 이데올로기를 고취하고 내면화함으로써 조선왕조의 존재이유를 스스로 각인하고 의식화해온 점을 고려할 때 더욱 그렇다. 즉, 예상 밖의 청나라의 호된 간섭을 국내외적으로 받으면서, 또한 일본으로부터 수시로 위협을 당하면서, 고종은 그 옛날 임진전쟁(왜란)이라는 절체절명의 국가 위기에서 조선을 구해준 명나라를 떠올렸으며, 더 나아가 그 은혜를 영원히 기리기 위한 대보단 제례를 더욱 새로운 마음으로 거행함으로써, 심리적으로나마 답답한 현실에서의 돌파구를 찾고자 했을 것으로 보인다. 비록 이를 받쳐줄 직접적인 증거자료는 찾을 수 없으나, 고종의 친행 빈도가 이 시기에만 유독 두드러진 이유를 설명하는 추론으로는 별다른 무리가 없을 것이다.

이와 관련해 고종과 그의 조정이 당시 청나라에 대해서 가졌던 인식도 함께 살필 필요가 있는데, 그것은 완전한 반청(反淸)도 친청(親淸)도 아닌, 애매한 것이었다. 일본의 위협과 청나라의 간섭을 둘 다 싫어하면서도, 아무래도 일본보다는 청나라 쪽으로 보다 많이 기울어져 있었던 점은 부인할 수 없다. 이는 비단 청나라와 맺어왔던 조공책봉 관계 때문만이 아니라, 비록 오랑캐인 만주족이 세운 청나라일지라도 이제는 중화의 문명을 수용한 국가로 변모했다는 18세기 후반 이래의 인식 변화와 19세기 후반 당시 국제정치의 현실에서 조선이 의지할 대상으로 청나라만한 대상이 딱히 없었다는 점도 크게 작용했을 것으로 보인다. 임오군란(1882) · 갑신정변(1884) · 갑오농민봉기(1894) 등 고종과 종묘사직이 큰 위기에 봉착했을 때 그래도 고종이 물리적인 도움을 청할 거의 유일한 대상이 바로 청나라였던 점은 1882년 이후 조선 조정이 갖고 있던 청나라에 대한 이중적인 모호한 인식을 잘 보여준다.[26]

26 임오군란 이후 조선 조정에서 불거진 친청과 반청 갈등에 대해서는 연갑수, 『고종대 정치변동 연구』(일지사, 2008).

그런데 바로 이런 이율배반적인 조선의 대청(對淸) 태도로 인해 조선으로서는 확실한 친청정책도, 확실한 반청정책도 추진할 수 없었다. 고종과 신료들이 속으로는 조선이 자주독립국임을 믿고 있었으나, 국제무대에서 그 점을 분명하게 공표하지 못함으로 인해 수많은 문제가 야기되고 있었다. 그럼에도 조선은 청일전쟁이 임박한 숨 가쁜 마지막 순간까지도 청나라의 속방이 아니라는 공식 성명을 대내외적으로 단호하게 발표하지 못했으니, 이는 조선 조정이 아직도 청에 의존하려는 마음을 품었기 때문이자, 청의 속방이 아님을 천명할 경우에 예상되는 청나라의 보복을 두려워하고 있었기 때문이기도 했다.[27] 이런 애매한 태도를 보일 수밖에 없었던 현실이 당시 조선이 처해 있었던 실상이었던 것이다.

이런 이중적인 심리와 태도는 조대비(趙大妃)의 국상 과정에서도 매우 선명하게 드러났다. 장례 행사는 모든 외국 공사들이 참석한 가운데 거행되었는데, 이때 고종은 외국 공사들 눈에 조선이 청나라의 속방으로 비쳐질만한 어떤 의식 절차도 거행하지 않기 위해 최선을 다했다. 이를테면, 조선에 대한 청나라의 주권을 외국 공사들 앞에서 증명해 보이기 위해 장례 행렬이 위안스카이(袁世凱, 1859~1916) 앞에서는 특별히 멈춰야 한다는 청나라의 강력한 요구를 무시하고 그대로 지나친 것은 그 좋은 예이다. 북경에서 출발해 인천에 상륙한 청나라의 조문사절단을 이전의 교영례(郊迎禮)에 따라 고종이 직접 교외까지 나아가 고두례(叩頭禮)를 올리며 맞이하는 것이 부끄럽고 부담스러워 최대한 그런 의식을 피하고자 한 것도 마찬가지 맥락이었다. 그런데 이때는 청나라의 압력이 워낙 컸던 탓에 결국에는 전통 방식에 따라 고두례를 올리며 교영을 행했지만, 그럴지라도 다른 외국인들이 보지 못하도록 예전과는 다른 길로 나아가 은밀하게 거

27 具仙姬, 『韓國近代 對淸政策史 硏究』(혜안, 1999), 229~246쪽.

행한 점도[28] 당시 고종의 노력을 엿볼 수 있는 좋은 사례이다. 이 또한 당시 고종과 조선 조정이 청나라에 대해 갖고 있던 이중적인 심리를 잘 보여준다.

이런 현실이었기에, 전쟁과 같은 어떤 무력을 통하지 않고서는 조선이 청나라로부터 완전한 독립을 획득할 길은 거의 없었다고 보아야 할 것이다. 즉, 청으로부터 벗어나려는 고종의 의지는 충분히 읽을 수 있으나, 그 의지를 현실의 정치외교무대에서 과연 실행할 수 있었는가는 또 다른 별개의 문제였던 것이다. 청의 내정간섭이 노골화되던 1883년부터 갑자기 두드러지게 급등한 대보단 친행 비율이나, 일본군의 경복궁 점령 직전까지도 고종이 대보단 친행을 몸소 거행한 배경은 이런 맥락에서 풀이할 수 있을 것이다.

이런 정치환경에 처한 고종이었기에, 청일전쟁은 한편으로는 청의 간섭을 완전히 탈피할 수 있는 절호의 기회였으나, 다른 한편으로는 고종이 청나라보다 더욱 혐오하던 일본의 간섭 및 그 일본을 따라 함께 귀국한 친일성향의 개화파들이 주도한 갑오개혁을 승인해야 하는, 그래서 더 큰 우환을 떠안은 셈이기도 했다. 이와 관련해서, 1894년 6월에 일본군이 서울을 무단 점령한 이후로 대보단 제례 관련 기록이 모두 사라진 점 또한 결코 우연으로 볼 수는 없을 것이다. 비록 대보단 제례가 국가의 규정으로는 계속 존속했지만, 그 제사 규정은 법전 속에서만 남아 있었을 뿐, 현실의 정치무대에서는 완전히 사라져, 이후로 고종은 단 한 번도 대보단 관련 친행을 거행하지 않았다. 심지어 비록 친행은 거행하지 않을지라도 삼황의 기일에 맞추어 예방승지를 대보단에 보내 봉심(奉審)하도록 한 형

28 Joshua Van Lieu, "Imperialism and the Politics of Condolence: Nineteenth-Century Chosŏn-Qing Relations and the Contestation of the Tributary Relationship", *Journal of Korean Studies*, Vol. 14, No. 1(Society for Korean Studies, 2009).

식적인 전례(前例)조차도 따르지 않았던 것이다. 요컨대, 대보단 관련 제례 일체가 사실상 폐지되었던 것이다.

대보단과 관련해 발생한 이런 급격한 단절 현상은 예전부터 일본이 조선에 대해 강력하고도 집요하게 거듭해 강조한 "조선은 자주독립국"이라는 명제와 연관해서 생각해볼 필요가 있다. 아마도 서울을 점령한 일본의 의도가 강하게 반영된 결과로 보이기 때문이다. 다른 말로, 조선이 중국(명·청)과 맺어온 전통적인 조공책봉 관계를 공개적으로 부정하기 원했던 일본으로서는 대보단 제례와 같은 국가 차원의 제사를 당연히 좋아할 리 없었겠기 때문이다. 무엇보다도, 바로 중국으로부터의 완전한 독립을 추진하고 일본식의 근대화를 추진하고자 했던 갑오개혁 핵심 인물들이[29] 대보단 제례에 대해 매우 부정적이었기 때문임은 두 말할 나위도 없을 것이다.

어쨌든, 청나라가 주도하는 '전도된' 국제질서에서 존명의리 이데올로기를 지속적으로 되새김하고 의식화함으로써 조선왕조의 레종데트르를 대내적으로 천명하고 가시적으로 보여주려는 취지로 시작된 대보단 제례는 그 청나라 세력이 조선에서 완전히 물러가기 직전까지 조선의 정치무대에서 본연의 기능을 충실히 담당하고 있었던 것이다. 그렇지만 조선 스스로의 힘으로 청나라를 구축(驅逐)하지 못하고, 또 다른 '오랑캐'인 일본군에게 서울을 점령당한 상태에서 비로소 종식되었으니, 이는 역사의 아이러니이자, 당시 조선이 처했던 엄연한 현실이라 할 수 있겠다.

---

29 갑오개혁 주도 인물들이 대개 청보다는 일본에 호의적이던 태도에 대해서는 왕현종, 『한국 근대국가의 형성과 갑오개혁』(역사비평사, 2003), 130~170쪽 참조. 갑오개혁 추진 세력의 다양성에 대해서는 주진오, 「갑오개혁의 새로운 이해」, 『역사비평』 26(역사문제연구소, 1994) 참조. 이 두 연구에 따르면, 갑오개혁 주체세력을 친일파로 단순화시켜 부르기는 어렵다. 그래도 그 중심세력이 일본식의 근대화를 염두에 둔 점은 부인할 수 없다.

제7장
조선의 대보단과 대한제국의 환구단

청일전쟁(1894~1895)을 계기로 조선이 청나라의 간섭으로부터는 벗어났으나, 그 대신 다른 '오랑캐'인 일본의 간섭을 더욱 심하게 받으면서 조선을 둘러싼 국내외 사정은 더욱 급박하게 흘러갔다. 그러면 그럴수록 러시아를 향하는 고종의 마음은 더욱 깊어졌고, 급기야 을미사변(乙未事變, 1595)을 계기로 고종의 마음은 완전히 러시아로 기울게 되었다. 그는 일본을 두려워했으며, 그 결과 자신의 안위 자체를 고민하여 아관파천(俄館播遷, 1896~1897)을 단행하는 절망의 나락으로 끝없이 추락했다. 갑오개혁 당시 자주독립의 한 상징으로 1896년 1월 1일을 기해 건양(建陽)이라는 연호를 선포했으나, 그로부터 불과 두 달도 채 지나지 않은 2월 11일에 자신의 궁궐을 버리고 일개 외국 공사관으로 피신함으로써 고종과 조선의 위상은 급전직하로 추락했다. 이런 쓰라린 경험들은 고종이 환궁해 칭제건원을 단행하고 환구단(圜丘壇, 원구단)을 세우고 대한제국을 선포하는 과정에도 일정한 관련성을 보이며 작용했다.

대한제국이 선포되고 고종이 환구단을 세워 직접 천제(天祭)를 지내는 데에도 대보단 논리는 중요한 역할을 담당했다. 조선왕조 건국 이후 세조

(r. 1455~1468) 때 예외적으로 환구단에서 천제를 지낸 것을 제외하고는 어느 다른 왕도 천제를 지내지 않았다. 아니, 천자만이 행할 수 있는 천제를 지내는 것은 매우 참람한 행위라는 신료들의 반대에 부딪혀 행할 수 없었다. 따라서 고종의 환구단 건립을 위해서는 그것을 합리화하고 정당화해줄 명분이 필요했는데, 그동안 명나라의 세 황제를 제사지내온 대보단의 정신과 중화문물을 계승한 나라가 바로 조선이라는 의식에서 그것을 찾았다. 청나라가 눈앞에서 사라진 상황을 맞아, 그동안 명 황제를 제사 지내온 조선의 국왕이 이제 명 황제를 대신해 스스로 천제를 드릴 수 있다는 논리가 자연스럽게 세워진 것이다.

이 장에서는 조선이 독립국임을 선포했다고 알려진 대한제국 선포(1897)와 함께 환구단을 세울 때 사용된 논리가 대보단 제례의 바탕이 되는 존명의리 이데올로기와 상당부분이 닿아 있었음에 착목해, 환구단 설립의 이면에 녹아 있는 대보단과 명나라의 그림자를 드러내어 고찰하고자 한다. 이를테면, 환구단 설립 논리에 녹아들어 있는 명나라에 대한 향수를 읽어내려는 것이다. 아울러, 환구단 설립이 어떤 의미의 탈중화(脫中華)로서의 의미를 갖는지에 대해서도 심층적인 분석과 해석을 시도할 것이다.

1. 갑오개혁 이후의 대보단과 이전의 환구단

앞 장에서 확인했듯이, 1705년 이래 조선의 정치무대에서 중요한 의미를 갖고 지속되어온 대보단 제례는 1894년 5월의 홍무제 기일에 행한 망배례를 마지막으로 190년 동안 이어온 기능을 다하고 수명이 끝났다. 사실, 일본의 서울 점령과 청일전쟁 발발로 급격하게 소용돌이 친 이후 정국의 동향을 고려할 때, 고종이 예전처럼 대보단 제례를 거행하기는 어려웠을 것이다. 또한 대한제국의 설립과 함께 환구단에서 제천례(祭天禮)를 거행함에 따라, 대보단의 중요성이나 필요성도 크게 감소했을 개연성은 충분하다. 실제로, 갑오개혁이 한창 진행 중이던 1895년 1월 14일에 확정 · 공포된 새로운 국가사전(國家祀典)에는[1] 대보단 관련 조항이 보이지 않는다. 청나라와의 오랜 관계를 최대한 단절하려고 노력한 갑오개혁의 취지를 감안하면, 또한 이때 공포된 사전의 특징 가운데 하나가 바로 중국(명 · 청) 관련 국가 제사를 배제하는 목적이었던 점을 고려하면, 대보단 제례는 이때 공식적으로 폐지된 것으로 보아도 좋을 것이다.[2]

그러나 갑오개혁은 순탄하게 진행되지 못했다. 일본의 손아귀에서 벗어나려는 고종과 친러파 신료들의 노력에 힘입어 러시아가 적극적으로 개입함에 따라 조선을 둘러싸고 러시아와 일본의 알력이 노골화되었고, 그에 따라 정국의 변동이 극심했기 때문이다. 주지하듯이, 1895년 4월부터 8월까지 조선의 안팎에서 숨 가쁘게 진행된 시모노세키조약 · 삼국간섭 · 을미사변과 약 반년 뒤인 1896년 2월에 발생한 아관파천은 조선 내부의 친일노선과 친러노선 문제와 맞물려 거의 정신을 차릴 수 없을 정도로 정국을 격심한 소용돌이 속으로 몰고 갔다. 그렇지만 러시아 공사관으로 들어간 고종이 그곳에서 일 년 정도 있으면서 일본의 영향력이 상대적으로 수그러들자, 고종은 러시아 공사관에 앉아 정치를 주도했고, 그 가운데 하나가 바로 갑오개혁의 연장선에서 시행된 사전개혁안에 따라 폐지되었던 기존의 국가 제사들을 대거 복구한 조치였다. 이에 따라 대보단

1 『奏本』(규장각 청구번호 奎17702) 제1책, 제85호 「開國五百四年正月十四日奉」.

2 보다 상세한 논의는 이욱, 「대한제국기 환구제에 관한 연구」, 『종교연구』 30(한국종교학회, 2003), 184~185쪽 참조.

제례도 복구되어 환구단·종묘·영녕전(永寧殿)·사직단 제례와 함께 국가의 대사(大祀) 가운데 하나로 예전처럼 다시 자리를 잡게 되었다.[3]

그렇지만 고종이 실제로 이 사전 규정에 따라 대보단 제례를 계속했다는 기록은 전혀 찾을 수 없으므로, 대보단 제례는 사실상 종식되어 형식상으로만 존속했던 것 같다.[4] 그런데 이 명목뿐인 대보단마저도 고종이 강제 퇴위당하고 얼마 지나지 않아 새로 개정된 법령에 따라 완전히 폐지되었으며, 이때 만동묘도 함께 폐지되었다.[5] 이를 보면, 실제적으로는 대보단이 190년 동안(1705~1894) 기능했지만, 명목상으로는 조선국이 대한제국으로 바뀐 이후에도 계속 살아남아 이른바 전근대와 근대를 초월해 무려 204년 동안(1705~1908) 존재했음을 알 수 있다. 이후 대한제국이 일제에게 완전히 멸망하자, 남아 있던 대보단 관련 부지마저도 모두 총독부로 귀속됨으로써, 대보단은 한국의 역사에서 완전히 종말을 고했다.

그런데 흥미로운 것은 대보단이 이렇게 정치무대에서 사라져갔지만,

---

3 『고종실록』 권34 33년(建陽1년) 8월 14일.

4 실제로, 조선(대한제국)의 마지막 국가의례서라 할 수 있는 『大韓禮典』이 1898년에 일단락되었는데, 거기에는 환구단 제례가 강조된 데 비해 대보단 제례는 전혀 언급이 없다. 그런데 바로 다음 각주에 제시한 『순종실록』의 기사에 따르면, 대보단을 필두로 명나라 관련 제사들은 1908년에 일거에 폐지된다. 그렇다면 대보단 제례는 이제 더 이상 실행하지는 않지만, 아직 공식적으로 폐지되지는 않은 채 마치 '식물인간'처럼 남아 있다가 1908년에 이르러 공식적으로 폐지되었다고 보는 것이 합리적일 것이다. 한편, 『대한예전』은 공식적인 반포 절차를 거친 예전이 아닐뿐더러 필사본으로만 존재하는 탓에, 그것이 어느 정도로 대한제국의 의례를 공식적으로 대표하는지에 대해서는 자료 검토가 좀 더 필요해 보인다. 『대한예전』에 대한 해제 차원의 소개와 설명에 대해서는 임민혁, 「대한제국기 大韓禮典의 편찬과 황제국 의례」, 『역사와 실학』 34(역사실학회, 2007); 김문식, 「조선시대 國家儀禮書의 편찬 양상」, 『藏書閣』 21(한국학중앙연구원, 2009) 참조.

5 『순종실록』 2권 1년(隆熙 2) 7월 23일. "享祀釐正 [……] 大報壇 萬東廟 崇義廟 東關廟 南關廟 北關廟及地方關廟의 祭祀를 廢止ᄒᆞ고 大報壇基址ᄂᆞᆫ 宮內府에서 保管ᄒᆞ며 崇義廟 北關廟ᄂᆞᆫ 國有에 移屬ᄒᆞ고 萬東廟 東關廟 南關廟及地方關廟ᄂᆞᆫ 該地方官廳에 下付ᄒᆞ야써 人民의 信仰ᄒᆞᆷ을 從ᄒᆞ야 別로히 管理ᄒᆞᆯ 方法을 定ᄒᆞᆷ [……]"

그 기존 취지였던 존명의리 이데올로기는 조선이 완전한 자주독립국임을 선포한 후에도 계속해서 작동한 점이다. 실제로, 황제의 상징 가운데 하나인 환구단을 세워 고종이 직접 하늘에 제사하자는 의견들 중에는 조선의 지배엘리트들이 여전히 과거 명나라와의 특별한 관계를 강조하고 거기에서 환구단 설립과 칭제건원의 명분을 찾는 모습을 쉽게 찾아볼 수 있다. 따라서 어떤 면에서는, 존명의리 이데올로기를 실천하기 위한 하나의 장치였던 대보단이 정세의 변화에 따라 시의성을 잃고 그 기능을 다했지만, 그 취지와 정신만큼은 시세에 맞게 새로운 모습으로, 즉 환구단의 형태로 일부 전이되어 계속되었다고도 볼 수 있다. 그렇다면 조선왕조 전체 역사에서 환구단은 어떤 의미를 지녔으며, 실제로 어떤 형식으로 유지되었는지 살펴보자.

고종 이전에 조선 국왕은 모두 25명이 있었는데, 그 가운데 세조(r. 1455~1468)를 제외하고는 어느 누구도 환구단 천제를 거행한 적이 없었다. 조선 건국의 초기에 해당되는 15세기 중엽에 세조가 신료들의 반대를 무릅쓰고 거행한 환구단 천제가 유일한 사례였다. 이는 건국과 동시에 명나라에 대한 사대를 국시의 하나로 천명한 조선왕조였기에, 어쩌면 당연한 결과였다. 실제로, 명 황제로부터 책봉을 받는 '제후'의 위상에 맞도록 수많은 고려의 전통 격식들이 조선에 들어와 대거 격하되었는데, 환구단도 그 가운데 하나였다. 이런 추세는 고려가 몽골제국의 간섭에 들어가면서 강제적으로 시작되었으나, 조선이 건국한 이후에는 자발적으로 진행되었다.[6] 고려 때부터 중요한 국가 제사의 하나로 시행되어온 환구단에 대한 격하 작업 또한 바로 이런 추세의 한 갈래였다.

---

6 보다 상세한 논의와 예증은 Seung B. Kye, "The Posthumous Image and Role of Ming Taizu in Korean Politics", *Ming Studies*, Vol. 50(Society for Ming Studies, 2005) 참조.

이성계(1335~1408; 태조, r. 1392~1398)가 고려의 마지막 왕인 공양왕(r. 1389~1392)을 몰아내고 스스로 왕위에 올라 조선왕조를 개창한 지 불과 20여 일이 지난 후에 예조에서는 환구단의 제천행사가 천자의 고유 의례임을 이유로 들어 폐지할 것을 건의했다.[7] 그렇지만 이에 대한 반론도 만만치 않은 탓에 다시 복구되기도 했다.[8] 삼국시대 이래로 꾸준히 시행되어온 환구단의 제천행사를 조선의 건국과 함께 갑자기 중지할 수 없다는 의견이 많았기 때문이다. 특히 고려 때의 환구단이 비단 하늘에 대한 제사뿐만 아니라 기곡(祈穀)과 기우(祈雨)의 기능도 겸하고 있었기에, 그 완전한 폐지는 쉽지 않았다. 이런 이유로, 결국은 어느 정도의 절충이 이루어져, 환구단은 이후로도 50년 이상 조선의 국가 제례로 존속할 수 있었다. 그렇지만 환구단에 국왕이 친히 거동해서 거행하는 제천행사는 조선의 건국 이후로 한 번도 시행되지 않았다. 다만, 나라에 극심한 가뭄이 들 경우에 임시방편으로 기우제를 드리는 제단으로 명맥을 유지했을 뿐이다.[9] 환구단이 갖고 있던 여러 기능들 가운데 기우제 정도의 기능만으로 그 명맥을 유지했던 것이다. 그나마 특별 기우제의 경우에도 국왕이 친행하지 않고 관원을 보내 지내게 하는 것이 상례였다. 이는 환구단 제사가 국가의 상설 제전(祭典)에 포함되지 않은 점과 『국조오례의』(國朝五禮儀)에도 등장하지 않는 점을[10] 고려할 때 더욱 분명해진다.

이렇게 소홀히 취급되던 환구단 제례가 천제의 기능으로 다시금 반짝

7 『태조실록』 1권 1년 8월 11일 경신.

8 『태조실록』 6권 3년 8월 21일 무자. "禮曹啓曰 吾東方自三國以來 祀天于圓丘 祈穀祈雨 行之已久 不可輕廢 請載祀典 以復其舊 改號圓壇 上從之."

9 『세종실록』 28권 7년 6월 19일 정사. "傳旨 在前圓壇祈雨祭 每當旱甚行之 故或不得致齋而行祭 誠爲未便 今則須預先齋戒 來七月初一日行祭."

10 이에 대해서는 桑野榮治, 「高麗から李朝初期における円丘壇祭祀の受容と變容: 祈雨祭としての機能を中心に」, 『朝鮮學報』 161(朝鮮學會, 1996). 참조.

부활한 것은 세조의 개인적인 의지 때문이었다.[11] 그렇지만 세조 이후로는 어느 왕도 천제로서의 환구단 제례를 시행하지 않았다. 오히려 비록 정기적이지는 않았어도 극심한 한재의 경우에 특별히 허용되던 기우제를 지내는 기능조차 점차 사라져갔다. 그 결과, 세조가 죽은 지 150여 년이 지난 광해군(r. 1608~1623) 대에 이르면, 환구단의 위치를 고증해 찾아내는 데에만도 며칠이 걸릴 정도로 환구단은 조선의 정치무대에서 사실상 종말을 고한 상태였다.[12]

이렇게 방치되어 있던 환구단의 천제를 다시 시도한 왕은 광해군이었다. 임진전쟁(왜란) 때 무군사(撫軍司)의 수장으로서 조선군을 지휘하며 쌓은 경험을 통해 명나라 군대의 취약점을 익히 알고 있었고, 또한 자신의 책봉 문제와 관련해 명나라에 대해 감정이 좋지 않던 광해군은[13] 명나라와 맺고 있던 기존의 조공책봉 관계를 넘어 조선 내부에서 국왕의 권위를

11 이에 대해서는 金相泰, 「朝鮮 世祖代의 圜丘壇 復設과 그 性格」, 『한국학연구』 6·7(인하대학교 한국학연구소, 1996) 참조. 한편, 세조는 그의 재위 기간 내내 몇 가지 사안으로 인해 명나라와 대립각을 세운 바 있다. 특히 그의 독자적인 여진정책은 북경과의 사이를 잠시나마 냉각시켜 명 황제로부터 중조(中朝)와 경쟁하려 들지 말라는 경고를 두 차례나 받을 정도였다. 세조의 이런 태도에 대한 상세한 논의로는 Seung B. Kye, "Huddling under the Imperial Umbrella: A Korean Approach to Ming China in the Early 1500s", *Journal of Korean Studies*, Vol. 15, No. 1(Society for Korean Studies, 2010) 참조. 선왕들과는 달리 환구단의 천제에 남다른 관심을 보인 세조의 태도도 이와 마찬가지 맥락에서 이해해야 할 것이다.

12 Seung B. Kye, "In the Shadow of the Father: Court Opposition and King Kwanghae in Early Seventeenth-Century Chosŏn Korea", Ph. D dissertation(Seattle: University of Washington, 2006), pp. 252~253.

13 광해군은 세자 책봉을 다섯 번이나 거부당한 바 있으며, 즉위한 후에도 국왕 책봉을 한 번 더 거절당했다. 이에 대해서는 한명기, 『임진왜란과 한중관계』(역사비평사, 1999), 187~195쪽; Seung B. Kye, "In the Shadow of the Father: Court Opposition and King Kwanghae in Early Seventeenth-Century Chosŏn Korea", *Dissertation*(Seattle: University of Washington, 2006), pp. 42~50 참조.

스스로 창출하기를 원했다. 이러한 노력의 일환으로 나타난 정책들 가운데 가장 대표적인 것은 후금과의 직접 대화를 통한 난국의 타개였지만,[14] 환구단을 복원해 스스로 천제를 지내려 한 시도도 마찬가지 맥락에서 이해해야 할 것이다.

그렇지만 광해군의 계획은 신료들의 반대에 부딪혀 실행에 옮겨질 수 없었다.[15] 그런데 당시 조정의 분위기는 단순히 신중히 결정해야 한다는 정도의 상투적인 반대의견으로 그치지 않고, 신료들이 국왕을 겁박하면서까지 철회를 강요했다는 점에서 그 의미가 남달랐다. 한 예로, 홍문관에서는

> [……] 교체(郊禘)는 예 가운데에서도 큰 것입니다. 오직 천자라야 행할 수가 있기 때문에 노나라의 교체를 공자가 비난했습니다. 성인의 가르침은 지극히 엄합니다. 이번에 남교에서 친히 제사를 지내려는 것은 이미 제후의 예가 아닌데도 환구단을 쌓으려 하고 날을 이미 잡았으니 신들은 이에 의혹스러움이 없을 수가 없습니다. 비록 조종조의 고사가 있기는 하나 이는 어쩌다 한번 시행했던 거조에 불과합니다. 그 이전에도 들은 바 없으며 그 이후에도 계승한 적이 없습니다. [그런데도] 그것을 끌어다가 전례를 삼는다면 어찌 아주 미안한 일이 아니겠습니까? [……] 더구나 지금 천자께서 우리나라를 대우하심이 동복(同腹)과도 같음이 있고, 성상께서 천자를 섬기는 것도 지성으로 끊임이 없어 제후의 법도를 정성껏 봉행하여 예식에 허물이 없습니다. 작은 예도 감히 법도를 넘어서는 안 되는데 중대한 예를 어찌 [천자를] 핍박하면서까지 시행할 수 있겠습니까? 이로움이

14 계승범, 「광해군대 말엽(1621~1622) 외교노선 논쟁의 실제와 그 성격」, 『歷史學報』 193(역사학회, 2007).

15 『광해군일기』 중초본 106권 8년 8월 18일 을묘. 보다 상세한 논의는 平木實, 「朝鮮後期における圜丘壇祭祀について(一)」, 『朝鮮學報』 157(朝鮮學會, 1995) 참조.

> 없을 뿐만 아니라 해로움만 있을 것입니다. [……] 예에 어긋나는 제사는 큰 경사에 이로움이 없고 천자의 일을 참람하게 범하는 거조는 장래에 해로움이 있을 것입니다. [……][16]

라고 하여, 제후의 지위로서 천자만이 행할 수 있는 천제를 거행한다면 천자를 핍박하는 셈이라거나, 천자만이 할 수 있는 의식을 거행한다면 훗날 문제가 될 것이라는 식의 과격한 언사의 반대가 주류를 이루었다. 이미 당시에는 국초의 환구단 터가 어디였는지조차 모를 정도로 환구단 제사가 조선의 국가 제례에서 거의 사라져버린 상태였는데, 광해군이 굳이 세조 때의 환구단 터를 고증해내어 복구해서 천제를 거행하겠다고 하자, 신료들은 그런 계획이 지극히 참람하다는 이유를 들어 거세게 반대했던 것이다. 이런 거센 반대에 부딪혀 광해군의 환구단 천제 계획은 결국 실행에 옮길 수 없었다.

이렇듯, 조선 조정의 자발적인 환구단 천제의 폐지는 이후 조선 국왕의 위상과 직결되는 매우 중요한 문제를 야기했으니, 그것은 바로 조선 국왕의 정통성은 하늘로부터 직접 부여받는 것이 아니라, 하늘의 뜻을 대변하는 지상 유일의 에이전트라 할 수 있는 중화(명)의 천자를 통해서만 가능하게 된 점이었다. 또한 이런 새로운 인식이 조선의 정치무대에서 현실적인 힘과 권위를 갖고 작동할 수 있었던 이유는 바로 조선왕조를 주도하고 유지하던 양반엘리트들이 실제로 그렇게 믿고 있었기 때문이다. 다른 말

16 『광해군일기』 중초본 106권 8년 8월 20일 무오. "[……] 郊祭禮之大者也 唯天子得以行之 故魯之郊禘 孔子非之 聖人之訓 至嚴且切 今此親祀南郊 旣非諸侯之禮 圓壇將築 吉日已涓 臣等於此 不能無惑焉 雖有祖宗朝故事 此不過一時偶然之擧耳 前此而無聞 後此而無繼 援以爲例, 豈非未安之甚乎 [……] 況今天子之待我國 有同內服 聖上之事天子 至誠無間 恪謹侯度 式禮莫愆 禮之小者 猶不敢踰 禮之大者 其可偪而行之乎 非徒無益 又有害者 [……] 非禮之祭 無益於大慶 僭上之擧 有害於將來 [……]"

로, 조선의 정치무대에서 명나라가 갖는 권위와 위력은 명 황제가 조선의 국왕을 물리적으로 지원했기 때문이 아니라, 명질서(明秩序) 하에서 조선의 지배엘리트들이 공유하던 천하 인식이 천자를 세계의 중심에 놓는 세계관에 입각하고 있었기 때문이었던 것이다. 그나마 환구단 천제의 부활을 시도한 광해군이 계해정변(인조반정, 1623)으로 쫓겨남에 따라,[17] 이후에는 어느 국왕도 환구단 천제를 입에 담을 수 없는 상황이 조선후기 내내 지속되었다.[18] 요컨대, 세조의 사례는 조선 역사 전체를 통틀어 유일하고도 극히 예외적인 사례였음을 알 수 있다.

이런 역사를 고려할 때, 대한제국 건립기의 환구단 문제는 바로 이런 오랜 역사와 전통을 뛰어넘어 이제 조선의 국왕이 스스로 칭제하고 하늘에 제사하겠다는 강력한 의지의 표현이었던 것이다. 그렇지만 조선왕조 근 500년간 전례가 거의 없던 일이었기에 환구단 건립의 당위적 논리를 세우는 일이 쉽지만은 않았다. 더욱이 당시 조선이 처해 있던 국제정세의 현실이 너무 급박했기에, 칭제건원을 하고 환구단을 세운들 무슨 소용이 있겠는가라는 현실적인 무용론도 만만치 않았다.

예를 들어, 윤치호(1865~1945)와 같은 서구 지향의 개화파 인물과 최익현(1833~1906)과 같은 위정척사 계열의 인물들 가운데에는 칭제건원에 부정적인 사람들이 적지 않았다.[19] 윤치호는 청과 일본이 조선을 존중하지

---

17 이 정변의 성격에 대해서는 계승범, 「계해정변(인조반정)의 명분과 그 인식의 변화」, 『南冥學研究』 26(경상대학교 남명학연구소, 2008) 참조.

18 平木實, 「朝鮮後期における圜丘壇祭祀について(二)」, 『朝鮮學報』 176 · 177(朝鮮學會, 2000)에 따르면 조선후기에 천제는 지내지 않았으나 그 환구단 터는 남아 있었다고 한다. 그렇지만 광해군 때 이미 터를 고증해 찾아내는 데 애를 먹었던 점을 고려하면, 조선후기에 천제를 염두에 둔 환구단은 그 터가 남아 있었다는 것 이상의 어떤 의미를 부여하기는 어려울 것이다.

19 반대 인물들과 그 논리에 대해서는 李玟源, 「稱帝논의의 전개와 大韓帝國의 성립」, 『淸溪史

않는 상황에서 황제 칭호만 취한다면 저들의 비웃음만 살 것이라면서[20] 비판적인 태도를 취했다. 그런가 하면, 위정척사론의 대표적인 인물이던 최익현은 칭제의 바로 전단계로 갑오개혁 때부터 사용되던 '대군주폐하' 라는 칭호에 대해 실제로 자주(自主)하지도 못한 처지에 일본으로부터 '폐하'라는 칭호만 따오는 것은 참람할 뿐만 아니라 명분과 실상도 서로 맞지 않는다고 함으로써,[21] 폐하라는 칭호에 대해서조차 반대 입장을 분명히 했다. 유인석(1842~1915) 또한 칭제 논의가 서양의 예를 따르는 것이라는 이유와 이미 대명(大明)의 황제가 있으니 천하에 두 황제가 있을 수 없다는 이유를 들어 칭제에 반대하는 입장을 분명히 밝혔다.[22] 유인석이 청일전쟁 이후에도 조선의 국권을 수호하기 위해 여전히 청나라에게 크게 의지했던[23] 점을 고려하면, 칭제건원에 대한 그의 불편한 심기를 어렵

學』 5(청계사학회, 1988)에 상세하다. 필자도 이 논문으로부터 많은 도움을 받았다.

20 『尹致昊日記』 4(국사편찬위원회, 1975), 1895년 10월 15일. "[……] I told them that while neither Japan nor China would honor Corea an iota more for putting on the imperial title, we would evoke the ridicule of the sensible. [……]"

21 『勉庵集』 권4, 「請討逆復衣制疏」. "[……] 仄聞近日朝廷 背淸自主 尊殿下爲大君主陛下 若使殿下 繼述孝廟志事 掃淸中原 鎭撫四夷 則名正言順 可以有辭於天下後世矣 雖未必然 若能眞箇自主制淸制倭 則迨此皇統久絕之日 自任以繼天立極 或無所不可 而今則不然 聖明孤立 寇賊傍伺 咫尺殿庭 威令不行 而徒效倭奴之僭稱 一朝受陛下之號 則名實不副 恐終爲聖德之累也 況大君主三字 於禮無據 於古未聞者乎 [……]" 이 책에서는 한국고전번역원의 온라인 공개 자료를 참고했다.

22 『昭義新編』 속편 권1, 「與宋淵齋秉璿別紙」. "今日處義 有最難者 皇帝位號 儒者當隨人稱之也 [……] 時輩之上號也 [……] 乃比列於土俄德奧 待吾君 以堂堂大明臣邦禮義之主 爲尊敬乎 待以土俄德奧醜夷之例 爲尊敬乎 麟錫之愚 誠不忍以土俄德奧待吾君也 [……] 且也 吾國帝大明 是孝廟與老先生 所立光明大義 而世守者也 天下無二帝 不當復帝 [……]" 이 책에서는 의암학회, 『국역 소의신편』(산책, 2006)의 원문을 참조했다.

23 구한말의 대표적인 위정척사 의병장 유인석은 을미거병(1895) 이후 두 번이나 요동으로 건너가 청나라 장수와 관리들에게 간절히 원병을 청한 바 있다. 이에 대해서는『毅菴集』 권55: 51b~53a(경인문화사, 1973) 참조. 그러나 청일전쟁 이후 청나라는 조선에 다시 개입할 여력은커녕 자기 발등의 불도 제대로 끄지 못하던 처지였다.

지 않게 이해할 수 있다.

이런 문제들을 딛고 우여곡절 끝에 환구단은 마침내 1897년 10월에 일단 모습을 갖추었고,[24] 고종은 바로 그 환구단에서 황제의 자리에 오르고 대한제국의 탄생을 선포했다. 그렇다면 세조 이후 400년이 넘도록 거의 전례가 없던 천제를 위한 환구단을 다시 세우는 데에 사용된 명분과 논리는 무엇이었을까? 또한 그 현실적인 필요성은 무엇이었을까? 이에 대한 구체적인 검토를 위해 다음 소절을 마련했다.

2. 환구단 건립을 위한 명분과 논리

앞서 살핀, 1895년 1월 14일에 확정된 새로운 사전(祀典) 개혁에서 이 책의 주제와 관련해 가장 두드러지는 것은 바로 대보단의 제례가 폐지되고 환구단의 제례가 새롭게 등장한 점이다. 이는 갑오개혁을 추진한 중심 세력이 청나라를 배척하고 일본을 모델로 한 근대화를 추구한 점에서 충분히 납득이 가는 조치였다. 또한 이 사전에 따르면 환구단 제례는 아직은 풍운뇌우(風雲雷雨)와 산천에 제사하는 것으로 제한되어 있었지만 기존의 종묘제례, 영녕전(永寧殿)제례, 사직제례 등과 함께 국가의 대사(大祀)로 분류되어 중시되었다.[25] 이런 추세에 힘입어 1895년 윤5월에는 예전의

24 이 시점은 환구단의 복원이 완성되었다기보다는 오히려 복원의 시작이었다고도 할 수 있다. 환구단의 최종 완공은 6년이 더 지난 1903년이 되어서야 가능했기 때문이다. 이에 대해서는 정수인, 「대한제국시기 환구단의 원형 복원과 변화에 관한 연구」, 『서울학연구』 27(서울시립대학교 서울학연구소, 2006) 참조. 이 6년간의 환구단 제례를 시기별로 잘 정리한 것으로는 이욱, 「대한제국기 환구제에 관한 연구」, 『종교연구』 30(한국종교학회, 2003) 참조.

25 『奏本』 제1책, 제85호 「開國五百四年正月十四日奉」. 이때의 규정에 대한 상세한 분석은 이욱, 「대한제국기 환구제에 관한 연구」, 『종교연구』 30(한국종교학회, 2003) 참조.

남단(南壇) 자리에 환구단을 복원하기 위한 청사진이 그려지기도 했다.[26] 그렇지만 이후 조선의 안팎에서 주도권을 놓고 일본과 러시아가 격심한 각축을 벌임에 따라 이렇다 할 진전이 없다가, 고종이 러시아 공사관에서 국가의 제사 관련 법규를 새로 개정할 때 대사 가운데에서도 으뜸으로 그 모습을 다시 갖추되 천지에 대한 제사까지 포함하는 기능으로 새로워졌다.[27]

러시아 공사관으로 피신해 들어간 지 일 년 만에 경복궁(景福宮)이 아닌 경운궁(慶運宮)으로 귀환한 고종은 조선이 독립국임을 대내외적으로 선포하기 위한 준비에 착수했는데, 그 대표적인 조치들 가운데 하나가 바로 1897년 10월 12일(양력)에 환구단에 나아가 하늘에 제사를 드린 후에 바로 그 자리에서 황제의 용상에 오르고, 바로 다음날 대한(大韓)이라는 국호를 내외에 선포한 일이었다. 황제 즉위식을 환구단에서 거행한 것은 이제 조선은 황제, 곧 천자의 나라이므로 스스로 하늘에 제사하고 독자적인 연호를 쓰는 독립국이요, 황제국임을 선포한 매우 중요하고도 의미 있는 의식이었다.

1896년 정월부터 건양(建陽)이라는 독자 연호를 사용하고 양력을 채택한 조치는 조선이 청나라로부터 완전히 벗어났음을 현실적으로도 천명한 셈이었다. 또한 그에 따른 후속조치로 칭제 논의가 지속되었고, 그런 흐름에 따라 환구단 천제가 복원되고, 최종적으로 대한제국의 건립으로 귀결되었으므로, 이 모든 조치들은 각 단계가 개별적으로 시행된 것이 아니라, 서로 매우 긴밀한 연결성 속에서 순차적으로 진행되었다. 뿐만 아니

---

26 『內部請議』(규장각 청구번호 奎17721) 제1책, 63호 「圓丘建築請議書」.

27 『고종실록』 34권 33년(建陽 원년) 8월 14일. "[……] 大中小祀別單 圜丘 天地從祀風雲雷雨國內山川 冬至合祭 正月上辛祈穀 [……]" 한편, 이때 대보단 제례도 3월 상순에 하는 것으로 규정되었다.

라, 이런 일정의 초두에 해당되는 1896년 11월 21일에 영은문(迎恩門)을 헐고 바로 그 자리에 독립문을 착공했고, 그로부터 정확히 일 년이 지난 1897년 11월 20일에 완공했으니, 대한제국의 탄생 과정은 일정상으로 볼 때 독립문 건축 기간과도 거의 일치하여 그 상호 관련성을 잘 보여준다. 독립문 건립 과정에 고종을 비롯해서 조정의 신료들이 다양한 방법으로 대거 개입한 점에서 더욱 그렇다.

그렇다면 조선왕조 내내 참람하다 하여 금지했던 천제를 재개하기 위해 환구단을 세우는 데에 동원된 명분과 논리는 무엇이었을까? 환구단 건립을 위한 논의는 이미 1895년부터 있었지만, 본격적인 논의는 1897년 9월부터 두 달 사이에 집중되었다. 그렇지만 환구단 건립 논의는 칭제 논의의 한 과정으로서 서로 불가분의 관계에 있었으므로, 이해를 분명히 하기 위해서는 칭제 논의의 양상을 먼저 살피고, 그 맥락에서 환구단 건립 논의의 명분을 살필 필요가 있다.

1895년에 시작된 칭제 논의는 1897년 10월의 대한제국 선포로 종결될 때까지 2년이 넘게 지속되었다. 그 논의의 전개 양상을 시기별로 구분하면, 을미사변(1895. 8) 직후에 친일파 인물들이 주도한 첫 단계, 고종이 환궁한 뒤인 1897년 5월에 고종의 측근들이 주도한 두 번째 단계, 같은 해 9월말에서 10월초에 걸쳐 관료들과 유생들이 연이어 청원을 낸 세 번째 단계로 나누어 이해할 수 있다.[28] 이 가운데 첫 두 단계 때에는 환구단 관련 논의는 거의 없이 칭제 논의에만 초점이 맞추어져 있었다. 다만, 첫 단계의 논의는 일부 친일파 인물들이 주도하다가 정국의 변동에 따라 곧 중지되었으므로 큰 의미를 부여하기 어렵고, 두 번째 단계 때부터 논의가 본

---

28 이런 시기별 구분을 처음 시도하고 단계별 논의 과정을 상세히 분석한 연구로는 李玟源, 「稱帝논의의 전개와 大韓帝國의 성립」, 『淸溪史學』 5(청계사학회, 1988) 참조.

격적으로 시작되었다고 할 수 있다. 이때는 고종이 칭제를 청원하는 상소를 올리도록 막후에서 분위기를 조장하고 신료들과 유생들이 그에 호응하는 형식을 밟았는데,[29] 상소에서 드러난 칭제 논리를 내용별로 분류해서 정리하면 다음과 같다.

먼저, 칭제의 명분을 조선의 내부에서 독자적으로 찾은 경우를 들 수 있다. 이를테면, 조선은 이미 조서나 칙서와 같이 황제의 제도를 시행하고 있으므로 마땅히 칭제하자는[30] 논리와 자주독립은 해당 당사국의 자유의지로 이루는 것이므로 칭제 여부를 다른 나라에 물을 필요가 없다는[31] 논리 등이 이런 범주에 해당된다. 그런가 하면, 조선의 역사를 강조한 것도 있다. 이를테면, 기자(箕子)이래 조선은 유구한 역사와 전통을 갖추어 수준 높은 문명을 이루었을 뿐만 아니라 삼한을 통합한 대국이니 그 군주는 황제를 칭할 자격이 충분하다는[32] 논리가 그것이다. 이 또한 조선 내부에서 그 논리를 찾은 예로 분류할 수 있다.

---

29 『尹致昊日記』 5, 1897년 10월 3일. "For the last two weeks the King and his officials have been absorbed in the scheme of imperializing the Dynasty. A week ago the King secretly ordered Kwon Chai Hyong to memorialize the Throne begging it to accept the title of an Emperor! Beginning from last Friday the Prime Minister have started a series of petitions to the King asking him to accept the Imperial title in accordance with the earnest wishes and prayers of the whole realm. [……]"

30 『고종실록』 35권 34년(건양 2) 5월 1일. "前承旨李取榮等疏略 [……] 以陛下之盛德弘業 值今日自主獨立 以詔以勅 既行皇帝之制 而尙居君主之位 君主與皇帝 方今天下通行之例 而其揆則一也 以若本國臣民之膠見咸願 莫如稱帝也 [……]"

31 『고종실록』 35권 34년(건양 2) 5월 9일. "幼學權達燮等疏略 [……] 蓋自主自字 獨立獨字之義 專在於自意獨擅 不在於諮此依彼也 推此言之 自主我國 宜稱帝號 而何不御大寶之位哉 [……]"

32 『고종실록』 35권 34년(건양 2) 5월 16일. "議官任商準疏略: "惟我東邦, 自箕聖以後, 禮樂文物, 典章法度, 燦然具備, 猗歟盛哉 [……] 咸出我聖上功德 而以是之功之德 未進帝號 亶出於巽謙而未遑矣 今天下友邦咸服我聖上功德 聘弊相繼 梯航竝臻 是天下友邦之所以尊我聖上而自主獨立 [……]"

다음으로는, 조선의 현실을 외국과 비교함으로써 칭제의 논리를 세운 경우를 꼽을 수 있다. 이를테면, 서양과는 달리 동양에서는 황제라는 호칭과 군주라는 호칭이 평등하지 않고 오히려 군신관계처럼 차등적으로 사용되므로, 조선이 자주독립을 천명하기 위해서는 마땅히 황제를 칭해야 한다는[33] 논리가 그 예라 할 수 있다.

마지막으로는 중화의 오랜 예악과 문물을 간직하고 있는 나라는 조선밖에 없으니, 중화문명의 정통은 당연히 조선에 있고, 따라서 조선의 군주는 마땅히 황제를 칭할 자격이 충분하다는[34] 논리를 들 수 있다. 특히 이는 청나라를 이적시하고 소중화로서의 조선에 자부심을 갖던 조선후기의 오랜 사조가 잘 반영된 논리요, 명분이라 할 수 있다.

이런 여러 논리들을 잘 종합했을 뿐만 아니라, 칭제에 부정적인 논리에 대해서도 조목조목 반박한 것으로는 정교(1856~1925)의 주장을 꼽을 수 있다. 그는 장문의 상소에서 조선은 예로부터 칭제만 하지 않았을 뿐이지 황제의 예(例)를 따라 자주독립의 기틀을 세워왔으니 황제 칭호로 바꿀 만하다는 점, 조선은 예로부터 여러 소국을 복속시켜 영토의 크기로도 부족함이 없으니 칭제할 만하다는 점, 건양이라는 연호가 이미 있으니 칭제하여 체통을 높여야 한다는 점, 자주적으로 각국과 교분을 쌓으면 외국에서도 조선의 칭제를 인정할 것이라는 점, 이웃의 청나라와 일본이 모두 황제를 칭하는데 조선만 칭하지 않을 수 없다는 점 등을 들어 칭제의 당위

33 『고종실록』 35권 34년(건양 2) 5월 26일. "幼學姜懋馨疏略 今泰西各國曰皇帝 曰大君主 曰大伯理之稱 雖曰無等第於其間 惟亞細亞東洋一局 歷代帝王之別 果有高下之殊 [……] 諸國之人能於尊其君之號 而我邦臣 民獨不能於尊君之道也哉 [……]"

34 『고종실록』 35권 34년(건양 2) 5월 26일. "幼學姜懋馨疏略 [……] 我邦雖疆域不大 羲黃以來五千餘年 正統相傳之禮樂文物 亶在於是 [……] 伏願陛下 特副萬黎之望 亟進大寶之位 以繫邦命 以鎮衆志焉 [……]"

성을 역설했다.[35]

이를 종합해보면, 칭제 논의에 동원된 다양한 명분과 논리들 가운데 조선이 중화의 정통을 이었다는 주장이 비록 들어 있기는 하지만, 그것이 1897년 5월 당시까지만 해도 논의의 중심에 있지는 않았음을 알 수 있다. 그보다는, 그동안 청나라의 '속방'으로서 국제무대에서 당했던 고충을 떨쳐버리고 스스로 칭제함으로써 자주독립국의 위용을 국제무대에서 확실하게 세워야 한다는 주장이 중심 논리이자 취지였음을 알 수 있다.

그런데 논의의 밀도가 한층 높아진 1897년 9~10월의 세 번째 단계에서는 앞서 제기된 다양한 논리들 가운데 중화문명의 계승자라는 논리가 보다 강화되는 현상을 읽을 수 있어서 흥미를 자아낸다. 특히 이때의 칭제 논의는 대개 관리들이 주도했으며 환구단의 건립 문제와 한데 뒤섞여 동시에 전개되었으므로, 당시 조선을 실질적으로 이끌던 중앙의 관원들이 생각하는 환구단 설립 명분의 배후에서 작동한 존명의리 내지는 중화계승의식을 읽어내는 데에 많은 도움을 준다.

그 논리들을 좀 더 자세히 살피면, 서양에서 독일과 게르만이 로마의 계통을 이어 황제를 칭했듯이 명나라의 의관과 문물을 계승한 조선도 그 계통을 이어 칭제할 수 있다는 점,[36] 조선은 지리적으로 한·당과 붙어

---

35 『大韓季年史』 권2 丁酉二年(1897) 十月. 이 책에서는 조광 편, 이철성 역주, 『대한계년사』 2(소명출판, 2004)의 원문을 참조했다. 한편, 건양이라는 연호를 이미 쓰고 있으므로 칭제할 수 있다고 주장한 정교 자신이 1897년을 '건양 2년'이라 하지 않고 '정유 2년'으로 쓴 것이 흥미롭다. 특히 1896년을 '병신'(丙申)이라 하지 않고 '건양 원년'이라 분명히 표기한 것과 비교할 때 더욱 그렇다. 아마도 1897년 8월에 연호를 광무(光武)로 바꾸었기 때문일지도 모르겠는데, 그럴지라도 연호를 쓰지 않고 간지를 쓴 점은 의아스럽다.

36 『고종실록』 35권 34년(光武 원년) 9월 26일. "外部協辦俞箕煥疏略 [······] 降自漢唐宋明 人君號位 一以皇帝爲尊 [······] 歐洲皇帝之稱 始自羅馬 而其後日耳曼奧地利 以羅馬古地 稱皇帝 德國繼日耳曼之統 遂定大號 我國家衣冠文物 悉遵明制 繼其統而正位號 無所不可 且淸與我國 均處東洋 則與德奧之接統羅馬 無異也 [······]"

있었고, 문화적으로 송·명의 유제를 따르고 있으므로 황제의 칭호도 계승할 수 있다는 점,[37] 기자가 동쪽으로 와 일찍이 화하(華夏)를 이룬 이래 수천 년 동안 소화(小華)의 칭호를 들었으니 이제 칭제할 수 있다는 점,[38] 조선은 만력제의 은덕으로 명나라와 부자의 관계를 맺은 바 있으니 황명(皇明)의 정통을 계승하려면 마땅히 칭제해야 한다는 점[39] 등의 논리가 널리 사용되었음을 알 수 있다.

위의 논리들은 주로 관료나 유생들의 상소에 나타난 것이지만, 이에 호응해서 조정의 중신들이 제기한 칭제 논리들 중에서도 "중화문명을 계승한 조선"이라는 논리는[40] 더욱더 세련되게 정리되어 반복적으로 등장해 눈길을 끈다. 이를테면, 의정 심순택(1824~?)은

제와 왕의 칭호가 다른 것은 그 공력과 기업이 같지 않으며 제도와 문물이 확연

---

37 『고종실록』 35권 34년(광무 원년) 9월 29일. "致仕奉朝賀金在顯等搢紳七百十六人 聯名疏曰 [……] 今若早進大號 聲明萬國 則猜嫌日銷 友誼益敦 其將永有辭於天下萬世矣 我邦疆土 係是漢唐古地 衣冠文物 悉遵宋明遺制 接其統 而襲其號 無所不可 正如德奧之均接羅馬之統也 [……]"

38 『고종실록』 35권 34년(광무 원년) 9월 30일. "館學儒生進士李秀丙等疏略 [……] 惟我東方檀君首出 與堯竝立 箕師道東 一變爲夏 亦粤我祖宗緝熙之學 直溯關洛 尊尙程朱禮樂文物 侔擬中夏者 迄今上下四千年 而惟其皇統之號 則在古未遑矣 欽惟皇明 廓淸區宇 聖神繼繩 我國受命 號稱小華 [……] 由是以來 承帝王之統者 苟有其位 必有是名 陛下奚獨不然哉 [……]"

39 『고종실록』 35권 34년(광무 원년) 9월 30일. "館學儒生進士李秀丙等疏略 [……] 而至於龍蛇之役 神宗皇帝再造土宇 則義雖君臣 恩實父子 東韓三千里含生之物 莫非帝德之所濡也 嗚乎天命靡常 皇社旣屋 帝統墜地 獨大報一壇 乃皇春一脈之所寄也 孝廟修攘之義 尊慕之誠 炳炳然日星於宇宙矣 [……] 陛下聖德大業 宜承大明之統緖 則顧今之日 豈以堂堂萬乘之國 止有君主之號乎 [……] 伏惟陛下深體萬東之義 廓揮中興之志 亟正寶位 亟渙大號 以順天命 以應民心 克承皇明之統 永享無疆之休焉 [……]"

40 이런 중화계승 의식은 조선후기 내내 정치·지성사의 주류를 형성했다. 보다 상세한 논의로는 허태용, 『조선후기 중화론과 역사인식』(아카넷, 2009) 참조. 따라서 대한제국 성립기에도 그런 의식이 조선 신료들이나 지식인 사이에 널리 팽배해 있었던 점은 오히려 자연스러운 결과라고 할 수 있다.

> 히 다르기 때문입니다. 대체로 제의 기업이라는 것은 대일통을 말하는 것인데, 일통이라는 것은 예로부터 제와 왕이 예악과 정교를 계승하고 전해주는 것입니다. 이 기업이 있으면 반드시 그에 합당한 지위를 얻고 그 지위가 있으면 반드시 그에 합당한 이름을 얻는 것입니다. [……] 우리나라는 단군과 기자 이래로 요순을 따라 답습하다가 본조에 이르러서 찬란하게 3대와 풍속이 같아졌습니다. [……] 우리 폐하께서는 뛰어난 성인의 자질을 타고나 반드시 융성하는 운수를 열어놓음으로써 옛 나라를 거듭 넓히고 천명을 새롭게 했습니다. [……] 독립의 터전을 세우고 자주권을 행사했습니다. 한 · 당 · 송 · 명의 전헌과 제도가 [우리] 관부에 굳게 있어 여러 나라로 하여금 그 법을 취하도록 했습니다. [그리하여] 천하의 문명이 우리에게 있고 황제의 계통이 진실로 우리에게 있으니 하늘이 명한 것과 사람들이 귀의하는 것은 시기로 보아 당연하고 예법으로 보아도 그렇습니다. [……][41]

라고 하여, 중화의 황통이 한 · 당 · 송 · 명을 거쳐 조선에게 계승 · 간직되어 있으니 고종은 마땅히 칭제할 자격이 있다는 논리를 폈다. 또한 동석했던 궁내부특진관 조병세(1827~1905)도

> [……] 예로부터 천명을 받은 군주에게는 반드시 위호가 있었는데 지위라는 것은 대보를 말하며 칭호라는 것은 황제를 말합니다. 이것은 하늘이 준 바이지 사람의 힘으로써 그 지위에 이를 수는 없습니다. 폐하의 높은 공훈과 큰 업적이 선

41 『고종실록』 35권 34년(광무 원년) 9월 30일. "帝王之稱 有不同者 以其功業之不同 而制度文章 截然不同 夫帝業者 大一統之謂也 一統者 自古帝王禮樂政教 有以承之 有以傳之也 有是業則必得其位 有其位 則必得其名 [……] 惟我邦 自檀箕以來 服襲堯舜 至于本朝 炳焉與三代同風 [……] 惟我陛下挺上聖之姿 啓必興之運 舊邦重恢 天命維新 [……] 建獨立之基 行自主之權 漢唐宋明典憲規模 金石在府 使萬國取法焉 天下文明在我 而帝皇之統 實在於我矣 天之所命 人之所歸 時則然矣 禮則然矣 [……]"

대보다 앞서니 반드시 위호가 있어야 합니다. [……] 또한 나라의 예악과 법도에서 [우리는] 한 · 당 · 송 · 명의 것을 가감하여 썼습니다. 지금 세상에서 요순의 뜻을 이어 그 계통을 잇는 것은 오직 우리나라만이 그렇게 합니다. 대체로 그 계통을 받들었다면 반드시 그[에 합당한] 명위를 정해야 합니다. [……][42]

라고 하여, 역시 조선이 요순과 한 · 당 · 송 · 명의 문명과 법도를 계승한 유일한 상속자라는 논리로 칭제의 당위성을 설명함으로써 칭제를 적극적으로 지지했다. 당시 조정에서 중책을 맡고 있던 이 두 고위 관료가 전개한 이런 논의는 칭제의 명분과 함께 환구단 건립의 논리를 선명하게 드러내 보여준다.

특히 이때 어전회의에서 제기된 칭제 논리의 거의 대부분이 황통의 계승이라는 측면에 집중된 사실이 주목된다. 당시는 이미 청일전쟁으로 청나라가 조선에서 물러간 후였고, 갑신정변으로 일본에 망명해 있던 급진개화파 인물들이 귀국해서 갑오개혁을 추진한 후였고, 특히 독립협회가 그 활동을 활발히 전개하고 있을 때로, 근대화의 흐름이 조정의 주류를 형성하고 있을 때였다. 그럼에도 불구하고 존명의리 내지는 황명의 적통을 조선이 계승했다는 인식이 당시 조야에 얼마나 강하게 남아 있었는지 그 실상을 잘 보여주기 때문이다. 10월에 들어서 사흘 동안 매일 이어진 황제 칭호 수락을 위한 정청(庭請)에서 사용된 핵심 논리도 역시 중화문명의 정통이 명나라를 거쳐 조선으로 이어지고 있으니 마땅히 칭제해야 한다는[43] 것이었다.

42 『고종실록』 35권 34년(광무 원년) 9월 30일. "[……] 自古受命之君 必得其位號 位者 大寶也 號者 日皇日帝是也 此天所以授之也 非有以人力而致之也 陛下巍勳洪烈 邁於古先 必有位號 [……] 且國家禮樂法度 損益乎漢唐宋明 今環瀛以內 祖述堯舜 而承其統 惟我邦爲然 夫承其統 則必定其名位 [……]"

[그림 5] 환구단 전경. 현재는 왼쪽에 보이는 황궁우만 남아 있다.

이런 여론을 충분히 수렴한 뒤, 마침내 1897년 10월 3일에 칭제 건의를 받아들여 허락한다는 고종의 윤음이 떨어졌고, 바로 이어 황제의 격식에 맞도록 모든 의전을 교체하기 시작했다. 그런데 이 또한 대개 『대명집례』(大明集禮)와 『대명회전』(大明會典)의 도식(圖式)에 의거해 정함으로써[44] 명실 공히 대한제국의 황제는 명나라의 황통을 잇는 모양새를 거의 완벽하게 갖추었다. 10월 11일에는 대한(大韓)으로 국호를 확정했으며, 바로 다음날에는 고종이 친히 황제의 격식을 갖추고 환구단에 나아가 천제를 거행하고 황제즉위식을 성대하게 거행했다.[45]

---

43 『고종실록』 36권 34년(광무 원년) 10월 1일~3일.

44 『大禮儀軌』, 「時日」 丁酉 9월 14일(양력 10월 10일). "十四日 告天地廟社 同日 皇后金册文 皇太子金册文 皇太子妃金册文 初圖書各一件入 依大明集禮圖式擧行 同日 蒼璧黃琮金랑造成 依大明會典圖式擧行" 이 책에서는 서울대학교 규장각에서 규장각자료총서의 일환으로 2001년에 발간한 『高宗大禮儀軌』를 참조했다.

3. 황단과 환구단

그러면 이런 논의를 거쳐 설립된 환구단과 그에 따른 제천례의 부활이 과연 어느 정도로 '탈중화' 내지는 '탈중국'을 의미하고 조선의 자주독립을 상징하는지에 대해, 비슷한 상징성을 갖는 독립문의 경우와 연결해 새로운 시각에서 고찰해보자. 독립문 건립과 환구단 복원에 대한 기존 연구는 생각보다는 의외로 많지 않지만, 주된 설명은 한결같이 중국과의 관계를 끊고 조선이 독립국임을 천명했다는 것이다. 이때 가장 흔하게 제기되는 근거는 독립문의 건립 위치였다. 조선왕조 내내 중국 사신을 맞이하던 모화관(慕華館)의 영은문(迎恩門)을 허물고 그 자리에 독립문을 세운 점과 중국 사신의 도성 내 숙소인 남별궁(南別宮)을 헐고 그 자리에 환구단을 세운 점이 주요 근거로 꼽히는 것이다.[46] 이는 일견 상당히 설득력 있는 설명이며, 특히 대한제국의 건립과 광무 연호의 채택 등과 함께 맞물리면서 의심의 여지없는 사실로 받아들여져 왔다.[47] 독립문 건립의 역사적 의의

---

45 절차 관련 기록은 『大禮儀軌』에서 일목요원하게 확인할 수 있는데, 현재 남아 있는 다양한 본(本)의 소장처와 내용에 대해서는 韓永愚, 「大韓帝國 성립 과정과 大禮儀軌」, 『韓國史論』 45(서울대학교 국사학과, 2001), 235~275쪽에 상세한 정보가 제공되어 있다. 아울러, 김문식, 「高宗의 皇帝 登極儀에 나타난 상징적 함의」, 『朝鮮時代史學報』 37(조선시대사학회, 2006)도 참조.

46 이태진, 『고종시대의 재조명』(태학사, 2000), 370~373쪽. 이태진은 이를 "명실상부한 독립국으로서의 출발을 표시하고자 했다"고 기술했다.

47 비슷한 해석을 내린 연구를 환구단에 초점을 맞춰 몇 개 더 꼽는다면, 韓永愚, 「大韓帝國 성립 과정과 大禮儀軌」, 『韓國史論』 45(서울대학교 국사학과, 2001); 이욱, 「근대 제천의례를 통해 본 민족정체성 연구」, 『國學研究』 11(국학연구소, 2006); 김문식, 「제천례」, 한형주 외, 『조선의 국가제사』(한국학중앙연구원, 2009) 등을 참고할 수 있다. 한영우는 환구단 제례를 통해 볼 때 대한제국은 자주독립국가라고 평가했으며(275~277쪽), 이욱은 환구단 제사의 복원을 독립의 상징으로 보았으며(109쪽), 김문식은 "대한제국의 고종황제가 거행한 환구단

에 대한 평가도 이와 대동소이하다.

그러나 이는 역사 해석의 생명인 다양한 가능성을 배제한 채 어느 일면만을 강조한 일방적인 해석으로, 환구단의 의미를 전체적 · 종합적으로 이해하는 데에 오히려 걸림돌로 작용할 수도 있다. 상식적으로만 생각해 보아도, 청일전쟁(1894~1895)이 발발하자마자 사실상 청나라는 이미 조선에서 완전히 쫓겨났으므로, 그런 상황에서 영은문과 남별궁을 헐고 그 자리에 독립문과 환구단을 세운 행위는 기존의 설명 외에도 다양한 해석이 얼마든지 가능하다. 이를테면, 당시는 청나라는 비록 물러갔으나 일본과 러시아의 힘과 간섭이 조선(대한제국)을 더 강하게 압박할 무렵이었다. 다른 말로, 영은문을 허무는 망치소리가 들리던 그 시점에도 조선의 심장부인 서울에는 일본군이 주둔해 경복궁을 포위하고 있었는데, 그런 상황에서 이미 의미를 완전히 상실한 청나라의 상징물인 영은문을 허문 행위를 어떻게 이해할 것이며, 거기에 어떤 역사적 의미를 부여해야 할지에 대하여 보다 입체적이고 심층적이면서도 다양한 해석이 가능하고, 또 실제로 필요하다는 것이다.

이렇게 외세가 조선을 짓누르던 시기였던 만큼, 독립의 의지를 고취하는 것은 지극히 당연했으며, 그런 점에서 영은문과 남별궁을 허문 것은 충분히 이해할 수 있다. 그런데 그런 의도가 왜 반드시 이미 '죽어 사라진' 청나라를 대상으로 했는가에 대해, 아니 그럴 수밖에 없었던 현실에 대해 좀 더 다양한 질문을 제기해 볼 필요가 있지 않을까? 역사가가 할 일 가운데 하나는 바로 이런 작업이 아닐까 생각한다.

특히 여기서 '중국'이라는 용어 사용에 세심한 주의를 기울일 필요가

제례는 단군 이래의 전통을 계승하는 동시에 조선시대의 국왕과 신하들이 고민했던 명분상의 문제점을 완전히 해결한 제천례였다"(110~111쪽)고까지 그 의미를 한껏 부각시켰다.

있다. 흔히 명·청을 한데 묶어 중국이라고 하는데,[48] 당시 사람들은 그렇지 않았다는 점을 간과하면 안 된다. 왜냐하면, 당대인들도 명에 대해서는 대개 중국(中國) 내지는 중조(中朝)나 황조(皇朝)나 황명(皇明)이라 불렀지만, 청에 대해서는 결코 그렇게 부르지 않았기 때문이다.[49] 개항 이후에는 청나라를 중국이라 칭하는 예를 볼 수 있으나, 그것은 청을 중화로 본다는 의미라기보다는 당시 국제무대에서 청이 China로 불렸기 때문일 뿐이다. 상식적으로 보아도, 청일전쟁을 통해 조선 땅에서 쫓겨난 나라는 말 그대로 청나라였지 명나라가 아니었다. 다른 말로, 청일전쟁에서 패한 나라는 만주족의 청이었지, 중화로서의 중국이 아니었다는 뜻이다. 따라서 당시 상황을 설명할 때 용어의 선택과 사용에 매우 신중해야 한다.

실제로, 환구단에서 거행된 황제즉위식에 강하게 녹아들어 있는 존명의리에 기초한 중화계승 의식은 즉위식 이틀 전에 올라온 한 상소문과 그에 대한 고종의 칭찬에 잘 드러난다. 6품 관리인 편상훈은 상소에서

> [……] 삼가 생각건대, 신은 황조의 후예로서 일찍부터 존주대의를 품고 있었고 정통이 정해지지 않은 데 대해 심히 유감스럽게 여겼습니다. [명나라의] 황풍이 떨쳐지지 않은 데 대해서는 뜻있는 선비들이 격분했는데, 연(燕)과 운(雲)이 서로 접해서는 [명이 청에게 망해서는] 온 나라 사람들이 절통해 한 지 이제 200여 년이 되었습니다. 어찌 오늘에 [황제의] 큰 칭호를 올리고 보위에 오르리라고 생각이나 했겠습니까? 응행절목(應行節目)에서 다시 황명의 옛 제도를 보게 되니, 그

48 독립문과 환구단 관련 논문을 쓴 학자들 거의 모두가 명과 청을 구분하지 않은 채 일률적으로 '중국'이라고 일컫는 경향이 강하다.

49 명나라와 청나라를 대상으로 조선인이 사용한 호칭이 어떻게 극명하게 달랐는지에 대해서는 계승범, 「조선후기 중화론의 이면: 명·청 관련 호칭의 변화를 중심으로」, 『韓國史學史學報』 19(한국사학사학회, 2009)에 상세하다.

> 기쁘고 경사스러운 마음은 오로지 같습니다. [……] 아! 우리나라의 의관문물과 전장제도는 모두 황명이 남겨놓은 제도를 따른 것으로서 찬란하게 다 갖추어져 있습니다. [대보]단을 설치하고 추향하여 큰 의리를 세상에 밝히는 것이 어찌 그 근원을 거슬러 올라가 그 계통을 잇는 것이 아니겠습니까? [……] 엎드려 바라건대, 폐하께서는 하늘의 뜻과 사람들의 마음에 순응하는 뜻으로 황제의 자리에 오르는 날에 북원에서 망배례를 행하고 명나라의 계통을 이어받아서 문덕을 펴고 선대의 공적을 빛낸다면 하늘에 있는 조상들의 영령들이 또한 캄캄한 저세상에서 말없이 묵묵히 도와줄 것이니, 이것은 하늘이 크고 치밀하게 도와주어 대명(大命)을 맞이하여 잇게 해주는 때인 것입니다. [……][50]

라고 하여, 환구단에서의 황제 등극을 명나라의 적통이자 중화문물의 계승자라는 논리로 정당화하는 한편 그 연결고리가 바로 북원의 대보단 제사였음을 극명하게 밝혔다. 이에 대해 고종이 특별히 칭찬한 것은 고종도 생각이 같았음을 잘 보여준다.

대한제국의 환구단에 녹아 있는 의미를 이해하는 열쇠는 바로 여기에 있다. 실제로, 앞서 살폈듯이 칭제건원과 환구단 건립을 둘러싼 마지막 논의에서 가장 강력하게 대두한 명분이 바로 중화의 적통을 조선이 유일하게 잇고 있으니 이제는 국왕이 스스로 칭제하고 천제를 지낼 수 있다는 논리였다. 즉 그 논리와 명분에 있어서 환구단은 대보단과 일맥상통하는 면이 있었던 것이다. 특히 환구단에서의 황제 즉위식을 묘사한 『독립신

---

50 『고종실록』 36권(광무 원년) 10월 10일. "[……] 伏念 臣以皇朝遺裔 夙抱尊周之大義 深感正統之靡定 而皇風不振 只激志士之憤 燕雲相接 徒切一國之慟 于玆二百有餘年 何圖今日進大號而卽寶位 應行節目 復覩皇明舊制 其所欣感慶忭之心 惟均 [……] 猗 我邦衣冠文物典章制度 悉遵皇明遺制 燦然具備 而設壇追享 闡大義於天下 玆豈非溯其源 而接其統者乎 [……] 伏願 陛下順天人之義 卽帝位之日 望拜北苑 受禪明統 誕敷文德 克光前烈 則列聖在天之靈 亦當陰騭默佑於冥冥之中 而寔天眷有密景命迓續之會耳 [……]"

문』의 논설을 보면,

> 이전 남별궁 터뎐에 단을 모앗는딕 일홈은 환구단(圜丘壇)이라고도 ᄒᆞ고 황단(皇壇)이라고도 ᄒᆞᄂᆞᆫ딕 역군과 장쇡 쳔여명이 ᄒᆞᆫ돌이 못되야 이 단을 거진 다 건츅을 ᄒᆞ엿ᄂᆞᆫ딕 단이 삼층이라. [……] 이 단은 금월 십이일에 황뎨폐하셰셔 친힝 ᄒᆞ샤 계셔 빅관을 거나리시고 황뎨 위에 나아가심을 하ᄂᆞ님셰 고 ᄒᆞ시ᄂᆞᆫ 례식을 힝 ᄒᆞ실터이라 [……][51]

라고 하여, 환구단이 당시에 황단으로도 불렸음을 생생히 증언하고 있다.

그런데 1704년에 대보단을 설립한 이래 조선사회에서 황단이라 하면 그것은 전적으로 대보단을 칭하는 용어였다. 그런데 갑오개혁을 계기로 대보단 제례가 사실상 종말을 고한 당시에 환구단이 바로 황단으로 불리고 있었던 것이다. 물론 이전의 황단이 명나라 황제에게 제사하는 제단의 의미인 데 비해, 대한제국의 황단은 고종황제가 하늘에 제사하는 제단을 가리킨다는 차이가 있다. 그렇지만 대보단과 환구단을 모두 황단이라는 같은 용어를 사용해 부른 점은 당시 조선인들이 그 차이에 대해 진지하게 생각조차 해보지 않았을 것임을 역설적으로 잘 보여준다. 다른 말로, 이는 대보단의 취지와 환구단의 취지가 일맥상통했다는 뜻이며, 따라서 대보단의 존재이유가 환구단의 존재이유로 쉽게 전이되어 연결되었음을 의미한다. 그러했기에 이런 전이에 대해 당시 조선인들은 아무런 불편도 느끼지 않았고, 그런 용어의 혼용에 대해 아무런 이의도 제기하지 않았던

51 『독립신문』 제121호 광무 원년(1897) 10월 12일 화요. 이 책에서는 LG상남언론재단에서 1996년에 영인본으로 출간한 『독립신문』을 참조했다. 인용문의 괄호 안 한자 병기는 원문에 있는 그대로이다.

것이다. 요컨대, 조선사회에서 사용한 황단이라는 용어의 실제 대상은 대보단에서 환구단으로 자연스럽게 이어졌던 것이다.

그렇다면 대한제국의 주창자들은 하늘 아래 완전한 독립국의 상징이라는 환구단을 세우면서 왜 그 명분과 논리를 '자존'(自尊)이나 '존조선'(尊朝鮮)이라는 가치에서 찾으려 하기보다는 굳이 존명의리에 기초한 중화(명)의 적통임을 강조하는 방향으로 설명했을까? 이런 자기모순의 패러독스가 어떻게 가능했을까? 요컨대, 당시 조선인들이 영은문과 남별궁을 헐고 그 자리에 독립문과 환구단을 세운 것은 '중국'으로부터의 독립이라기보다는 '청'으로부터의 단절이요, '청'으로부터의 독립을 상징하는 행위였을 가능성에 대해서도 허심탄회하게 고려해보아야 한다는 것이다. 그들 마음속의 중국(명)은 여전히 존명의리의 이데올로기로 살아 있었기 때문이다. 상기한 편상훈의 상소와 『독립신문』의 기사 내용은 그 좋은 증거이다.

이런 점들을 무시한 채 환구단의 겉으로 드러난 의미만을 액면 그대로 받아들여 그것을 자주독립의 상징으로 일방적으로 고양하는 것은 환구단이 갖고 있던 다양한 층위의 성격들 가운데에서 어느 한 가지만 부각하여 강조하는 것으로, 역사가가 취할 바람직한 태도는 아닐 것이다. 환구단의 의미를 대보단이 갖는 의미와 함께 폭넓고도 다양하게 조명해야 할 필요는 바로 여기에 있다.

따라서 환구단의 건립과 그에 따른 제천례가 과연 정신적으로 조선의 탈중화 내지는 완전 독립의 의미를 갖는지 여부에 대해서 새로운 시각에서 심층적인 분석과 해석을 시도할 필요가 있다. 솔직히, 조선의 지배엘리트들은 '마음의 영은문'을, 더 나아가 현실의 영은문을 허무는 움직임을 보다 일찍 보였어야 했다. 비록 현실적으로는 청나라의 위압이 너무 커 어려웠을지라도, 국내에서는 그런 지성사의 흐름이 일정한 규모로 있었어야 했다. 그런데 아무리 '조선중화'를 내세웠다고 할지라도, 정작 영은문을, 특히 청 황제의 조칙을 받들기 위해 조선의 국왕이 5배3고두(五拜三叩頭)의 예를 행하던 그 영은문을 허물자는 의견을 개진한 사람은 아무도 없었다. 개인의 문집에서조차 그런 주장은 찾아볼 수 없다. 그러다가, 청이 패퇴해 물러가자, 그것도 일본군에 의해 물러가자 비로소 영은문과 남별궁을 허물었다. 그러나 그와 동시에 존명의리의 논리를 내세워 환구단을 세우되, 그것을 대보단과 마찬가지로 황단이라 칭했다. 만일 청일전쟁이 아니라 '명일전쟁'을 통해 한족(漢族)의 명나라가 일본에게 패해 1895년에 조선에서 완전히 물러갔다면, 독립문과 환구단의 건립이 썩 순탄하지 못했을지도 모른다. 그만큼 조선의 지배엘리트들은 대한제국을 세우는 그 순간까지도 명나라로 대표되는 한족중화(漢族中華)로부터의 이탈은 별로 생각하지 않았던 것이다.

요컨대, 그들이 허문 것은 명나라(중화)의 상징이라기보다는 청나라(오랑캐)의 상징에 훨씬 더 가까웠다. 또한, 그들이 그 자리에 세운 것은 조선 스스로의 자부심에 기초한 근대적 의미로서의 자주독립의 상징이라는 측면도 있었으나, 다른 한편으로는 전통적 존명의리에 기초한 소중화적(小中華的) 자부심의 상징이라는 측면도 분명히 내재해 있었던 것이다. 실제로, 고종으로 대표되는 대한제국의 주도세력과 독립협회 사이에는 독립의 정확한 의미와 개념에 대해 일정한 차이가 존재하고 있었으며,[52] 그것이 머지않아 발생한 양자 사이의 충돌을 예시했다고도 할 수 있다.

이런 점을 인정해야, 당시 동도서기와 위정척사로 대표되던 지배엘리트 지식인들의 의식구조뿐만 아니라, 당시 고종과 핵심 권력층의 의식구

52 이에 대해서는 李玟源, 「大韓帝國의 改革과 그 實態: 政府와 獨立協會의 皇權認識과 關聯하여」, 『한국민족운동사연구』 9(한국민족운동사연구회, 1994)에 상세하다.

조도 보다 사실에 가깝게 다양한 각도에서 이해할 수 있을 것이다. 특히 대한제국이 추진한 광무개혁의 모토가 구본신참(舊本新參)임은 주지의 사실인데, '구'가 구체적으로 무엇을 의미했는지, 다른 말로 정치적 · 사상적 · 현실적으로 무슨 '구'를 제국의 근본으로 삼겠다는 것이었는지에 대해 보다 세밀한 고찰이 이루어져야 할 것이다. 왜냐하면, 조선후기 내내 조선의 레종데트르였던 존명의리 이데올로기가 그 '구'의 한 축을 형성했을 것은 지극히 당연하겠기 때문이다. 존명의리 이데올로기를 체현하기 위해 세워진 대보단이 근대의 파고에도 상관없이 조선의 정치무대에서 무려 200년 가까이 존속할 수 있었던 것은 결코 우연이 아니었던 것이다.

제8장

대보단의 정치·문화적 함의와 근대의 문턱

명의 삼황(三皇)은 자기네 나라가 망한 이후에도 외국에서 계속 융숭한 제사를 받았다. 이런 기이한 현상이 어떻게 가능했을까? 18세기의 벽두에 시작된 대보단 제례는 삼전도의 항복(1637) 이후 국가 지배이데올로기의 위기를 느낀 조선의 지배엘리트층이 타개책으로 내세운 존명의리 의식이 상징적 기제로 잘 표현된 국가의례였다. 18세기 중엽에 있었던 대보단의 확대는 환경의 변화와 세월의 흐름에 관계없이 조선의 존명의리 정신이 여전함을 대내적으로 스스로 의식화하기 위한 조치임과 동시에, 명 황제와 조선 국왕 사이의 변하지 않는 군신의리를 조선의 군신 사이에도 그대로 적용하기 위한 정책이기도 했다. 대보단의 삼황 제례는 18세기 후반 정조 때 더욱 강조되어, 정조는 조선의 군왕들 가운데 가장 부지런하게 삼황의 기일마다 백관을 거느리고 대보단에 나아가 망배례를 거행했으며, 그 이유를 하늘의 해와 별처럼 영원히 불변할 조선의 의리로 설명했다.

19세기에도 대보단 제사는 예정된 날짜에 꾸준히 거행되었다. 그러나 국왕의 친행 비율이 현격하게 낮아짐으로써, 19세기 전반 순조 · 헌종 ·

철종 시기(1801~1863)는 대보단 제례가 갖는 특별한 정치적 의미가 서서히 퇴색하면서, 관례적인 국가의례의 하나로 격하되는 시기이기도 했다. 이는 흔히 왕권이 약했다고 알려진 19세기 국왕들의 위상과도 잘 어울린다. 또한 같은 19세기라 해도, 대보단 친행 비율이, 특히 홍무제(r. 1368~1398) 기일의 친행 비율이 일정한 방향성을 보이며 꾸준하고도 뚜렷하게 하락한 점은 이것이 분명한 시대적 경향이었음을 웅변해준다.

그런데 그 중요성에서 이렇게 하향세를 보이던 대보단 제례는 고종에 의해 다시 강화되어 개항 이후까지 지속되었다. 갑오개혁(1894)으로 인해 대보단 제례가 폐지되었지만, 친일본 성향의 개화파 인물들이 주도한 갑오개혁에 비판적이던 고종은 아관파천(1896~1897) 중에 국가 사전(祀典)을 다시 개정하면서 비록 법규상으로나마 대보단 제례를 부활시켰다. 뿐만 아니라, 대보단의 정신이자 취지인 존명의리라는 지고의 가치는 이후 환구단을 세우고 대한제국을 선포할 때에도 결정적인 명분의 하나로 작용했다. 이는 환구단의 이면에 대보단의 그림자가 짙게 드리워 있었음을 의미한다. 그 둘이 모두 황단으로 불린 사실은 이를 생생히 증거하기에 충분하다.

어떤 의미에서 대보단은 대단히 성공적이었다. 18세기 조선의 국왕과 신료들은 이미 망해 사라진 명나라의 '유령'을 전면에 내세워 존명의리와 춘추대의 이데올로기를 강조함으로써, 명 · 청 교체에 따른 기존 통치이념의 위기를 타개할 수 있었기 때문이다. 과거의 어떤 권위를 현실에서 의례의 형태로 재생산함으로써 정치적 이득을 취하는 모습은 동서고금의 거의 모든 문명사회에서 찾아볼 수 있는데, 조선후기의 지배엘리트들도 그런 보편적인 방법을 십분 활용했던 것이다. 특히, 국왕들은 상황에 구애받지 않는 군신의리의 영원성과 절대성을 명 황제들을 상대로 한 대보단 제례를 통해 백관들이 지켜보는 가운데 몸소 실천해 보임으로써, 신료들에게도 국왕을 향해 동일한 의리를 실천하라는 무언의, 그러나 매우 강력한 압력을 넣었다.

19세기에 들어와서도 대보단이 갖는 이런 성격은 거의 그대로 유지되었다. 실제로, 비교적 왕권이 약했다고 알려진 순조와 헌종조차도 대보단의 이런 정치적 의미를 숙지하고 있었고, 따라서 그들의 국정 장악 노력은 예외 없이 대보단 제례를 문무백관을 거느리고 몸소 거행하는 친행의 모습으로 나타났다. 이는 19세기에 들어선 후에도, 왕권의 강력함을 의미하건 또는 미약함을 말해주건, 대보단 제례가 조선의 정치무대에서 중요한 의미를 갖고 작동하고 있었음을 잘 보여준다. 철종 때에 이르러 홍무제 친행이 급격히 감소한 이유도 같은 틀로 설명할 수 있다.

이런 추세는 고종 대에도 그대로 이어졌으며, 심지어 조선이 강화도조약을 체결함으로써 전통적인 조공책봉 시스템에서 벗어나 만국공법에 기초한 새로운 국제질서에 진입한 후에도, 또한 구미 열강들과 연이어 수교를 맺던 1880대를 지나 청일전쟁(1894~1895)이 발발하기 직전까지도 대보단 제례는 엄숙하게 거행되었다. 명나라가 망해 역사의 뒤안길로 사라진 지 정확히 250년이 되도록 조선의 국왕과 정치엘리트들은 명나라를 역사 속으로 흘려보내지 못하고 현실에서 그 옷자락을 계속 부여잡고 있었던 셈이다. 그렇게 함으로써 조선의 왕실과 양반엘리트들은 오랑캐에게 더럽혀진 '전도된' 국제 현실에 굴하지 않고 조선이 문화적 정체성을 간직한 채 꿋꿋하게 살아갈 수 있는 레종데트르를 지속적으로 확보할 수 있었다. 이는 조선이 250년 동안 존명의리라는 국가 이데올로기를 전면에 내세움으로써, 삼전도의 항복 이후 닥친 국가 정체성의 위기를 극복하고 나름대로 국내 통치 질서를 성공적으로 유지할 수 있었다는 뜻이기도 하다.

그러나 다른 한편으로, 대보단의 성공은 이미 역사의 뒤편으로 사라진

비현실을 현실의 정치무대 위에 억지로 끌어올려 전면에 배치함으로써 가능했던 매우 기형적인 모습이기도 했다.[1] 왕과 신료들이 어우러져 복잡하게 돌아가는 정치무대의 휘장 뒤에서 작동하던 권위의 원천 가운데 하나가 바로 명나라(중화)의 유령이었기 때문이다. 왕은 왕대로 군신분의(君臣分義)를 강조하기 위해 삼황의 권위를 갈급해 했으며, 신료들은 신료들대로 존명의리 이데올로기를 철회하지 않는 한 그 권위를 부정할 수 없었다. 이는 조선후기 사회에서 권위의 원천은 무엇이었는가라는 질문과도 직결되는 문제이다.

대개의 나라에서 권위의 원천은 크게 무력(총칼)과 이념(사상 · 학문 · 제도) 두 가지이지만, 북경에 중심을 둔 거대 제국의 주변에서 조공국(朝貢國)으로 오래도록 존재했고, 또한 무(武)보다 문(文)을 훨씬 우위에 둔 유교 문명의 토대 위에 서 있던 조선왕조에서 거의 모든 권위는 한족 황제와의 관계 및 해박한 유교 지식으로부터 나왔다. 특히 조선후기에 이르면 존명의리와 성리학이 권위의 원천으로서 더욱 힘을 발휘했다. 12세기에 여진족이 주도하는 새 국제질서 하에서 주희(1130~1200)로 대표되는 남송(1127~1279)의 신유학자들이 느꼈던 고민과 17세기에 만주족이 주도하는 새 국제질서 하에서 조선의 유교 지식인들이 감내해야 했던 고민은 본질상 서로 같았고,[2] 그들 모두 그 돌파구를 주자학의 화이론(華夷論)적 세계관과 문명관을 더욱 배타적으로 내재화하는 데에서 찾으려 했다.

---

1 유교문명권의 문묘(文廟) 제례는 중세 유럽의 성인숭배와도 일부 상통하는 면이 있으나, 대보단의 경우처럼 외국의 황제를 순전히 정치적 이유로 향사해 국가 차원의 제례로까지 규범화한 사례를 인류 문명사에서 쉽게 찾아볼 수 있는 보편적 현상으로 치부하기는 어려울 것이다. 즉 조선의 대보단은 매우 특수한 예라는 것이다.

2 鄭杜熙, 『朝鮮時代 人物의 再發見』(일조각, 1997) 90~117쪽; Seung B. Kye, "Confucian Perspectives on Egalitarian Thought in Traditional Korea", *International Journal of Korean History*, Vol. 12(Korea University, 2008).

조선 조정에서 벌어진 갖가지 논쟁에 참여한 사람들은 모두 자기 생각이 맞음을 입증하기 위해 스스로를 무장하되, 총칼로 하지 않고 이런 권위를 등에 업으려 했다.[3] 조선의 국왕들이 명의 삼황을 대보단에 제향하고 그 기일에 맞춰 꼬박꼬박 제사를 올린 이유도 바로 그런 행위를 통해 얻는 바가 있었기 때문이다. 이러한 추세가 절정에 달한 시기가 18세기 영조와 정조 때였다면, 19세기 전반은 그러한 추세가 국가 제례라는 전범으로 계속 작동하면서도, 동시에 본래의 취지는 형해화의 조짐이 보이던 시기였다.

그런데 이런 추세는 근대의 물결이 조선에도 밀어닥쳐 국가의 총체적 위기가 고조된 19세기 후반의 개항기를 맞아 드라마틱한 반전을 겪었다. 고종에 의해 대보단 제례가 다시금 강조되면서 그에 따라 친행의 빈도도 두드러지게 높아졌기 때문이다. 이 점은 근대의 파고를 온몸으로 감내해야 했던 19세기 후반이 다 지나도록 조선사회에서 중화의 상징인 명나라가 갖던 권위가 여전했음을 웅변적으로 잘 보여준다. 뿐만 아니라, 그런 권위를 여전히 중시하고 있었던 다수 지배엘리트들의 의식구조의 한 단면도 생생하게 보여준다. 죽어 사라진 명의 삼황을 억지로 일으켜 세워 현실의 정치무대 위에 올려놓은 대보단 제례는 이래서 조선후기는 물론이고 개항기까지 포함해 조선의 정치 · 지성사를 거시적 · 통시적으로 조망하는 데에 있어서, 특히 상부구조적 시대 경향을 이해하는 데에 있어서 매우 중요하고 시사해주는 바도 크다.

명의 몰락 이후 세월이 흐르면서, 조선에서 새로운 사상적 모색을 꾀하던 시기가 바로 18~19세기였다. 실제로, 삼전도의 항복과 명 · 청 교체

3 계승범, 「한국의 유교화와 17세기: 도이힐러의 『한국사회의 유교적 변환』과 그 이해」, 『韓國史學史學報』 20(한국사학사학회, 2009).

및 그로부터 야기된 혼돈으로 점철된 17세기의 현실에 비추어볼 때, 18세기는 정치적으로도 국내외적으로 안정을 이루었고, 경제적으로도 이전에 비해 괄목할 만한 발전을 이루었다. 또한 사상적으로도 새로운 움직임이 등장해 변화의 동력을 제공했으며, 사회적으로도 갖가지 개혁론을 비롯해 백가쟁명 식의 의견들이 봇물을 이루었다. 특히, 18세기 후반부터 19세기 전반에 걸쳐, 이제는 청이 중화가 되었다고 믿는 인식의 등장으로 말미암아 존명의리 이데올로기가 다소 퇴색하고, 그에 따라 대보단이 갖고 있던 정치적 중요성이 약해진 면도 있다. 이런 추세는 앞서 확인한 정조 자신의 시대 진단에서도 익히 알 수 있으며, 북학론의 등장으로도 충분히 알 수 있다.

그렇지만 문제의 본질은 그런 새로운 움직임이 조선후기의 정치무대에서 주류를 형성한 적이 한 번도 없었다는 사실이다. 소위 18세기 중흥기라는 "영조와 정조의 시대"에 두 왕이 심혈을 기울여 추진한 정책 가운데 하나가 바로 그런 새로운 풍조를 대보단 제례의 강화를 통해 경계하고, 과거의 질서와 가치를 되살려 계속해 공고히 하겠다는 의지의 발로였던 점은 그 좋은 증거이다. 19세기에 들어와서도, 국왕 개인이 대보단이 지닌 정치적 의미를 얼마나 잘 숙지하였는지에 관계없이, 대보단 제례는 국가의례의 중요한 과정이자 핵심 지배이데올로기를 유지하는 국가장치들[4] 가운데 하나였고, 19세기가 저물도록 어느 누구도 대보단 제례를 폐지하자거나 축소하자는 건의를 하지 않았다.

심지어 대원군의 만동묘 철폐조차도 그것은 만동묘에 배향된 만력제와

4 이 이론에 대해서는 Louis Althusser, "Ideology and the Ideological State Apparatus", in his(translated by Ben Brewster) *Lenin and Philosophy and Other Essays*(New York: Monthly Review Press, 1972, 2001), pp. 85~126. 번역본으로는 루이 알뛰세르, 김동수 옮김, 『아미엥에서의 주장』(솔, 1994), 75~130쪽 참조.

숭정제의 권위를 부정하려는 행위가 아니었다. 그것은 오히려 그 권위를 더 등에 업기 위한 절차였다. 즉, 사적(私的) 집단에 의해 주관되는 만동묘 제례를 혁파하고 그 모든 관련 물품과 상징물들을 서울의 대보단으로 이전함으로써, 명 황제에 대한 제사 행위를 중앙의 대보단으로 일원화하고, 존명의리 이데올로기와 그에 따른 삼황의 권위를 국왕이 전적으로 장악하겠다는 취지였던 것이다. 대원군의 하야와 함께 만동묘 제사가 바로 복구된 점도 당시 대보단이 갖고 있던 이런 정치적 의미의 실상을 잘 보여준다. 즉, 중앙과 지방의 주도권 알력에 있어서 쌍방 모두 자신들의 권위와 정통성을 삼황이라는 명나라의 유령에서 찾고자 경주했던 것이다. 이러한 사실은 영조와 정조가 구축했던 대보단의 의미가 19세기 전반에 왕권의 약화로 인해 일부 퇴색하는 모습을 보였을지언정, 조선의 정치무대에서 여전히 강력하게 작동할 수 있었던 이유를 잘 보여준다.

조선의 전체 역사를 되돌아볼 때, 삼황의 유령이 갖고 있던 권위조차도 세월의 낙수를 받아 서서히 퇴색하는 시기가 바로 19세기였다. 그럼에도 불구하고 삼황의 유령을 대신할 새로운 권위를, 특히 독자적인 권위체계를 창출하지 못함으로써, 19세기는 정치이념과 사상철학이 일종의 공동화 현상을 보인 시기이기도 했다. 이는 새로운 인식체계나 사조가 등장하지 않았다는 뜻이 아니라, 그것들 가운데 어느 것도 조선사회의 주류를 형성하지 못했다는 뜻이다. 그만큼 세력이 상대적으로 약했다는 뜻이기도 하다. 중앙 정치무대에서도 한편으로는 만국공법에 기초한 새로운 국제질서에 한 발을 딛고 그 특성을 피부로 느끼며 익혀가면서도, 다른 한편으로는 여전히 과거의 명질서(明秩序)와 중화문명에 대한 기억에서 벗어나지 못한 채 과거를 회상하는 존명의리 이데올로기를 계속 재생산함으로써, 조선사회를 발전적으로 이끌 사상체계를 튼튼하게 구축하지 못했다. 이른바 근대의 문턱에서 조선의 지배엘리트들이 보여준 '우왕좌왕'

하던 모습은 이러한 시각에서 접근해야 제대로 설명할 수 있으며, 그들이 이미 죽어 사라진 삼황을 계속해서 현실의 정치무대로 끄집어내어 전면에 내세울 수밖에 없었던 이유 또한 바로 이런 점에서 찾을 수 있다.

따라서 대보단의 정신인 존명의리 가치가 환구단에까지 그대로 이어진 것은 어쩌면 매우 당연한 일이었다. 환구단에 서려 있는 독립의 의지는 누구나 다 인정하는 바이다. 그러나 누구로부터의 독립이며, 어떤 의미의 독립인지에 대해서는 학계에서 지금까지 별다른 의심이나 질문이 제기되지 않았다. 그런데 1894년 이후 당시의 시대 상황을 고려하면, 그것은 청나라로부터의 독립이었으며, 청나라가 현실의 정치무대에서 완전히 사라진 후에 건립한 사후의 기념물이자 상징물이었다. 이는 곧 환구단의 건립이 중국(명)으로부터의 정신적 독립을 상징하는 것이 아니었다는 뜻이다.

개항기를 연구하는 거의 모든 학자들이 중국을 청나라를 가리키는 용어로 혼용하고 있는데, 조선의 국왕과 지배엘리트들은 대한제국을 건설하는 순간까지도 중화(명)로부터의 완전한 독립, 즉 정신적인 독립은 구상하지 않고 있었다. 오히려 대한제국의 건립이나 환구단의 건립, 그리고 그와 관련된 칭제건원 문제에 있어서, 고종과 조정 신료들은 항상 조선이 과거에 명나라와 맺었던 특별한 관계를 강조했으며, 더 나아가 한 · 당 · 송 · 명의 중화문물을 계승한 적자가 바로 조선이기에 이제 칭제건원을 할 수 있다는 논리가 득세했다. 사실이 이런데, 어떻게 명과 청을 구분하지 않은 채 단순히 중국으로부터의 이탈이요, 독립이라고 쉽게 말할 수 있을까?

삼전도 항복(1637) 이후로 조선의 지배엘리트들은 마음속으로 늘 청나라를 이적시하고, 명나라의 적통을 계승하는 것에 큰 의미를 부여하고, 그것을 통해 자부심을 갖고 조선왕조의 레종데트르를 느끼고 있었다. 이 책의 주제인 대보단은 바로 그런 사조를 여실히 보여주는 이데올로기적 국가장치였다. 그들은 마음속으로는 청을 물리치고 명의 중화전통을 부흥하고 싶어 했지만, 현실적으로 그럴 수 없는 것에 자괴감을 느끼며 안타까워했으며, 개항 이후에도 이런 추세는 거의 변함없이 지속되었다. 특히 서양 국가들과의 수교가 꼬리를 물고 청나라의 내정간섭이 정도를 지나쳐 조선을 심하게 압박하던 1880년대에 고종의 대보단 친행 빈도는 오히려 더욱 높아졌다. 바로 그런 고종이요, 그런 조정 신료들이었기에 대한제국을 세울 즈음에도, 또 그 이후에도 그들의 마음속에 명나라는 중화의 이름으로 영원히 살아 있었던 것이다.

한편, 대보단이 갖던 이러한 정치적 의미는 사자(死者)들과 늘 함께 생활하던 주자학적 사회문화와도 불가분의 관계가 있었던 것 같다. 이는 앞서 설명한 대보단의 정치적 함의가 18~19세기 내내 가능할 수 있었던 배경으로 문화적 요인을 함께 꼽아야 한다는 뜻이기도 하다. 다른 말로, 조선왕조에 들어서면서 꾸준히 진행된 유교화의 토대가 있었기에, 삼황이라는 유령은 현실 정치무대에서 여전히 살아 움직일 수 있었다는 것이다.

주희에 의해 강조되고 조선의 지배엘리트들에 의해 규범화된 주자학적 제사제도는, 비록 조선초기에는 제대로 지켜지지 않았지만, 17세기에 이르면 양반 집안의 절대적 생활규범으로 자리를 잡았다.[5] 주자학적 소종

5 제사를 포함한 가족제도와 관련하여 17세기를 강조한 연구로는 崔在錫, 「17世紀의 親族構造의 變化」, 『정신문화연구』 24(정신문화연구원, 1985); Martina Deuchler, *The Confucian Transformation of Korea: A Study of Society and Ideology*(Cambridge: Council on East Asian Studies, Harvard University, 1992); 崔在錫, 「朝鮮中期 家族 · 親族制의 '再構造化'」, 『韓國의 社會와 文化』 21(정신문화연구원, 1993); Mark Peterson, *Korean Adoption and Inheritance: Case Studies in the Creation of a Classic Confucian Society*(East Asia Program, Cornell University, 1996) 등 참조. 최재석은 유교화가 17세기에 단기간에 걸쳐 빠르게 이루어졌음을 강조하였고, 도힐러(Deuchler)는 15세기부터 진행되어오던 유교화가 17세기에 이르러 완성되었다고 하였고, 피터슨(Perterson)은 유교화는 오히려 17세기에 시작되었음을 강조하였다. 그래도 이들은 모두 한국의 유교화와 관련하여 17세기에 주목한 공통점이 있다.

(小宗) 제사를 매개로 만들어진 씨족적 친족 개념으로서의 가족의 범위는 자기본인(ego)을 기준으로 위로는 4조(四祖)까지, 곧 고조까지 올라가며, 옆으로는 팔촌까지 해당된다.[6] 이것이 바로 유교사회에서 4조와 8촌이 중요한 이유이다.

그런데 주희가 제시한 이런 소종의 범위에 들어오는 구성원들 가운데 상당수는 이미 죽은 사람들일 수밖에 없었다. 또한 살아 있는 구성원들 가운데서도 상당수는 자기본인이 살아 있는 동안 죽을 것이었다. 흥미롭게도, 이 죽은 자들은 사후에도 죽음을 초월해 가족구성원으로 활동했다. 죽은 자들은 제사라는 제도를 통해 항상 산 자들과 교통했으며, 산 자들을 하나의 가족공동체로 묶어주는 데에 결정적인 매개체로 기능했다.

더 나아가, 주자학적 유교사회에서 극단적으로 강조한 상례(喪禮)에 따르면, 산 자들은 죽은 자와의 가족관계에 따라 매우 다양한 기간 동안 상복을 입어야 했다. 아버지 쪽으로는 부친상의 3년부터 부계팔촌상(父系八寸喪)의 3개월에 이르기까지, 어머니 쪽으로는 홀어머니 모친상의 3년부터 외조부모상의 5개월에 이르기까지, 아내 쪽으로는 상처시(喪妻時)의 1년부터 처부모상의 3개월에 이르기까지,[7] 산 자들의 의복에서 상복은 결코 특별한 경우에 입는 특별복이 아니라, 차라리 일상복에 가까웠을 수도 있다. 산술적으로만 본다면, 부모 대(代)와 조부모 대 등 사조의 각대(各代)에 속하는 가족구성원들 및 외가와 처가의 가족구성원들이 순차적으로 죽는다고 가정할 때, 자기본인은 거의 전 일생 동안 상복을 입고 살아야 했던 사회였다.

이렇듯 조선의 엘리트들은 죽은 자들과 함께 동고동락하며 현실을 살

---

6 Martina Deuchler, *The Confucian Transformation of Korea*, pp. 128~134.

7 Martina Deuchler, *The Confucian Transformation of Korea*, pp. 179~191.

아가는 것에 매우 익숙한 사람들이었다. 인류 역사상의 어떤 문명이 상장례(喪葬禮)와 조상에 대한 제사를 중시하지 않았겠냐마는, 관련 절차들을 가장 정교하게 규범화한 문명 가운데 하나가 바로 유교문화권이었고, 같은 유교문화권 내에서도 유교화의 정도가 가장 앞섰던 조선후기 사회의 일상사에서 상장례가 갖는 의미는 특히 지대할 수밖에 없었다. 현대인의 눈에는 다소 이상하게 비칠 수도 있겠으나, 당시 조선인들에게 그것은 지극히 자연스러운 일상생활이요, 규범이었다. 조선의 국왕과 조정의 중신들 또한 그런 조선 사람들이었음은 두 말할 나위도 없다. 따라서 그들이 이미 죽은 삼황의 유령을 대보단 제사를 통해 현실의 정치무대에 불러올려, 삼황과 영원히 더불어 살려는 정책을 국가 차원에서 제도적으로 구축할 수 있었던 바탕에는 이러한 문화적 특성도 중요한 몫을 했을 것이다.

실제로, 대보단 제례의 주인공인 명의 삼황은 조선 사람들로 하여금 조선이 과거 한족이 주도한 중화문명권의 훌륭한 일원이었고, 만주족 주도하의 현실에서도 여전히 그런 정체성을 죽음을 초월해 서로 간에 공유할 수 있도록 굳게 맺어준 매개이자, 상징적 기제였다. 즉 삼황은 조선의 군부인 명을 현실적으로 대표하는 문화적 조상이었던 셈이다. 이런 문화적 배경이 있었기에, 대보단이라는 정치행위는 어쩌면 당시 조선 사람들에게는 매우 당연하고도 자연스럽게 받아들여졌다고 할 수 있다.

한국의 정치지성사에서 볼 때 18~19세기 200년은 조선이 명에 대한 과거의 기억과 향수로부터 벗어나 새로운 권위와 가치를 스스로 창출해야 했던 시기였다. 명·청 교체의 파고를 온몸으로 겪은 조선은 어떤 면으로는 오히려 중화를 상대화하고 자아의식을 갖출 좋은 기회를 맞았다. 실제로, 비록 현실적으로는 대청외교를 매우 긴밀하게 유지함으로써 왕조의 안녕 등 제반 이익을 꾀하면서도, 조선의 지배엘리트들은 동시에 일종의 탈중화를 시도해, 청나라가 만든 '새 중화' 곧 청나라가 새롭게 구축한 국제질서에 동참하기를 정신적으로 거부했다.

문제는 이런 정신적 탈중화를 통해 발생한 빈 공간을 무엇으로 채울 것인가였는데, 조선의 엘리트들은 예전부터 있었던 '옛 중화' 곧 '주자학적 한족중화'로, 이를테면 존명의리 이데올로기로 채우고자 했다. 그들은 중화의 상대화 · 객관화를 통해서가 아니라, 중화의 주관적 내면화를 통해 자아의식을 발전시켰던 것이다. 그들은 죽은 부모(명)와 자신(조선)을 동일시하는 의식화 작업을 통해 소중화로서의 자기 정체성을 유지하려 했다. 그러므로 중화를 상대화하기도, 타자화하기도 힘들어, 결과적으로 자기(조선)를 스스로 높이는 독자적 권위를 창출하기 어려웠다. 오히려 '옛 중화'에 스스로 구속되는 모습을 보였다. 그들에게 명의 삼황은 단순히 이민족 황제가 아니라, 성심껏 제사를 드려야 하는 군부, 특히 대조(大造)와 재조(再造)의 은혜를 베푼 어버이였던 것이다.

망자와 함께 현실을 살아가는 데에 익숙한 조선사회에서 대보단의 삼황은 결코 죽은 자가 아니었다. 권력의 주도권을 놓고 늘 긴장관계에 있던 왕과 신료들 모두 자신들의 입지를 강화하기 위해 삼황의 권위를 빌리는 데에 주저하지 않았기 때문이다. 실제로, 대보단 제례는 개항 후에도 계속되었으며, 조선이 서구 열강들과 연이어 수교를 맺던 1880년대에도 변함없이 지속되었고, 갑오개혁(1894)에 이르러 비로소 중단되었던 것이다. 이렇듯, 이른바 전근대와 근대를 통틀어 200년 가까이 대보단은 조선왕조의 주요 이데올로기적 국가장치 가운데 하나로 기능했는데, 이는 군부(君父)와 신자(臣子)로 이념화된 조명관계의 유산이 조선후기 사회에 얼마나 강력하게 남아 오래도록 작동했는지 보여주는 좋은 예가 될 것이다.

이렇듯, 조선의 '역사시계'는 삼전도의 항복(1637)에 이어 명의 멸망이 있었던 1644년에서 발이 묶여 정지된 채 더 이상은 힘차게 똑딱이지 않았다. 대보단의 설립과 그 강화, 그리고 그 전례화(典禮化)는 중화문명을 계승한 유일한 적자인 조선왕조의 시간이 왜 거기서 멈추어야 했는지 그 당위성을 가시적인 실체로 매우 잘 보여주는 상징적 기제였다. 또한 대보단은 끝없이 변하며 흐르는 시간을 억지로 부여잡음으로써 단기적으로는 왕조의 통치질서를 계속 유지하는 데에 크게 기여했으나, 장기적으로는 동시대에 쉬지 않고 문명의 시계를 돌린 주변 국가들의 국력과 정세를 조선이 못 따라가 뒤처지게 되는 한 원인이 되기도 했다. 또한 이것이 바로 명나라와의 옛 기억에 오래 묶여 있던 조선이 제국주의 · 식민주의와 민족주의로 대표되는 새 국제질서에 당면하여 끝내 넘지 못했던 '근대의 문턱'이었던 것이다. 이런 점에서 볼 때, 대보단이라는 주제는 한국문명사에서 전통(과거)과 근대(미래)의 사이에 낀 18~19세기를 어떻게 해석할 것인가라는 질문에 하나의 훌륭한 답을 제공해준다. 뿐만 아니라, 냉전(과거)과 탈냉전(미래)이 여전히 교차하는 21세기 한반도의 현실에서 평화통일의 문턱을 넘어서야 하는 우리들에게도 시사해주는 바가 크다.

참고문헌

1차 자료

『敬奉閣形止案』 규장각 청구번호 奎11584.

『南塘先生文集』 한국고전번역원 온라인 공개 자료.

『內部請議』 규장각 청구번호 奎17721.

『茶山詩文集』(민족문화추진회, 1994).

『湛軒書』 한국고전번역원 온라인 공개 자료.

『大報壇謄錄』 규장각 청구번호 奎12894.

『大報壇事筵說』 규장각 청구번호 奎3232.

『大報壇增修所儀軌』, 서울대학교 규장각한국학연구원, 『大報壇增修所儀軌』(민창사, 2008).

『大禮儀軌』, 서울대학교 규장각, 『高宗大禮儀軌』(서울경인쇄정보산업협동조합, 2001).

『大義編』, 『朝鮮事大斥邪關係資料集』 4(여강출판사, 1985).

『大韓季年史』, 조광 편, 이철성 역주, 『대한계년사』(소명출판, 2004).

『大韓禮典』 장서각.

『독립신문』 영인본(LG상남언론재단, 1996).

『孟子』

『勉庵集』 한국고전번역원 온라인 공개 자료.

『明史』

『眉巖先生集』 한국고전번역원 온라인 공개 자료.

『北學議』 한국고전번역원 온라인 공개 자료.

『仙華金公遺稿』, 『仙華遺稿: 文集 · 謫所日記』(목민, 2005).

『星湖僿說』(민족문화추진회, 1978).

『昭義新編』, 의암학회, 『국역 소의신편』(산 책, 2006).

『宋書拾遺』 한국고전번역원 온라인 공개 자료.

『宋元華東史合編綱目』(내제문화연구회, 1998).

『宋子大全』, 『影印標點 韓國文集叢刊』(민족문화추진회, 1993).

『承政院日記』 한국고전번역원 온라인 공개 자료.

『練藜室記述』(민족문화추진회, 1966~1968).

『熱河日記』 한국고전번역원 온라인 공개 자료.

『五洲衍文長箋散稿』 한국고전번역원 온라인 공개 자료.

『尹致昊日記』(국사편찬위원회, 1975).

『毅菴集』(경인문화사, 1973).

『日省錄』 한국고전번역원 온라인 공개 자료.

『俎豆錄』 규장각 청구번호 古4650~4668.

『朝鮮王朝實錄』 국사편찬위원회 온라인 공개 자료.

『尊周彙編』, 『朝鮮事大斥邪關係資料集』 1~2(여강출판사, 1985).

『奏本』 규장각 청구번호 奎17702.

『朱子語類』

『寒水齋集』, 『影印標點 韓國文集叢刊』 150(민족문화추진회, 1995).

『弘齋全書』, 『국역 홍재전서』(민족문화추진회, 1998).

『華陽志』 한석수 외, 『역주 華陽誌』(충북대학교 우암연구소, 2007).

『皇壇諸臣配享目錄』 규장각 청구번호 奎1325.

『皇壇從享儀軌』 규장각 청구번호 古5123~5124.

2차 자료

강만길, 『고쳐 쓴 한국근대사』(창작과비평사, 1994).

계승범, 「파병논의를 통해 본 조선전기 對明觀의 변화」, 『大東文化硏究』 50(성균관대학교 대동문화연구원, 2006).

———, 「나선정벌과 申瀏의 北征錄」, 『軍事史硏究叢書』 5(국방부 군사편찬연구소, 2008).

———, 「계해정변(인조반정)의 명분과 그 인식의 변화」, 『南冥學硏究』 26(경상대학교 남명학연구소, 2008).

———, 「조선후기 중화론의 이면과 그 유산: 명, 청 관련 호칭의 변화를 중심으로」, 『韓國史學史學報』 19(한국사학사학회, 2009).

———, 『조선시대 해외파병과 한중관계』(푸른역사, 2009).

———, 「한국의 유교화와 17세기: 도이힐러의 『한국사회의 유교적 변환』과 그 이해」, 『韓國史學史學報』 20(한국사학사학회, 2009).

———, 「조선후기 대보단 친행 현황과 그 정치 · 문화적 함의」, 『역사와 현실』 75(한국역사연구회, 2010).

———, 「조선 속의 명나라: 大報壇을 통해서 본 조선지배층의 중화 인식」, 『明淸史硏究』 35(명청사학회, 2011).

高蓮嬉, 「鄭敾의 眞景山水畵와 明淸代 山水版畵」, 『美術史論壇』 9(한국미술연구소, 1999).

具仙姬, 『韓國近代 對淸政策史 硏究』(혜안, 1999).

———, 「근대 한중관계사의 연구경향과 쟁점 분석」, 동북아역사재단 편, 『한중일 학계의 한중관계사 연구와 쟁점』(동북아역사재단, 2009).

金九鎭, 「朝鮮 前期 韓中關係史의 試論; 朝鮮과 明의 使行과 그 性格에 대하여」, 『弘益史學』 4(홍익대학교 사학회, 1990).

김남윤, 「'昭顯乙酉東宮日記'로 본 昭顯世子의 죽음」, 『奎章閣』 32(서울대학교 규장각 한국학연구원, 2008).

金明淑, 「19世紀 反外戚勢力의 政治動向: 純祖朝 孝明世子의 代理聽政 例를 중심으로」, 『朝鮮時代史學報』 3(조선시대사학회, 1997).

김명호, 『熱河日記 研究』(창작과비평사, 1990).
———, 「大院君政權과 朴珪壽」, 『震檀學報』 21(진단학회, 2001).
———, 『환재 박규수 연구』(창작과비평사, 2008).
김문식, 「18세기 후반 徐命膺의 箕子 認識」, 于松趙東杰先生停年紀念論叢刊行委員會, 『韓國史學史研究』(나남출판, 1997).
———, 『정조의 경학과 주자학』(문헌과해석사, 2000).
———, 「18세기 후반 順菴 安鼎福의 箕子 인식」, 『韓國實學研究』 2(한국실학연구회, 2000).
———, 「星湖 李瀷의 箕子 인식」, 『退溪學과 韓國文化』 33(경북대학교 퇴계학연구소, 2003).
———, 「高宗의 皇帝 登極儀에 나타난 상징적 함의」, 『朝鮮時代史學報』 37(조선시대사학회, 2006).
———, 『정조의 제왕학』(태학사, 2007).
———, 「제천례」, 한형주 외, 『조선의 국가제사』(한국학중앙연구원, 2009).
———, 『조선후기 지식인의 대외인식』(새문사, 2009).
———, 「조선시대 國家儀禮書의 편찬 양상」, 『藏書閣』 21(한국학중앙연구원, 2009).
김문용, 『홍대용의 실학과 18세기 북학사상』(예문서원, 2005).
김백철, 「朝鮮後期 英祖의 蕩平政治 研究: 續大典의 編纂과 百姓의 再認識」(서울대학교 박사학위논문, 2009).
김범, 「조선전기 '훈구 · 사림세력' 연구의 재검토」, 『韓國史學報』 15(고려사학회, 2003).
金相泰, 「朝鮮 世祖代의 圜丘壇 復設과 그 性格」, 『한국학연구』 6 · 7(인하대학교 한국학연구소, 1996).
김성윤, 「영조대 중반의 정국과 '壬午禍變'」, 『역사와 경계』 43(부산경남사학회, 2002).
金世英, 「朝鮮 孝宗朝 北伐論 研究」, 『白山學報』 51(백산학회, 1998).
김영민, 「思悼世子의 생애와 '壬午禍變'의 정치적 의의」, 『역사문화논총』 4(역사문화연구소, 2008).
金龍德, 「北學思想과 東學」, 『史學研究』 16(한국사학회, 1963).
———, 「昭顯世子 研究」, 『史學研究』 18(한국사학회, 1964).

金容燮, 「最近의 實學硏究에 對하여」, 『歷史敎育』 6(역사교육연구회, 1962).
김용흠, 「19세기 전반 勢道政治의 형성과 政治運營」, 오영교 편, 『세도정권기 조선사회와 대전회통』(혜안, 2007).
金仁杰, 「1960, 70년대 '內在的 發展論'과 韓國史學」, 김용섭교수정년기념 한국사학논총간행위원회 편, 『韓國史 認識과 歷史理論』(1997).
金芝英, 「조선후기 국왕 행차에 대한 연구」(서울대학교 박사학위논문, 2005).
金漢植, 「明代韓中關係를 둘러싼 若干의 問題: 동아시아 세계질서 속에서의 韓中關係史의 모색」, 『大丘史學』 12 · 13(대구사학회, 1977).
김호, 「영조의 대보단 중수와 明三皇의 享祀」, 『韓國文化』 32(서울대학교 규장각 한국학연구원, 2003).
노대환, 「숙종 · 영조 대 對明義理論의 정치 · 사회적 기능」, 『韓國文化』 32(서울대학교 규장각 한국학연구원, 2003).
閔賢九, 「高麗後期의 權門世族」과 金潤坤의 「新興士大夫의 擡頭」, 『한국사 8: 高麗後期의 社會와 文化』(국사편찬위원회, 1974).
朴光用, 「箕子朝鮮에 대한 認識의 변천: 高麗부터 韓末까지의 史書를 중심으로」, 『韓國史論』 6(서울대학교 국사학과, 1980).
———, 「蕩平論과 政局의 變化」, 『韓國史論』 10(서울대학교 국사학과, 1984).
박상수, 「중국학계의 근현대 한중관계사 인식: 한중수교 이후의 연구시각」, 동북아역사재단 편, 『한중일 학계의 한중관계사 연구와 쟁점』(동북아역사재단, 2009).
朴性淳, 「朝鮮後期의 對淸認識과 北學論의 意味」, 『史學志』 31(단국사학회, 1998).
박은순, 「眞景山水畵 硏究에 대한 비판적 검토: 眞景文化 · 眞景時代論을 중심으로」, 『韓國思想史學』 28(한국사상사학회, 2007).
박인호, 「'송원화동사합편강목'에 나타난 화서학파의 역사인식」, 『朝鮮時代史學報』 27(조선시대사학회, 2003).
박홍규, 「17세기 德川日本에 있어서의 華夷문제: 중국 · 조선과의 비교 관점에서」, 『한국정치학회보』 35: 4(한국정치학회, 2002).
裵祐晟, 「純祖 前半期의 政局과 軍營政策의 推移」, 『奎章閣』 14(서울대학교 규장각, 1991).
卞光錫, 「18세기 亂廛 · 都賈에 대한 정부의 상업정책」, 『지역과 역사』 1(부산경남역사

연구소, 1996).
성균관대학교 동아시아학술원 편, 『정조어찰첩』(성균관대학교 출판부, 2009).
孫承喆, 「北學의 中華的 世界觀 克服: 그 展開過程 理解를 위한 序說」, 『論文集(人文系)』(강원대학교, 1982).
———, 「朝鮮朝 事大交隣政策의 成立과 그 性格: 朝鮮朝 對外政策史 研究試論」, 『溪村閔丙河教授停年紀念 史學論叢』(서울: 논총간행위원회, 1988).
———, 「조선시대 日本天皇觀의 유형적 고찰」, 『史學研究』 50(한국사학회, 1995).
———, 「明淸交替期 對日外交文書의 年號와 干支」, 『大東文化研究』 32(성균관대학교 대동문화연구소, 1997).
신석호, 「조선왕조 개국 당시의 대명관계」, 『국사상의 제문제』 1(서울: 국사편찬위원회, 1959).
연갑수, 『고종대 정치변동 연구』(일지사, 2008).
吳甲均, 「華陽洞 事蹟에 對한 調査 報告」, 『歷史教育』 11 · 12(역사교육연구회, 1969).
吳星, 「資本主義 萌芽論의 研究史的 檢討: 初期의 研究를 중심으로」, 『한국사시민강좌』 9(일조각, 1991).
오수창, 「정국의 추이」, 『조선정치사(1800~1863)』 상권(청년사, 1990).
———, 「세도정치의 전개」, 『한국사 32: 조선후기의 정치』(국사편찬위원회, 1993).
吳瑛燮, 「19세기 중엽 위정척사파의 역사서술: 華西學派의 '宋元華東史合編綱目'」, 『韓國學報』 60(일지사, 1990).
吳仁英, 「포스트식민주의 이론의 이해와 수용」, 『東洋學』 32(단국대학교 동양학연구소, 2002).
오종록, 「중앙군영의 변동과 정치적 기능」, 『조선정치사』 하권(청년사, 1990).
왕현종, 『한국 근대국가의 형성과 갑오개혁』(역사비평사, 2003).
禹景燮, 「宋時烈의 華夷論과 朝鮮中華主義의 성립」, 『震檀學報』 101(진단학회, 2006).
劉九成, 「壬亂時 明兵의 來援考: 朝鮮의 被害를 中心으로」, 『史叢』 20(고대사학회, 1976).
유봉학, 『연암일파 북학사상 연구』(일지사, 1995).
劉仁善, 「中越關係와 朝貢制度」, 『歷史學報』 114(역사학회, 1987).
———, 「베트남 阮朝의 성립과 '大南' 帝國秩序」, 『아시아문화』 10(한림대학교 아시아

문화연구소, 1994).

李景植, 「韓國史硏究와 時代區分論」, 김용섭교수정년기념 한국사학논총간행위원회 편, 『韓國史 認識과 歷史理論』(간행위원회, 1997).

李京燦, 「朝鮮 孝宗朝의 北伐運動」, 『淸溪史學』 5(청계사학회, 1988).

李根浩, 「英祖代 蕩平派의 形成과 閥閱化」, 『朝鮮時代史學報』 21(조선시대사학회, 2002).

———, 「영조의 명 태조 이해와 皇壇竝祀」, 박한남 외, 『조선시대의 정치와 제도: 조선시대 양반사회와 문화 2』(집문당, 2003).

李東熙, 「朝鮮 太宗代 承政院의 政治的 役割」, 『歷史學報』 132(역사학회, 1991).

李秉烋, 『朝鮮前期畿湖士林派硏究』(일조각, 1984).

이민아, 「孝明世子 · 憲宗代 宮闕 營建의 政治史的 의의」, 『韓國史論』 54(서울대학교 국사학과, 2008).

李玟源, 「稱帝논의의 전개와 大韓帝國의 성립」, 『淸溪史學』 5(청계사학회, 1988).

———, 「大韓帝國의 改革과 그 實態: 政府와 獨立協會의 皇權認識과 關聯하여」, 『한국민족운동사연구』 9(한국민족운동사연구회, 1994).

李樹健, 『嶺南士林派의 形成』(영남대학교 민족문화연구소, 1979).

李佑成, 「高麗朝의 '吏'에 對하여」, 『歷史學報』 13(역사학회, 1964).

李迎春, 『朝鮮後期 王位繼承 硏究』(집문당, 1998).

———, 「朝鮮後期 祀典의 再編과 國家祭祀」, 『韓國史硏究』 118(한국사연구회, 2002).

이왕무, 「조선후기 순조의 擧動과 幸行에 대한 연구」, 『淸溪史學』 18(청계사학회, 2003).

李旭, 「18세기말 서울 商業界의 변화와 政府의 對策」, 『歷史學報』 142(역사학회, 1994).

이욱, 「대한제국기 환구제에 관한 연구」, 『종교연구』 30(한국종교학회, 2003).

———, 「조선후기 전쟁의 기억과 대보단 제향」, 『宗敎硏究』 42(한국종교학회, 2006).

———, 「근대 제천의례를 통해 본 민족정체성 연구」, 『國學硏究』 11(국학연구소, 2006).

———, 『조선시대 재난과 국가의례』(창비, 2009).

李銀順, 『朝鮮後期黨爭史硏究』(일조각, 1988).

李離和, 「北伐論의 思想史的 檢討」, 『創作과 批評』 38(창작과비평사, 1975).

李章熙, 「임란 중 糧餉考: 明兵의 군량조달을 중심으로」, 『史叢』 15·16(고대사학회, 1971).

이정철, 「조선후기 경제변동의 새로운 성격 규정을 위하여: 농업사 연구에 대한 개념사적 재검토를 중심으로」, 『조선후기사 연구의 현황과 과제』(창작과비평사, 2000).
李泰鎭, 『朝鮮後期의 政治와 軍營制 變遷』(한국연구원, 1985).
———, 『韓國社會史: 農業技術 發達과 社會變動』(지식산업사, 1986).
———, 「正祖: 儒敎的 계몽 절대군주」, 『한국사시민강좌』 13(일조각, 1993).
———, 『왕조의 유산: 외규장각도서를 찾아서』(지식산업사, 1994).
———, 「조선후기 對明義理論의 변천」, 『아시아문화』 10(한림대학교, 1994).
———, 『고종시대의 재조명』(태학사, 2000).
이헌창, 「조선 후기 資本主義萌芽論과 그 代案」, 『韓國史學史學報』 17(한국사학사학회, 2008).
李勛相, 「朝鮮 後期-回顧와 展望: 韓國 史學界 1993~1995」, 『歷史學報』 152(역사학회, 1996).
李熙煥, 「英祖代 蕩平策의 실상(上 · 下)」, 『全北史學』 16·17(전북대학교 사학회, 1993·1994).
임민혁, 「대한제국기 大韓禮典의 편찬과 황제국 의례」, 『역사와 실학』 34(역사실학회, 2007).
임부연, 「유교 의례화의 정치학: 만동묘와 대보단을 중심으로」, 『종교문화비평』 15(한국종교문화연구소, 2009).
임혜련, 「조선후기 憲宗代 純元王后의 垂簾聽政」, 『韓國人物史研究』 3(한국인물사연구소, 2005).
全用宇, 「華陽書院과 萬東廟에 대한 一研究」, 『湖西史學』 18(호서사학회, 1990).
전홍석, 『조선후기 북학파의 대중관 이해』(한국학술정보, 2006).
鄭杜熙, 『朝鮮初期政治支配勢力研究』(일조각, 1983).
———, 「朝鮮前期」, 『歷史學報』 104(역사학회, 1984).
———, 「朝鮮建國初期 統治體制의 成立過程과 그 歷史的 意味」, 『韓國史研究』 67(한국사연구회, 1989).
———, 『朝鮮時代의 臺諫研究』(일조각, 1994).
———, 『朝鮮時代 人物의 再發見』(일조각, 1997).
정두희 · 이경순 편, 『임진왜란: 동아시아 삼국전쟁』(휴머니스트, 2007).

鄭萬祚, 「英祖代 初半의 蕩平策과 蕩平派의 活動: 蕩平基盤의 成立에 이르기까지」, 『震檀學報』 56(진단학회, 1983).

정수인, 「대한제국시기 원구단의 원형 복원과 변화에 관한 연구」, 『서울학연구』 27(서울시립대학교 서울학연구소, 2006).

鄭玉子, 「大報壇創設에 관한 연구」, 『邊太燮博士華甲紀念史學論叢』(삼영사, 1985).

———, 「17세기 思想界의 再編과 禮論」, 『한국문화』 10(서울대학교 한국문화연구소, 1989).

———, 「실학과 근대의식」, 『한국사특강』(서울대학교출판부, 1990).

———, 「正祖代 對明義理論의 整理作業: 尊周彙編을 중심으로」, 『韓國學報』 69(일지사, 1992).

———, 「朝鮮後期 享祀關係 文獻資料의 檢討: '皇壇配享諸臣目錄'을 中心으로」, 『奎章閣』 16(서울대학교 규장각, 1994).

———, 『조선후기 조선중화사상 연구』(일지사, 1998).

———, 「大報壇과 순조대 明 三皇에 대한 從享」, 『韓國學報』 120(일지사, 2005).

주진오, 「갑오개혁의 새로운 이해」, 『역사비평』 26(역사문제연구소, 1994).

池斗煥, 「朝鮮後期 禮訟 硏究」, 『釜大史學』 11(부산대학교 사학회, 1987).

진태원, 「'신학정치론' 에서 홉스 사회계약론의 수용과 변용」, 『철학사상』 19(서울대학교 철학사상연구소, 2004).

———, 「스피노자와 알튀세르에서 이데올로기의 문제: 상상계라는 쟁점」, 『근대철학』 3: 1(서양근대철학회, 2008).

千寬宇, 「磻溪 柳馨遠 硏究: 實學 發生에서 본 李朝社會의 一斷面」, 『歷史學報』 2·3(역사학회, 1952).

———, 「麗末鮮初의 閑良」, 『李丙燾博士華甲記念論叢』(일조각, 1956).

———, 「朝鮮後期 實學의 槪念 再論」, 『韓國文化史大系』 6(고려대학교 민족문화연구소, 1970).

崔秉旭, 「阮朝 초기의 嘉定城總鎭: 明命帝와 總鎭官 黎文悅의 관계를 중심으로」 석사학위논문(고려대학교, 1993).

崔鳳永, 「壬午禍變과 英祖末 · 正祖初의 政治勢力」, 李成茂 외, 『朝鮮後期 黨爭의 綜合的 檢討』(한국정신문화연구원, 1992).

최성환, 「영조대 후반의 탕평정국과 노론 청론의 분화」, 『역사와 현실』 58(한국역사연구회, 2004).
崔承熙, 「世祖代 王位의 취약성과 王權强化策」, 『朝鮮時代史學報』 1(조선시대사학회, 1997).
崔完秀, 『謙齋 鄭敾 眞景山水畵』(범우사, 1994).
최완수 외, 『우리문화의 황금기 진경시대』 1 · 2(돌베개, 1998).
崔在錫, 「17世紀의 親族構造의 變化」, 『정신문화연구』 24(정신문화연구원, 1985).
———, 「朝鮮中期 家族 · 親族制의 '再構造化'」, 『韓國의 社會와 文化』 21(정신문화연구원, 1993).
河宇鳳, 「實學派의 對外認識」, 『國史館論叢』 76(국사편찬위원회, 1997).
———, 『조선시대 한국인의 일본인식』(혜안, 2006).
河政植, 「歐美列强의 中國侵略과 朝鮮의 反應」, 『東洋學』 28(단국대학교 동양학연구소, 1998).
한명기, 『임진왜란과 한중관계』(역사비평사, 1999).
———, 『정묘 · 병자호란과 동아시아』(푸른역사, 2009).
韓永愚, 「麗末鮮初 閑良과 그 地位」, 『韓國史研究』 4(한국사연구회, 1969).
———, 「大韓帝國 성립 과정과 大禮儀軌」, 『韓國史論』 45(서울대학교 국사학과, 2001).
———, 「'실학' 연구의 어제와 오늘: 실학 개념의 재정리」, 한영우 외, 『다시, 실학이란 무엇인가』(푸른역사, 2007).
한우근, 「李朝 실학의 槪念에 對하여」, 『震檀學報』 19(진단학회, 1958).
韓正熙, 「17~18세기 동아시아에서 眞景山水畵의 성행과 그 의미」, 『美術史學研究』 273(한국미술사학회, 2003).
한형주, 「국가 제사의 추이」, 한형주 외, 『조선의 국가 제사』(한국학중앙연구원, 2009).
허태용, 「'북학사상'을 연구하는 시각의 전개와 재검토」, 『오늘의 동양사상』 14(예문동양사상연구원, 2006).
———, 『조선후기 중화론과 역사인식』(아카넷, 2009).
洪善杓, 「朝鮮時代 繪畫史研究의 최근 동향(1990~1994)」, 『韓國史論』 24(국사편찬위원회, 1994).

寺内威太郎, 「17世紀前半の朝中關係の一齣: 第二次瀋獄を中心に」, 『駿台史學』 96(駿台史學會, 1996).

桑野榮治, 「高麗から李朝初期における円丘壇祭祀の受容と變容: 祈雨祭としての機能を中心に」, 『朝鮮學報』 161(朝鮮學會, 1996).

———, 「조선 小中華 의식의 형성과 전개: 大報壇祭祀의 정비과정을 중심으로」, 박충석 · 와타나베 히로시 편, 『국가이념과 대외인식, 17~19세기』(아연출판부, 2002).

田川孝三, 「瀋獄問題について(上)」, 『青丘學叢』 17(青丘學會, 1934).

中村榮孝, 「朝鮮の慕華思想と大報壇」, 『天理大學學報』 78(天理大學 學術硏究會, 1972).

平木實, 「朝鮮後期における圜丘壇祭祀について(一)」, 『朝鮮學報』 157(朝鮮學會, 1995).

———, 「朝鮮後期における圜丘壇祭祀について(二)」, 『朝鮮學報』 176 · 177(朝鮮學會, 2000).

馮爾康, 「朝鮮大報壇述論: 中朝關係和中國文化傳播的一個側面研究」 『韓國學報』 10(中華民國韓國硏究學會, 1991).

Althusser, Louis, "Ideology and the Ideological State Apparatus", in his(translated by Ben Brewster) *Lenin and Philosophy and Other Essays*(New York: Monthly Review Press, 1972, 2001). 김동수 옮김, 『아미엥에서의 주장』(솔, 1994).

Baker, Donald, "The Use and Abuse of the Sirhak Label: A New Look at Sin Hudam and His Sŏhak Pyŏn", 『教會史研究』 3(한국교회사연구소, 1981). 김세윤 역, 『조선후기 유교와 천주교의 대립』(일조각, 1997), 214~288쪽.

Balibar, Etienne(translated by Peter Snowdon), *Spinoza and Politics*(London: Verso, 1998). 진태원 옮김, 『스피노자와 정치』(이제이북스, 2005).

Duncan, John B., "The Social Background to the Founding of the Chosòn Dynasty: Change or Continuity?", *Journal of Korean Studies*, Vol. 6(Los Angeles: Society for Korean Studies, 1989).

Deuchler, Martina, "Reject the False and Uphold the Straight: Attitudes Toward Heterodox Thought in Early Yi Korea," in Wm. Theodore de Bary and JaHyun Kim Haboush, ed., *The Rise of Neo-Confucianism in Korea*(New

York: Columbia University Press, 1985).

———, *The Confucian Transformation of Korea: A Study of Society and Ideology*(Cambridge: Council on East Asian Studies, Harvard University, 1992).

Ebrey, Patricia, et al, *East Asia: A Cultural, Social, and Political History*(Boston: Houghton Mifflin, 2006).

Gandhi, Leela, *Postcolonial Theory: A Critical Introduction*(New York: Columbia University Press, 1998). 이영욱 옮김, 『포스트식민주의란 무엇인가』(현실문화연구, 2000).

Haboush, JaHyun Kim, "The Ritual Controversy and the Search for a New Identity in Seventeenth-Century Korea", JaHyun Kim Haboush and Martina Deuchler, eds., *Culture and the State in Late Chosŏn Korea*(Cambridge, The Harvard University Asia Center, 1999).

———, *The Confucian Kingship in Korea: Yŏngjo and the Politics of Sagacity*(New York: Columbia University Press, 2001).

Kim, Key-Huik, *The Last Phase of the East Asian World Order: Korea, Japan, and the Chinese Empire, 1860~1882*(Berkeley: University of California Press, 1980).

Kye, Seung B., "The Posthumous Image and Role of Ming Taizu in Korean Politics", *Ming Studies*, Vol. 50(Minneapolis: Society for Ming Studies, 2005).

———, "In the Shadow of the Father: Court Opposition and King Kwanghae in Early Seventeenth-Century Chosŏn Korea", *Dissertation*(Seattle: University of Washington, 2006).

———, "Confucian Perspectives on Egalitarian Thought in Traditional Korea", *International Journal of Korean History*, Vol. 12(Korea University Center for Korean History, 2008).

———, "Huddling under the Imperial Umbrella: A Korean Approach to Ming China in the Early 1500s", *Journal of Korean Studies*, Vol. 15, No. 1(Seattle: Society for Korean Studies, 2010).

Langlois, Jr., John D., "The Hung-wu reign, 1368~1398", *The Cambridge History of China*, Vol. 7(New York: Cambridge University Press, 1988).

Larsen, Kirk W., *Tradition, Treaties, and Trade: Qing Imperialism and Chosŏn Korea, 1850~1910*(Cambridge: Harvard University Press, 2008).

Lieu, Joshua Van, "Imperialism and the Politics of Condolence: Nineteenth-Century Chosŏn-Qing Relations and the Contestation of the Tributary Relationship", *Journal of Korean Studies*, Vol. 14, No. 1(Seattle: Society for Korean Studies, 2009).

Mason, David A., "The Sam Hwangje Paehyang(Sacrificial Ceremony for Three Emperors): Korea's Link to the Ming Dynasty", *Korea Journal,* vol. 31, no. 3(Seoul: Korean National Commission for UNESCO, 1991).

Mote, F. W., *Imperial China, 900~1800*(Cambridge: Harvard University Press, 1999).

Murphy, Rhoads, *East Asia: A New History*(New York: Addison-Wesley Longman, 2004).

Ooms, Herman, "Human Nature: Singular(China) and Plural(Japan)?", in Benjamin A. Elman, eds., *Rethinking Confucianism: Past and Present in China, Japan, Korea, and Vietnam*(Los Angeles: UCLA Asian Pacific Monograph Series, 2002).

Palais, James B., *Politics and Policy in Traditional Korea*(Cambridge: Harvard University Press, 1975).

———, *Confucian Statecraft and Korean Institutions: Yu Hyŏngwŏn and the Late Chosŏn Dynasty*(Seattle: University of Washington Press, 1996). 김범 역, 『유교적 경세론과 조선의 제도들: 유형원과 조선 후기』(산처럼, 2008).

Peterson, Mark, *Korean Adoption and Inheritance: Case Studies in the Creation of a Classic Confucian Society*(Ithaca: East Asia Program, Cornell University, 1996).

Peterson, Willard J., "Introduction: New Order for the Old Order", *The Cambridge History of China*, Vol. 9(New York: Cambridge University Press, 2002).

Scott, Hamish M., *Enlightened Absolutism: Reform and Reformers in Later Eighteenth-Century Europe*(London: Macmillan, 1990).

Swope, Kenneth M., *A Dragon's Head and a Serpent's Tail: Ming China and the Fiest Freat East Asian War, 1592~1598*(Norman: University of Oklahoma Press, 2009).

Wagner, Edward W., *The Literati Purges*(Cambridge: Harvard University, 1974).

———, 「李朝 士林問題에 관한 再檢討」, 『全北史學』 4(전북대학교 사학회, 1980).

이 책에 나온 사람들

'*' 표시는 외국인

가정제(嘉靖帝, r. 1521~1567)*

강홍립(姜弘立, 1560~1627)

강희제(康熙帝, r. 1661~1722)*

건륭제(乾隆帝, r. 1735~1796)*

경종(景宗, r, 1720~1724)

고종(高宗, r. 1863~1907)

고황제(高皇帝, r. 1368~1398)* 아울러 홍무제 참조.

공양왕(恭讓王, r. 1389~1392)

공자*

광해군(光海君, r. 1608~1623)

권상하(權尙夏, 1641~1721)

김상로(金尙魯, 1702~1766)

김상신(金相紳)

김상용(金尙容, 1561~1637)

김상철(金尙喆, 1712~1791)

김상헌(金尙憲, 1570~1652)

김석연(金錫衍, 1648~1723)

김선행(金善行)

김약행(金若行, 1718~1788)

김응하(金應河, 1580~1619)

김재로(金在魯, 1682~1759)

김조순(金祖淳, 1765~1832)

김진구(金鎭龜)

김진규(金鎭圭)

김흥경(金興慶)

남이흥(南以興, 1576~1627)

능양군(綾陽君, 1595~1649) 또한 인조 참조.

로크(John Locke, 1632~1704)*

루소(Jean Jaques Rousseau, 1712~1778)*

루이 14세(Louis XIV, r. 1643~1715)*

만력제(萬曆帝, r. 1572~1620)

맹자*

몽테스키외(Baron de La Brde et de Montesqu, 1689~1755)*

민진후(閔鎭厚, 1659~1720)

박규수(朴珪壽, 1807~1877)

박문수(朴文秀, 1691~1756)

박세채(朴世采, 1631~1695)

박제가(朴齊家, 1750~?)

박지원(朴趾源, 1737~1805)

범경문(范景文, ?~1644)*

볼테르(Voltaire, 1694~1788)*

봉림대군(鳳林大君, 1619~1659) 아울러 효종 참조.

사도세자(思悼世子, 1735~1762)

서달(徐達, 1332~1385)*
서문중(徐文重, 1634~1709)
서종급(徐宗伋, 1688~1762)
서종태(徐宗泰, 1652~1719)
세조(世祖, r. 1455~1468)
세종(世宗, r. 1397~1450)
소현세자(昭顯世子, 1612~1645)
손승종(孫承宗, 1563~1638)*
송상기(宋相琦, 1657~1723)
송시열(宋時烈, 1607~1689)
숙종(肅宗, r. 1674~1720)
순원왕후(純元王后, 1789~1857)
순조(純祖, r. 1800~1834)
수문제(隨文帝, r. 581~604)*
숭정제(崇禎帝, r. 1627~1644)*
신완(申琓, 1646~1707)
신유(申瀏, 1619~1680)
신익성(申翊聖, 1588~1644)
신정왕후(神貞王后, 1808~1890) 아울러 조대비 참조.
심순택(沈舜澤, 1824~?)
양호(楊鎬)*
영조(英祖, r. 1724~1776)
예카테리나 2세(Ekaterina II, r. 1762~1796)*
오직(吳稷)
옹정제(雍正帝, r. 1722~1735)*
요제프 2세(Joseph II, r. 1765~1790)*
원경하(元景夏, 1698~1761)
위안스카이(遠世凱, 1859~1916)*
유기(劉基, 1311~1375)*

유득일(俞得一, 1650~1712)

유백증(俞伯曾, 1587~1646)

유인석(柳麟錫, 1842~1915)

유효립(柳孝立, ?~1628)

유희분(柳希奮, 1564~1623)

유희춘(柳希春, 1513~1577)

윤급(尹汲, 1697~1770)

윤동도(尹東度, 1707~1768)

윤문거(尹文擧, 1606~1672)

윤지선(尹趾善)

윤지완(尹趾完, 1635~1718)

윤치호(尹致昊, 1865~1945)

윤황(尹煌, 1572~1639)

의문태자(懿文太子)*

이귀(李貴, 1557~1633)

이규경(李圭京, 1788~?)

이규채(李奎采, 1703~?)

이기진(李箕鎭)

이기하(李基夏)

이돈(李焞, 1661~1720) 아울러 숙종 참조.

이사룡(李士龍, 1612~1640)

이성계(李成桂, 1335~1408) 아울러 태조 참조.

이순신(李舜臣, 1545~1598)

이여(李畬, 1645~1718)

이여송(李如松, ?~1598)*

이유(李濡, 1645~1721)

이익(李瀷, 1681~1764)

이인거(李仁居, ?~1627)

이자성(李自成, 1606~1644)*

익종(翼宗) 아울러 효명세자 참조.

인조(仁祖, r. 1623~1649)

임경업(林慶業, 1594~1646)

정경(鄭經, 1642~1681)*

정교(鄭喬, 1856~1925)

정봉수(鄭鳳壽, 1572~1645)

윤증(尹拯, 1629~1714)

정성공(鄭成功, 1624~1662)*

정순왕후(貞純王后, 1745~1805)

정약용(丁若鏞, 1762~1836)

정우량(鄭羽良, 1692~1754)

정조(正祖, r. 1776~1800)

조관빈(趙觀彬, 1691~1757)

조대비(趙大妃, 1808~1890) 아울러 신정왕후 참조.

조도빈(趙道彬, 1665~1729)

조만영(趙萬永, 1776~1846)

조병세(趙秉世, 1827~1905)

조태채(趙泰采, 1660~1722)

조현명(趙顯命, 1690~1752)

주희(朱熹, 1130~1200)*

중종(中宗, r. 1506~1544)

채제공(蔡濟恭, 1720~1799)

철종(哲宗, r. 1849~1863)

최석정(崔錫鼎, 1646~1715)

최익현(崔益鉉, 1833~1906)

최중태(崔重泰, 1656~?)

칸트(Immanuel Kant, 1724~1804)*

태조(太祖, r. 1392~1398) 아울러 이성계 참조.

태종(太宗, r. 1400~1418)

편상훈(片相薰, ca. 19세기 후반)

프리드리히 2세(Friedrich II, r. 1740~1786)*

한원진(韓元震, 1682~1751)

한중희(韓重熙, 1661~1723)

허국(許國, 1527~1596)*

헌종(憲宗, r. 1834~1849)

현종(顯宗, r. 1659~1574)

형개(刑玠)*

홍대용(洪大容, 1731~1783)

홍명구(洪命耈, 1596~1637)

홍무제(洪武帝, r. 1368~1398)* 아울러 고황제 참조.

홍서봉(洪瑞鳳, 1572~1645)

홍영(洪泳)

황경원(黃景源, 1709~1787)

황일호(黃一皓)

효명세자(孝明世子, 1809~1830) 아울러 익종 참조.

효종(孝宗, r. 1649~1659)

흥선대원군(興宣大院君, 1820~1898)

찾아보기

ㄱ

ㅇ